吏
李拔

寒山 著

中共宁德市纪律检查委员会
中共宁德市委党史和地方志研究室 编

海峡出版发行集团 | 福建人民出版社
THE STRAITS PUBLISHING & DISTRIBUTING GROUP | FUJIAN PEOPLE'S PUBLISHING HOUSE

图书在版编目（CIP）数据

循吏李拔 / 中共宁德市纪律检查委员会，中共宁德市委党史和地方志研究室编；寒山著. -- 福州：福建人民出版社，2024. 9. -- ISBN 978-7-211-09551-3

Ⅰ. K827=49

中国国家版本馆CIP数据核字第2024JE5537号

循吏李拔

XUNLI LIBA

作　　者：中共宁德市纪律检查委员会 编　寒山 著
　　　　　中共宁德市委党史和地方志研究室
责任编辑：黄须友
美术编辑：林　玲
责任校对：林乔楠
出版发行：福建人民出版社　　电　　话：0591-87903186（发行部）
网　　址：http://www.fjpph.com　　电子邮箱：fjpph7211@126.com
地　　址：福州市东水路76号　　邮　　编：350001
经　　销：福建新华发行（集团）有限责任公司
印　　刷：福州万紫千红印刷有限公司
地　　址：福州市闽侯县南屿镇高岐安里6号
开　　本：787毫米 × 1092毫米　1/16
印　　张：18.5
字　　数：254千字
版　　次：2024年9月第1版
印　　次：2024年9月第1次印刷
书　　号：ISBN 978-7-211-09551-3
定　　价：58.00元

前　言

古人将守法循礼、清正廉明的官吏称为循吏，其受百姓钦敬的程度，往往令人艳羡，如唐代狄仁杰、宋代范仲淹、明代于谦、清代于成龙等，他们勤廉的事迹深入人心，世代广为传颂。260多年前，时任福建福宁、福州知府的李拔就是这样一位循吏，时至今日，其勤政爱民、清正廉洁、忧国忧民的事迹仍为世人所称道。

李拔（1713—1775年），号峨峰，四川犍为县人。他少时家境贫寒，自小参加繁重的农事劳作，备尝艰辛，历经磨砺，养成坚韧不屈、耿直刚毅的性格。他耕而不废读，自书楹联“立志不在温饱，读书岂为科名”挂于书斋，表白心迹，激励自我。应科举中进士后，学而优则仕，为官足迹遍及湖北、福建、湖南等地。他每到一地，深入察访，勤于思考，勇于任事，推行良政，造福百姓。譬如，他在湖北推行劝民种树、兴修水利；在福建革除弊政、加强海防；在湖北长江三峡率民凿石平礁、疏浚河道等。他为官一地，造福一方，施利国之策，行惠民之举，有些举措，即使放在当下，仍具借鉴意义。

李拔为官从基层起步，历知县、同知、知府、道员，“凡13处，每遇调移，其地方士庶，莫不有甘棠之爱，制万民衣，献德政诗，树去思碑者，所在皆是。”[①] 在湖北，先后主政钟祥、长阳、江夏等县。李拔熟悉农村生产生活，经常深入乡村、田园，访贫问苦，实心办事，广推良政，清刑平狱，在民间素有“李青天”之誉，深受百姓爱戴。因功擢升湖北汉阳府同知，赴任途中，力却请托，拒绝

① 李元模撰：《峨峰府君行述》。

重金贿赂。清乾隆二十四年（1759年）春，李拔升福宁（今福建宁德境）知府，下车伊始，即召辖下各县令训话，要求“为治若操舟”。他将县治之地比作船，县令如船之舵手，要求县令认真对待治下政务。他劝勉所辖各县县令，要有诸侯一样的自豪与责任感，用心为政，不以县治小而敷衍了事。1989年8月12日，时任宁德地委书记的习近平在全区（宁德）地方志工作会上说：“李拔任福宁知府的时候，州升府不久，百废待兴，工作很忙，‘修城垣、建桥道、筑三坝、禁停棺、劝农桑、课书院’。可是他‘案牍之暇，犹复考献征文，集五邑官绅商榷《福宁府志》一书’，他调任福州，把《福宁府志》初稿资料带到福州编纂完成。冯梦龙修《寿宁待志》也很有紧迫感，他说自己为什么‘亟亟乎待志之刻’，因为‘天运如轮，昼夜不停，人世如局，胜负日新’，‘司牧者可以不竞竞乎哉’。那么，共产党的领导干部难道不应超过封建时代的地方官吗？”[①] 习近平同志推崇李拔，并对其编撰的《福宁府志》颇感兴趣。1988年8月10日，习近平同志到霞浦县调研工业，点名要看李拔编撰的《福宁府志》。[②] 乾隆二十五年四月，李拔以年察“卓异”调任福州知府，福宁百姓扶轿挽留，而福州民众翘首以盼，一时传出“两郡争守”的佳话。

李拔升任福州知府，鸿函钜椟政务繁巨，但他仍把《福宁府

---

① 中共宁德地委办公室：《关于印发习近平同志在全区地方志工作会上讲话的通知》。

② 《习近平总书记在福建的探索与实践》，《福建日报》，2017年7月13日。原文：1988年8月10日，习近平到霞浦县调研工业。晚上，他看完《霞浦县志》，又点名要看清代李拔编撰的《福宁府志》。工作人员找到后，他高兴地说：“今晚可以轻松地过了。”

志》初稿带在身边继续编撰，“每夜阑烛跋，意倦神疲，犹贾勇为之，如是者，再逾年而府志乃成”。在福州知府任上三年，李拔教民种桑、养蚕；又劝民植树、种棉等，都取得良好成效。清乾隆二十七年（1762年）底，李拔丁忧去职，他担心自己离任后，各县不再推行良政，致功败垂成，遂将自己掌握的蚕种分发给各县百姓；纺丝用的器具移交新任知府，希望继任者能继续实施这些好政策。

清乾隆三十一年（1766年）四月，李拔起复湖南长沙知府。李拔在福州任职时，其上司福建布政使曹绳柱、福建粮驿道朱珪等均为正直、厚道之士，李拔的刚直性格可为其仕途加分。但起复湖南长沙后，其上司、同僚多为官场钻营之辈，李拔不善迎合，刚直不阿，渐为同僚所不容。李拔在处理诉讼、判案等事务中，经常与上司意见相左，但他仍坚持己见，拂上司的面子，这给他的仕途埋下“麻烦”，终以“不宜首府”，下放衡州、永州、岳州等地。但李拔不为仕途沉浮所影响，秉持初心，署理“三州”，时间虽短，但他时时刻刻、心心念念实心为政，造福百姓。不久，李拔奉旨调省城审理案件，使久拖不决的疑难要案迎刃而解，因功暂署湖南驿盐长宝道，不久特旨擢升湖北分巡、上荆南道观察使。在观察使任内，李拔致力于三峡河道清理。他不畏寒暑、不辞劳苦，亲临一线，足迹踏遍三峡的山山水水。他组织人员凿石平礁，排除万难，治水大获成功。

李拔居官服政，以爱为心，以严为度，以勤为本，以俭为尚。他认为，为官除了不能“悠忽”外，要克己奉公，清廉自守，要珍惜朝廷和百姓赋予的权力。这正契合习近平同志在《摆脱贫困》书中有一文《干部的基本功》提到“对党员干部来说，很重要的一条，就是既要做‘廉吏’，又要当‘勤官’，既要廉政又要勤政。”的要求。李拔常以榕树自勉，“在一邑则荫一邑，在一郡则荫一郡，在天下则荫天下”，以造福百姓为己任，以身作则，率先垂范。习近平同志在1990年10月召开的全市（福州市）造林绿化工作会议上曾提到：“清乾隆福州知府李拔曾把做官与榕树作对比，他说，‘榕为大木，犹荫十亩’，为官者‘在一邑则荫一邑，在一郡则荫一郡，在天下则荫天下’。也就是我们经常所说的‘为官一任，造福一方’。封建官吏尚且能这样，作为我们共产党的领导干部，更应如此。”[①]2014年，习近平总书记在福建调研指导党的群众路线教育实践活动时赞誉李拔以“榕为大木，犹荫十亩”类比做官与榕树精神。[②]

李拔为官淡泊名利，清心寡欲，以“文不求工文自工，名不求成名自成”自勉，深得士民称赞。李拔一生政绩斐然，深得朝廷信任，曾五次得到乾隆皇帝召见，多次被诏令褒奖，这是为官者莫大的荣耀。

追溯过往，放眼当下，刚刚闭幕的党的二十届三中全会指出，实现进一步全面深化改革的目标任务，要聚焦构建高水平社会主义市场经济体制，聚焦发展全过程人民民主，聚焦建设社会主义文化强国，聚焦提高人民生活品质，聚焦建设美丽中国，聚焦建设更高水平平安中国，聚焦提高党的领导水平和长期执政能力，继续把改革推向前进，为中国式现代化提供强大动力和制度保障。新时代期待和呼唤更多“李拔”式的好官，坚持勤政务实、革故鼎新、清正

① 中央党校采访实录编辑室：《习近平在福州》，中共中央党校出版社，2020年7月，第66页。

②《习近平同志在福建践行群众路线纪事》，《福建日报》，2014年10月30日。

廉洁、敢于担当的作风，将改革进行到底。

为官避事平生耻，广大党员干部要以习近平新时代中国特色社会主义思想为指导，高举改革开放旗帜，坚持解放思想、实事求是、与时俱进、求真务实，大力弘扬“滴水穿石”精神，努力践行“四下基层”“马上就办、真抓实干”的优良作风，凝心聚力，奋发进取，为全面建成社会主义现代化强国、实现第二个百年奋斗目标，以中国式现代化全面推进中华民族伟大复兴而努力奋斗！

编者

2024 年 8 月

序言

党的二十大报告指出，加强新时代廉洁文化建设，教育引导广大党员、干部增强不想腐的自觉，清清白白做人、干干净净做事，使严厉惩治、规范权力、教育引导紧密结合、协调联动，不断取得更多制度性成果和更大治理效能，为加强新时代廉洁文化建设提供了根本遵循。

为贯彻落实党中央关于加强新时代廉洁文化建设的要求，近年来，宁德市结合实际研究出台了《关于加强新时代宁德市廉洁文化建设“五廉五践”工作机制的实施意见》，通过打造廉洁文化地标、选树清廉人物典型、传承清廉家风家教、策划廉洁文化作品、编印廉洁系列书籍，抓紧抓实廉洁文化建设这项系统工程、长期工程，致力打造一批有影响力的廉洁文化品牌，已取得良好成效。今年宁德市纪委监委、宁德市委党史方志室联合挖掘清代福宁知府李拔勤廉事迹，以历史纪实文学的形式编撰《循吏李拔》一书，前一段时间，本书作者寒山（原名陈启西）将书稿寄给我先睹为快。我深感宁德市在挖掘整理古圣先贤、清官廉吏的嘉言懿行，推动中华优秀传统文化创造性转化、创新性发展方面又有新亮点、新发展、新成效。

习近平总书记在宁德工作期间点赞过两位封建时代的官吏，一位是寿宁知县冯梦龙，另一位是福宁知府李拔。李拔，号峨峰，四川犍为县人，清乾隆十六年（1751 年）中进士而为官，历任三地知县、一地同知、七地知府，足迹遍及四省，累官至湖北荆宜施道道台。李拔是历任福宁、福州知府中比较有作为的一位，他为官总是留心于“开河渠，治陂塘，勤播谷，广种树，儆游惰，尚节俭，禁停棺之恶习，惩好赌之颓风”诸事务，离任时，当地百姓总是依依不舍，扶轿挽留，立碑颂德，可见他是一个百姓喜欢的能吏好官。

著名学者齐如山先生总结道：“凡科甲出身之人，总是正人君子较多，这有两种原因，一是科甲出身者，都读过经书，书中有好的道理，读的多了，自然要受其感化。二是从前考试办法很公正，贡院大堂之匾额写‘至公堂’三字，确有道理……”齐如山先生所说的“经书”多强调立德、立功、立言，多强调“修身、齐家、治国、平天下”，多强调“天行健，君子以自强不息”，多强调“明明德、亲民、止于至善”等，李拔从为官之日起，便切实践行了这套价值观，因而成长为一个好官，一生曾五次得到乾隆皇帝的召见。为这样的循吏撰写传记，本身就是很有价值的。

作者立足纪检监察宣传工作职责，用心耕耘，默默付出，集多年之功，查阅大量典籍史料，逐渐聚焦到李拔这个人物，顺藤摸瓜翻检了族谱、地方志，包括李拔任职过的各个地方的文献资料，然后不辞辛劳、长途跋涉深入实地调研考察，并寻访、联系李拔后人，获得了较他人更多的资料，也便有了对李拔其人更多的发言权。作者抱着有一份材料说一份话的情怀，认真消化资料，悉心排列纲目，以 25 万字的篇幅，条分缕析地呈现了鲜活的循吏、廉吏李拔的形象，文字顺畅，立意鲜明，堪为新时期公职人员职业教育的好教材。

王日根

2024 年 8 月

（本文作者系厦门大学历史与文化遗产学院副院长、教授、博士生导师）

目 录

第一章 蜀楚成长磨砺

第二章 治理山海福宁

第三章　勤勉惠政福州

第四章　守制起复长沙

第五章 辗转荆楚大地

第六章 矢志报国不渝

第一章
蜀楚成长磨砺

清康熙五十二年（1713年），李拔出身于四川犍为一个贫寒的书香之家，孩提时代经常忍饥挨饿。青年时期，李拔生活依然艰辛，他二十余载寒窗苦读，仆仆南北试不遇，科途历经磨难。李拔深切体会百姓疾苦，他身居斗室，读书不辍，志存高远，心忧天下，立志读书不为科名，只为天下芸芸众生。李拔初仕为官，体恤百姓，广施良政，深得民心，被百姓称为清官良吏。

跌宕家世，坚韧少年

四川犍为县，古为梁州地，相传西南有石，犍立如牛，因此隋朝开皇年间，建县时取名“犍为”，唐肃宗时期，犍为县隶属嘉定府。唐代以后，犍为县疆域沿革变化不一，为蜀中望县。明洪武初年，改嘉定为州，犍为县仍归隶属。

四川省犍为县文庙

犍为人文鼎盛，历代良吏修志，无数诗文题咏，悠长历史造就了厚重的人文积淀。清乾隆、嘉庆时期，犍为县社会经济文化发展繁华一时，空前鼎盛，有“金犍为”之美誉。

传犍为县玉津镇李姓家族为唐代皇族后裔，入迁犍为县文林街的李氏始祖为李敬缘。明朝初年，李敬缘从湖北举家迁入四川，初定居犍为县玉津镇文林街。[1] 李敬缘传至八世为李杠，官至山东兖州通判。李杠为官清正廉洁，

① 李拔撰：《贻清堂族谱·重修历代分支纪》。

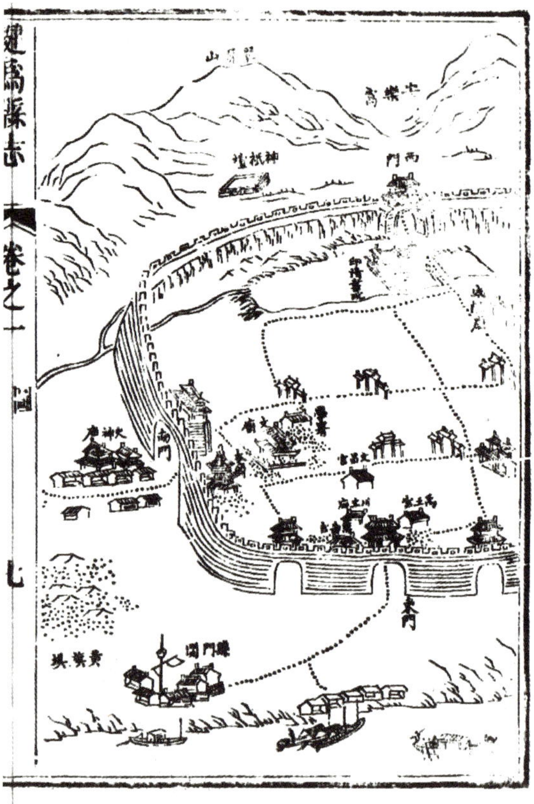

犍为县古城图（《犍为县志》书影）

修治河道极为用心，社会治安管理井井有条，政绩突出，深得百姓称赞。李杠本可以更有所作为，成就一番事业，可惜生不逢时，他生活的时期，大明王朝摇摇欲坠，已是日薄西山。

明崇祯十六年（1644年）三月，李杠返乡奔丧刚到永宁，就闻讯崇祯皇帝朱由检在景山自缢身亡，他长啸一声，泪流满面。然后穿戴好朝服，面北叩拜，绝食三日，慨然赴死。[①]

李杠孝忠义举，为新王朝所不容，带来了家门的不幸，他的家族只好举家逃亡。李杠的儿子李士廉，当时年仅十四岁，领着一家老小逃难至犍为县偏僻的铜河小来村。在这个小山村，李家是逃难之人，上无片瓦，下无立锥之地，生活艰难可想而知。李士廉作为家中长子，迫不得已，重操祖上旧业，设馆授徒，养家糊口。

大清定鼎中原后，社会局势渐渐稳定下来了，清政府对前朝遗臣遗民的政策逐渐缓和。不久，李士廉携家眷返回犍为文林街旧居。

李士廉自小立志读书仕进，走出故乡，成就一番事业，振兴家声。因

① 宋锦总纂：《犍为县志·李杠传》。

为担心父辈的义举再次被提起，惹来不必要的麻烦，他只好放弃举业仕进的念头，退隐山林，在当地真觉寺设馆授徒。李士廉作为官宦子弟，只懂诗书，不谙经济，设帐授徒却小有成绩，从游者百余人，清初当地科举及第者，多出自其门下。李士廉逐渐在当地有了些名望，乃至犍为知县来邀请他出来主持重修《犍为县志》。[①]仅凭这些，李士廉也算给犍为李氏家族复兴带来了些许希冀。

李士廉之子李公鼎身体不好，又高度近视，与父辈相比，只解读书，无力耕桑。以致祖辈留下仅有的田园荒废，家里炊烟常断。李公鼎每每想起童年时代从父亲处听来的先辈往事，就心生惭愧。于是，李公鼎考中秀才后，在犍为紫云山一个景致清幽的地方，当私塾先生维持生计。但好景不长，李公鼎左眼失明，不能再教书，只好返回家中养老。

家道中落，生计问题时时困扰着他们，没有了生活来源，家里又一贫如洗，如何生存下去？李公鼎之子李汝璋[②]，作为家里的顶梁柱，必须想办法维持一家人生活。

作为读书人，青年时代的李汝璋心中也曾有梦想，也曾立下“读书修身治国平天下”的宏愿。但屡考不中，居然连秀才这个最初级的功名也没获取。

当时社会，没有秀才功名便没有当私塾老师的资格。李汝璋继承不了前辈们的教书先生谋生手段，迫不得已，只好改行。

过去不得志的读书人谋生的主要出路有，给人修族谱、教书，最不济的设馆算命、看相、看风水等等。而李汝璋改行做买卖，算是落魄到极点了，常招人白眼，彼时李家落魄程度可想而知。

李拔就出生在这样的一个没落而凄惨的家庭，而这位落魄的读书人就是

① 李拔撰：《纂修犍为县志序》。

② 李汝璋（1691—1763 年），字广生，号容园，忠厚居心，孝友读书，未就，改业。娶周氏（1691—1762 年），犍为县周斌之女。

牧牛苦读图（李拔手绘）

他的父亲。

清康熙五十二年（1713年）农历二月十八日，传说李拔的母亲周氏梦见有人引一名童子来，说："这就是你的儿子，要好心待他。"[1] 第二天李拔出生。

李拔兄弟三人，其居长，下有二弟李坦，字平川；三弟李遇春，原名超，字荫川。母亲周氏为犍为本地塾师之女，贤惠持家，颇有教子之法。少年时代李拔的成长主要得益于母亲的谆谆教诲。

因为家境困难，少年时代的李拔，经常背着一把柴刀，一手牵着黄牛，一手持书卷，走出犍为县城郊东门，来到黄旗坝，把黄牛拴在河边的大石上，就在黄旗坝上砍柴。这里荒草没路，荆棘丛生，李拔拨开眼前的蒌蒿，抡起柴刀，挥动细小的胳膊，砍下一堆堆柴草。汗水顺着他的脸颊滚落而下，腿上、胳膊上早已被荆棘划开一道道殷红的痕迹。汗水夹杂着泪水渗进伤口，引发阵阵揪心的疼痛，但李拔全然不顾这些。他倔强地抿着嘴唇，飞快地用野藤捆好砍下的草木，就迫不及待地坐在坝上的一块石头上，拿出书卷，如饥似渴地诵读起来。

正是深秋时节，秋风瑟瑟，岷江两岸雪白的沙地上，枯黄的芦苇漫天飞舞。李拔无暇顾及这萧瑟的秋意，完全沉浸于书中的境界。晚年李拔在异乡回忆

① 赖全普整理：《李拔年谱》。

起这段年少时光的经历时，依然百感交集，写下《黄旗坝》诗：[①]

一片黄茅隐白沙，采樵饮犊作生涯。

等闲不忍空归去，读罢南华日已斜。

李拔清楚地记得，每当他不经意抬头眺望，一轮红日斜挂在远山的山垭上，将远山与河面映得通红。暮霭沉沉，天高地远，宿鸟归飞，他感到一种从未有过的孤独。少年时代的李拔深知自己肩上的担子，只能用倔强的心灵去面对一切。

搬回文林街后李家人的一举一动，一言一行，都十分小心谨慎，生怕又一场家族的劫难暴风骤雨般袭来。即便如此，有的乡绅仍会时时滋事生非，欺压一家老小。

面对所有的责难，少年李拔从不抱怨，就当是磨砺自己，考验自己。为此，李拔养成坚韧不屈的性格。

立志高远，择交益友

清康熙五十七年（1718 年），李拔五岁，二弟、三弟相继出生，因为家里人丁增加，负担加重了。李拔想上学，而曾经以儒道传家的李家，居然供不起自己的儿孙读书，真是莫大的悲哀。

母亲周氏看着聪明伶俐的孩子已经到了上学的年龄，内心无比焦急，但家里实在太困难了，丈夫都不顾文人的体面，给人做体力活，这也仅仅够一

① 宋锦总纂：《犍为县志·艺文》。

家人填肚子，想再让孩子上学，真的是心有余而力不足。周氏只好自己在家里手把手地教孩子读书识字，启迪养心。

周氏每天天刚亮就叫李拔起床读书，她常对李拔说："早上空气清新，读书两倍于平时。"

李拔六岁时，随着弟弟们渐长，家庭生计愈加艰难了。母亲在家里既养猪，又育蚕，尽最大可能减轻生活负担。父亲李汝璋为了一家人生活，如勒紧辕套的牛马，每天早出晚归，给人砍柴割草、背米，而且还数次遇险，差一点丧命。[①]即使这么困难，母亲周氏依然没有放弃对孩子的教育，仍督促李拔刻苦读书。

幼年的李拔受母亲启蒙教育，直到八岁那年，才第一次离开家里。当时

李母启迪教子图

① 赖金普整理：《李拔年谱》：家庭生计日艰，母亲在家"饲豕养蚕"，父亲外出为人"采薪、负米，数濒于死"。母仍督促李拔读书不辍，有言："古人由困而亨坎檩，穷愁益励操持，汝等可以饥寒隳厥志乎？"

李拔的祖父李公鼎正在犍为县紫云书院设帐授徒，母亲送李拔跟在祖父身边学习。

祖父李公鼎为人正直，知识渊博，满腹经纶，不屑入仕为官，未曾踏足县城数十年。[①] 李公鼎对孙儿李拔教育非常严格，每每督课至夜阑不辍。而且读书条件非常艰苦，李拔口渴时，找不到茶喝，经常就近取田间沟渠里的水喝。少年时，李拔经常夜阑不眠地读书，常常会打瞌睡。祖父李公鼎就令其黑夜在丛林中快速行走，以解困乏，而后继续高声诵读。

家庭困难，造就李拔倔强而执着的性格，他读书非常刻苦，渴望通过知识改变命运。李拔十分珍惜读书的机会，每天天未亮就早早起床读书，特别是跟随祖父身边读书时，每每苦读至深夜，坚持不懈。除了专心读书，少年李拔时常上山割草、砍柴，多次因为割草、砍柴磨破皮肉，山上的野草割伤他幼嫩的胳膊。他小小年纪却从不言苦，不断磨砺品格。

李拔负薪背米图

① 宋锦总纂：《犍为县志·隐逸》。

在祖父李公鼎的严格督导下，李拔对史传，已能识大意。祖父经常用古人成功的典故、先贤事迹，来勉励李拔勤奋学习，励志成才。

跟随祖父学习那几年，李拔心系父母，孝心至诚。李拔坚持早起，每天太阳刚升起来时，他面向东方，朝着太阳而拜。李拔说：“我爱太阳，因为太阳能照到我的父母。”[①] 幼年李拔就懂得托物言志，表达孝敬父母之意，天资明敏过人。

幼年李拔独立性很强，他不但把个人生活上的事处理得妥妥当当，无需祖父操心，而且还能给祖父做帮手。有一年夏天，李拔到小溪边提水，天气骤变，下起了大雨，附近没有避雨的场所。李拔只好躲在一棵大树下，突然电闪雷鸣，一声巨响，闪电把大树劈裂，而躲在树下的李拔居然没有受到惊吓。[②] 听过李拔神奇经历的人，对其无不惊叹！

深夜读书图（李拔手绘）

时光飞逝，李拔在紫云山读书，一晃五年过去，他已长成十三岁的少年。祖父因年老眼病失明，再也教不了书了。李拔的叔伯们也极力劝说祖父不要再这么辛苦了，祖父这才带着李拔返回家乡。失去祖父这份教书的

① 李元模撰：《峨峰府君行述》：“八岁，随公鼎赴乡塾读书。早起日出则拜之，曰：‘我爱日，日能照我父母也。’”

② 李元模撰：《峨峰府君行述》：“尝因汲水避雨大树下，忽迅雷裂其树而心不惊。”

周氏纺织督子读书图（李拔手绘）

收入，家中生活更加困难，往往是吃了上顿没下顿。少年李拔只好带领弟弟们外出给人放牛、砍柴，以贴补家用。[①]由于家贫无钱买书，李拔常借别人的书来抄录学习。李拔在这么艰苦的环境下，仍然勤学不辍，意志弥坚。

清雍正六年（1728年），李拔十五岁。母亲周氏忧心忡忡，孩子聪明勤奋，颇有天赋，却苦于家境贫寒，无法为其聘请名师指点。周氏仅凭自己能力教导，已经无法满足李拔的需求，内心的煎熬使她经常夜不能寐。

经再三思虑，周氏想到“无师当取益友”。于是，周氏决定当掉家中唯一值钱的东西——自己发髻上的簪子，用典当来的钱招待儿子的学友，以吸引本地优秀学生与孩子一起学习。[②]李拔懂得母亲的良苦用心，更加发奋图强。

① 李元模撰：《峨峰府君行述》：“讽诵之余，兼勤力作，以佐日食。迨其后，穷约愈甚，二哺不给，终日苦作，备尝劳悴。虽采樵、负米、灌园、种桑、饲豕、饭牛，亦必挟书与俱，且憩且吟。”

② 李元模撰：《峨峰府君行述》：母亲周氏认为，“无师当取益友”，挑选街坊中在学的优秀学生，与儿子李拔会课，典当头上的簪子来招待儿子的学友。

受母亲影响，李拔成年后结交的益友，俱为一时才俊，譬如，“四川三才子”之一彭端淑[①]，提督陕西、广东、湖南三省学政、著名诗人吴嗣富，兵部尚书周煌，著名学者旷敏本等人，俱为李拔的挚友，他们之间诗文唱和无数，交往数十年。

采桑负米图（李拔手绘）

在家庭生计困难之际，李拔也曾有过放弃学业的念头。母亲反问道：“古人因生活困难陷入窘境，愁苦万状，反而意志更加坚定，你难道因为受饥寒之苦，而迷失了方向吗？”母亲的教诲，更加坚定了李拔进取的决心。在李拔成长的重要阶段，在他为择友而彷徨的时候，都是母亲为其创造了良好的环境。

李拔是个懂事的孩子，他目睹家里的困难，极力为家庭分忧。白天，他无论入山砍柴，下乡给人背米，还是到草场给人放牧，一定会带着书卷边干活边读书；晚上，在母亲的督促下，李拔点起柴火照明，母亲在一边纺织，

① 彭端淑（1697—1777年），字乐斋，号仪一，眉州人，文学家，与李调元、张问陶一起被后人并称为“清代四川三才子”。清雍正十一年（1733年）中进士，进入仕途，任吏部主事，迁本部员外郎、郎中等。

教子图（李拔手绘）

他在柴火光线下读书。

除了黄旗坝，李拔常带着书到犍为县东十五里一个山崖背柴割草。这里地处偏僻，柴木茂盛，崖边有个山洞，洞里冬暖夏凉，是个读书的好去处。李拔时常在此读书，并立下鸿鹄之志：“如我为官，定用所学，造福众生。”写下立志诗《洞子山》：[①]

玉洞沉沉别有天，采樵深处白云连。

黄庭示我寻真诀，忘却炎凉自大年。

这时期李拔更加刻苦。他在学习中也遇到不少的困惑，也曾彷徨过。父亲李汝章经常开导他说：“为学如登山，陟峨眉之巅则视皆下矣。倘一陟而止，犹未登耳。”李拔取字“九崖”，取号“峨峰”以自勉。

李拔给自己的书斋撰写了条幅“探源惟主静，务外总妨功”，又在自己座位边的墙上挂幅自拟联“立志不在温饱，读书岂为科名”以明心志。[②] 少年

① 宋锦总纂：《犍为县志·艺文》。

② 李元模撰：《峨峰府君行述》：李拔参加童试，考中秀才，入县学，每月有了生活补贴。父亲李汝章教导说：“为学如登山，陟峨眉之巅则视皆下矣。倘一陟而止，犹未登耳。”李拔因取号“峨峰”以自勉，且自书联语“立志不在温饱，读书岂为科名”及“探源惟主静，务外总妨功”于书斋。

李拔读书立志图

时期，李拔就胸怀大志，心忧天下，有范仲淹“先天下之忧而忧，后天下之乐而乐”的宏愿。[①]

勤力储学，搏击科场

李拔在祖父和母亲的悉心教导下，加上个人的勤勉自学孜孜不倦，学业突飞猛进。

清雍正九年（1731 年），李拔十八岁，经县试、府试、院试，一举考中秀才。不久，李拔入县学读书，以期在乡试中举。依惯例县学生员，每月官府有给生活补贴，这样李拔的生活有了些许保障，也缓解了家里的经济压力。

① 黄惠撰：《郡守李公去思碑》。

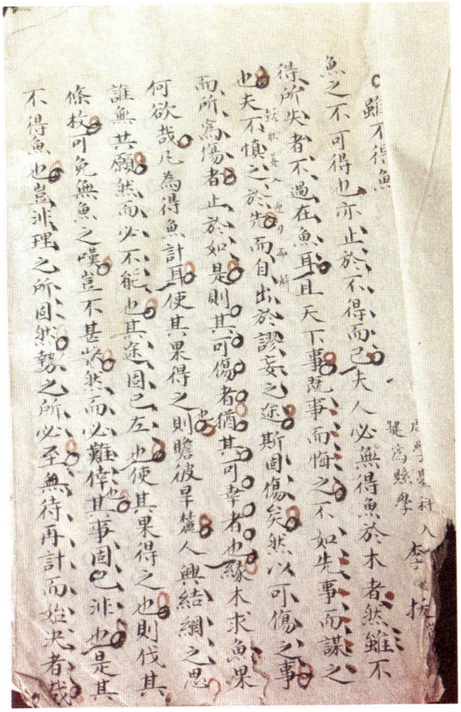

李拔十八岁时的手稿

清雍正十年（1732年），李拔经县学储学，准备去成都参加第一次乡试。这一年李拔十九岁，已到成家年龄，家里给他说了一门亲事。李拔赴乡试前夕与犍为县学廪生杨开泰长女成婚。

李拔希冀双喜临门，但未能如愿，该科乡试落第。自古科场险峻，不知有多少人屡困乡试，甚至终生止步乡试。但真正轮到自己，李拔心里多少有些失落。

李拔在成都参加乡试期间，曾入住一家招牌为“日升”的旅店。旅店的隔壁房子有一美貌姑娘，这个姑娘可能看上李拔，她居然爬上墙头偷看李拔日常起居，甚至还写情书，扔过墙来。见李拔没有拒绝之意，姑娘大胆地来到李拔房里。正值血气方刚之年的李拔，几乎难以自持。就在这须臾之间，他猛然警醒，自思应该“坐怀不乱”才是，于是立即劝走姑娘。有道是“哪个少女不怀春，哪个少年不钟情”，但李拔严于律己，守身如玉，且题《日升店》诗以自警。诗曰：[①]

旅馆萧条客坐虚，东邻有美掷鱼书。

丁宁愿学鲁男子，一会琴心定不如。

李拔以此提醒自己，面对诱惑，要把持得住，洁身自好，保持操守。李

---

① 《贻清堂族谱·李拔诗选》，李拔自注：“成都逆旅，予弱冠赴乡试僦居。邻家好女登墙窥之，且遗以书。几不自持，既而内讼却之。因用前人韵以自儆。”

拔一家子的生活重担在肩，经岳父杨开泰举荐，他在家乡谋得第一份工作，为邻里私塾授课。这样离家近，不但解决小家庭经济来源，还可以继续静心读书，以备下次乡试。

清雍正十一年（1733 年），李拔二十岁，选贡成均①，依例要赴京朝考。但李拔实在太穷，筹不齐盘缠，不能远涉京城。在父母激励下，李拔游学成都锦江书院，同时教授生徒以自给。李拔在锦江书院学习期间，先后师从名儒李学裕②、刘而位③等人，学业取得更大的进步。

成都锦江书院图

锦江书院，四川按察使刘德芳创建于清康熙四十三年（1704 年），挑选秀才以上生员为诸生。书院教学要求“先经义而后时文，先行谊而后进取”，采用北宋王安石“三舍之法”，实行正课、附课和外课。初定正课、附课生各 50 人，外课生视成绩和正、附课生名额盈缺而定，先约 20 人左右，是为候补。膏火正课生月给米 1.5 斗、银 1.5 两，附课生减一半，外课生没有。康熙六十年，

---

① 选贡成均：指以人才送最高学府国子监。

② 李学裕（1691—1745 年），字余三，河南洛阳人，清雍正五年（1727 年）进士，官至安徽布政使，著有《望溪文集》。

③ 刘而位（生卒年不详），字尔爵，山西汾阳人，清康熙五十二年（1713 年）举人，官至四川盐茶道副使、永宁道参议。

四川提学方觐增建讲堂、学舍，增加生员名额，扩大书院规模。清雍正十一年（1733 年），锦江书院被列为四川省城书院，经费纳入官府所拨学田开支。

李拔勤奋好学，在成都锦江书院的同学中出类拔萃，为犍为知县宋锦所赏识。清乾隆六年（1741 年），辛酉科荐为恩贡。依旧例，凡恩贡、拔贡、副贡等，朝考列一等以州同、二等以州判、三等以县丞选用；岁贡一等以主簿、二等以吏目选用。

积庆堂（李拔手绘）

李拔考中贡生回乡庆祝，在大堂拜见长辈时，七十九岁高龄的祖父李公鼎见孙儿学业有成，不禁喜极而泣。李拔无比感恩祖父多年的悉心教诲。许多年后，李拔升任知府，还为故去的祖父请旨封赠，并在祖父墓前立神道坊、墓道碑等，这一切身后荣耀，祖父已经看不到了。李拔每每看到自己的成就，不知不觉就想起孩提时跟随祖父的点滴往事，忍不住潸然泪下。

中恩贡后，李拔继续在成都锦江书院学习，兼职教学自给。在成都期间，李拔又参加了几次乡试，但还是没有考中，暂时借书院的补贴糊口。在锦江书院学习期间，书院每次举行的考试，李拔都取得第一，不久就被推为学长，在锦江书院内，他还曾亲手种下一株梧桐树。李拔在锦江书院左廊学习的那几年，相当刻苦，夜以继日，学识取得很大进步，但科举之路依然不顺。其写下的《锦江书院》诗：

十年面壁倚栏杆，苦学三冬彻夜阑。

月照梧桐残雪后，高歌拥絮不知寒。

这首诗正是这段时间李拔刻苦读书，“面壁十年图破壁”心境的真实写照。

李拔考取秀才时，一次就考中，而参加乡试却屡试不第。对于科举功名，李拔认为“人生科名得失，固有分定”。

李拔在锦江书院学习期间，除了以书院的补助糊口，平时还把外出做家教时学生馈赠的礼金等一点一滴地积攒起来，为北上进京做准备。

清乾隆九年（1744 年），李拔三十一岁，经数年积攒，储得一百多两银子。[①] 经过充分准备，这一年春末，李拔买了一匹马，挥手告别家人，独自骑马北上京城，参加礼部主持的选拔考试。

李拔考试合格后，劄监肄业[②]，还未派职。这一年顺天府举行乡试，李拔

李拔在成都锦江书院求学图

① 李元模撰：《峨峰府君行述》：“籍书院膏火并授徒束脩，储之，为北上计。数年集攒，得百金，亦以甲子春辞家就道。独行抵京。”

② 劄监肄业：指考试合格等待工作安排。

乘机参加顺天府乡试，一举得中举人。[①] 但李拔不相信什么命运之说，他说自己家族入迁四川以来，经历几百年，至今还没有人中过进士，做学问的人应该励志修业，努力自强不息，不可相信什么命运说法，虚度光阴。

清乾隆十年（1745年），李拔在北京，距会试时间尚早，他利用这一年多时间，以文会友，切磋文章，因留京日久，没有经济来源，手头日渐拮据。一时也找不到什么合适的事做，盘缠渐罄，只好暂时返回家乡。

返乡途中，李拔取道湖北襄阳，因天气炎热，路途遥远，一路奔波，风餐露宿，不幸身染寒热重症。在过去，这种病症，即使皇家子女在内廷有御医，也都难保无事。如康熙皇帝北征噶尔丹，身染寒热重症，虽然随身带了一班御医，还差一点驾崩，最后还是依靠洋人进贡的西药，才化险为夷。而李拔一介寒儒，况且还在奔途中，孤身一人无人照料，病情十分凶险。他行路艰难，一路踉跄，勉强支撑到湖北沙市，下船后实在无法再前行了。

李拔深知自己的病情，但在旅途之中，通知亲友哪来得及。他暂住在一家旅店，赶紧请郎中看病。李拔住店时踉跄的样子，还被店家揶揄，许多年后，他在自己的笔记中记下此事。这时的李拔心情相当不好。

李拔病倒在旅店床上不能下地，生命垂危，再这样拖下去，可能就要没命了。第二天，李拔醒来后，请人四处找地方养病，最后找到普仰寺。李拔搬入普仰寺养病，幸得住持全力照料，仅过了三天，他的病情明显好转，养了近一个月后痊愈。[②]

李拔对这事刻骨铭心，清乾隆三十五年（1770年），李拔擢升湖北荆宜

---

① 李拔撰：《家谱剩言》。

② 李元模撰：《峨峰府君行述》：李拔自注："乾隆乙丑，予会试归里，取道襄阳，伤寒甚剧。踉跄至荆，延医，为逆旅主人所揶揄。困卧将死，忽梦金衣人语曰：'宜迁我家'，引至一处，瞿然惊觉。次日，遣人物色，得普仰寺。移入养病，舍宇一如梦中，有僧大业代为调理。三日，病势顿减，阅月而愈。"

施道道台，不忘搭救之恩，再来沙市，捐重金酬谢寺庙的再生之德。李拔题《沙市普仰寺诗》，[①] 以纪这次惊险际遇。诗云：

卢医无计困章台，谁遣金人入梦来。

为借法门慈忍力，驱除二竖一齐回。

李拔中举返乡图

李拔历经千辛万苦，终于回到了故乡。这一年，犍为知县宋锦[②] 主持重修县学。

犍为文庙（县学），明代末年遭火毁，留下残垣断壁，满目疮痍。清康熙九年（1670 年），县令刘靖环主持增修，恢复旧时规模。清乾隆五年（1740 年），县令宋锦率僚属、绅士募资一百二十万修葺扩建，“易礼殿以筒瓦、饰门阙以丹”[③]，重修东西两庑及名宦乡贤等祠，把明伦堂移至殿西，堂前为学门，堂后为学署。四周建有围墙，泮池露台，甃以砖石……这次修建，工程浩大，历时六年之久。县学竣工当天，边远山区的山乡百姓都携老扶幼，前来观瞻，所谓“深山穷谷，白叟黄童，踮起脚跟，伸长脖子，一起观看新落成的学宫壮姿”[④]。李拔为此撰写《重修犍为县学记》，对父母官宋锦的善

① 李元模撰：《峨峰府君行述 · 沙市普仰寺诗》。

② 宋锦（1706—1773 年），字在中，号竹轩，河南武陟人，雍正乙酉拔贡，雍正壬子、癸丑，联捷进士，清乾隆元年（1736 年）任犍为知县。他治理犍为，政简刑清，百废振兴，政绩斐然。

③④ 李拔撰：《重修犍为县学记》。

四川省犍为县文庙全景

举大加赞誉，他说："宋县令做了这件大好事，堪称与文翁开创公学一样永垂不朽。"同年，宋锦聘请李拔主笔增修县志[1]，经过一年多时间的收集整理，《犍为县志》修订完毕。

李拔受聘重修《犍为县志》图

① 赖金普整理：《李拔年谱》载："乾隆十年，李拔中举。留京岁余，归。邑令宋锦延请主笔增修县志。"

李拔在这次主笔纂修县志的过程中，对当地社会风气大不如前的景况表示深切担忧，他向知县宋锦反映这一情况，寄希望地方官能够戮力整顿社会风气，返璞归真。从中更可以看出李拔作为地方知识分子情系桑梓、心忧天下的忧患意识和担当精神。

清乾隆十一年（1746年），李拔编纂的《犍为县志》九卷木刻本印刷成书。同年九月，李拔又取道湖南，游学湖南岳麓书院。

岳麓书院，北宋开宝九年（976年），由潭州太守朱洞创立。随后，历经宋、元、明、清各朝代。清乾隆八年（1743年），朝廷为褒扬岳麓书院办学之功，由乾隆皇帝赐御书“道南正脉”额，以褒扬岳麓传播朱熹、张栻理学之功。

游学岳麓书院后，李拔继续北上，赴京参加会试。

清乾隆十三年（1748年）春，李拔会试落榜，返乡盘缠也没有着落，只好滞留京师，设帐授徒自给。

李拔在京郊任教习以自给图

清乾隆十四年（1749年），李拔在北京附近的幽州、蓟州[①]设馆授徒，不久教习内廷。依旧制，举人教习期满，吏部可派用县令。随后，李拔又参

① 幽州、蓟州：指京郊地区。

加教职选拔考试，成功被录取，出任北京景山教习。

清乾隆十六年（1751 年）三月，李拔教习期还没满，参加该年会试中式，同年四月参加殿试，高中三甲四十一名进士。[①]

署理钟祥，初显其能

清乾隆十六年（1751 年）五月十二日，内阁翰林院带领新科进士于圆明园觐见乾隆皇帝。皇帝随后下旨，新科进士除金榜一甲赐进士及第的吴鸿、饶学曙、周沣三人已授职外，李拔与其他三十二人俱分发各省，以知县用。后来与李拔仕途有交集的朱仕琇、王采珍等人，都是出自该榜。

许多与李拔同年中进士者志得意满，唯独他以不能任京官，被分发以知县用，而颇感失落。

> 刘墉、汤先甲、王应瑜、卢明楷、李承瑞、姚晋锡、柯一腾、戈涛、路谈、王启绪、田树、李逢亨、李绶、史鸣皋、周曰赞、朱嵇、蒋良骐、叶观国、王绂、秦百里、黄元吉、吴为墉等 43 人俱著改为庶吉士。吴肇元、詹学海、万中道、朱光发、吕光亨、潘从龙、何逢僖、叶棠、张孝泉、郭天禄、刘位廷、陈圣准、谭尚忠、李天培等 21 人俱著分部学习，

① 李元模撰：《峨峰府君行述》："李拔，殿试第二甲四十一名。"另据南京科举博物馆乾隆辛未金榜，李拔为殿试第三甲四十一名进士。

照例试用。王应元、温葆初、王采珍[1]、柴景高、朱绶、盛应谦、朱山、范朝纲、藩思藻、韩衍桐等 14 人俱著以知县即用。

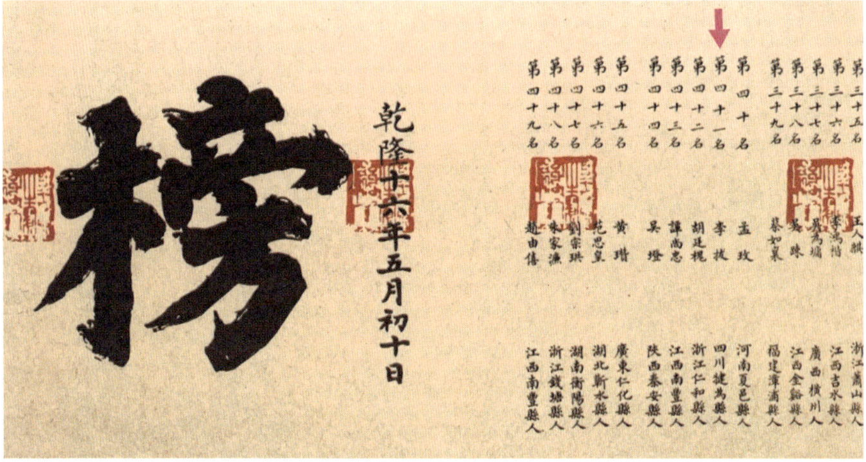

李拔殿试金榜名次

李俨、顾德懋、朱垣、张庆长、徐步蟾、李元通、董丰垣、印宪曾、王元启、王熙载、金汝梅、何向宸、欧阳照、陈公问、严庆云、周曰万、周隆谦、朱家濂、胡廷槐、李拔、张绳武、吴儒清、胡圻等 32 人俱著分发各省以知县用。[2]

"以知县用"与"以知县即用"，有不小的差别，同科进士王采珍以知县即用，无须试用期，初仕即任湖北宜昌府南溪县令，而李拔"以知县用"，

① 王采珍：与李拔同年进士。嘉庆《南溪县志·官师志》载："王采珍，山东滨州人，进士，乾隆十七年知南溪。邑初无义学，公捐廉倡化修琴山书院，置买义田以供修脯，按月课士捐给赏需，以示奖励。公暇不时适馆，提命生童，谆谆以读书敦品为劝。莅任九载，狱停讼息，政简刑清，人称循良之最。"

② 觉罗勒德洪等奉敕修纂：《大清高宗法天隆运至诚先觉体元立极敷文奋武孝慈神圣纯皇帝实录卷》之三百九十卷。

签掣湖北，需一段时间试用期。

清乾隆十六年（1751年）八月十五日，李拔到了湖北。湖北巡抚恒文委派李拔署理钟祥县事，算是试用知县。李拔很珍惜这份工作，从其政绩足见工作之卖力。

钟祥，位于湖北中部，江汉平原北端。春秋战国时期，为楚别邑，称郊郢。西汉设县，名郢县。东汉省郢县。三国时，吴于石城（今郢中）置牙门戍筑城，名为石城。南朝泰始六年（470年）立苌寿县。西魏大统十七年（551年），改苌寿县为长寿县。明嘉靖十年（1531年）复立县，取“祥瑞钟聚”之意，命名钟祥。

在历史上，钟祥素来是军事要地。春秋时，楚国与中原各诸侯的战争，多以郊郢为营地。三国时，吴国于石城置牙门戍，借以抗御北方的侵袭。西晋时，羊祜都督荆州，进驻石城以后，石城以西之地尽为所有，吴国因此受挫。南北朝时，西魏取得石城，从而危及荆州。唐时，黄巢率领农民起义军攻克郢州，大振军威。宋时，岳飞率军讨伐京超于郢州，收复了江汉平原的大片土地。明末，李自成攻破承天府。诸多重要战事都发生于此。清代，钟祥属湖北难治之县，李拔到任后，能够体察民情，因地制宜，施行良政，造福百姓。

李拔到任后，振兴学校，清厘保甲，断结词讼，修理堤工，把钟祥管理得井井有条，初显独掌一方的执政能力。李拔管理县署役吏严格，对百姓宽厚仁慈，深得民众拥戴。

出生穷困的人，往往有种愿望，将来发达了，一定要回报父母。但成功岂是人人都能实现的，有多少人十年寒窗，悬梁刺股，也没能等到光耀门庭的一天。一些人历经磨难，终于出仕为官，登上人生之巅，而双亲往往早已不在人世，“子欲养而亲不待”空叹终身。李拔是幸运的，他考中进士时双亲俱在，虽然仅是署理[①]知县，已足以告慰父母几十年含辛茹苦的养育之恩。

① 署理：官员出缺或离任，由其他官员暂时代理职务。

李拔中进士授官图

清乾隆十七年（1752 年）春，李拔为感念父母养育之苦，立即派遣弟弟回去，准备把父母接来钟祥同住，让父母安享晚年。而他的父母以道路险远，年事已高，经不起路途奔波为由，暂时不来了。虽然这样，李拔又派人回乡催问情况，他翘首以盼，希望父母能来，其至诚孝心令人感动。

李拔的母亲担心孩子初仕为官，考虑不周全，还专门托人带话，提醒李拔谨慎为政，做一位廉政清明、百姓爱戴的好官。

主政长阳，奋发作为

清乾隆十七年（1752 年），李拔署理钟祥还不到一年，因政绩突出，第一年考核即得“卓异”①，经湖北巡抚恒文具文上奏，拟实授知县。经吏部议、

① 清代吏部每三年举行一次大考察，这里指才能优越的官吏。

朝廷准议，授予李拔长阳县知县实职。[①]

长阳县，地处湖北西南清江中下游，隶属宜昌府。这里土瘠民贫，少数民族与汉族杂处，尤其以土家族占多数。时长阳经济落后，交通闭塞，民风凋敝，诉讼案件很多，政务处理复杂困难，是一个难治之地。对于没有太多为政经验者来说，是个不小的挑战。[②]

上任伊始，李拔就着手处理前任知县留下的未结要案六十多件。日常工作繁杂无比，手上又有历年积案，开局可谓困难重重。[③]

李拔不为困难所阻，为解决长年积压的案件，他制定清案计划，深入细致审读所有案卷，限定完成期限，经他公正细致地审理，全部积压案件如期了结，百姓无不钦服。

李拔清理完历年积案后，又着手准备整修衙署。他带领随从人员视察衙署，身边随从见长阳县的衙署破败不堪，满园荒草，面有忧色，认为这里的衙署太破败了，没有几年时间修不好，况且一任县令也待不了太久，劝他不要大修，象征性修一修就算了，或暂时将就着用，留待后任整修。

李拔不以为然，他认为为官者要有担当精神，不能视衙署如驿站，住一阵子就走，衙署倒塌破败也不管，把为政过程中遇到的困难和问题都留给后任，这是为官不尽责啊！[④]

李拔认为，长阳虽然只是湖北省的山区小县，但百姓与大县没有什么不同，社会各方面的发展不应该落后于其他县。但他上任之初，眼前有更急的事要办，衙署修葺之事只得先放一放。

李拔对随从人员说，眼下长阳境内田园荒废，流民云集，许多人还食不果腹，这些急需抚慰；公庭之上，诉讼案件复繁，积案太多，还未审结，且

---

① 《长阳县志》载："乾隆十七年，知县李拔自郢中署篆，补授长阳。"

②③ 李元模撰：《峨峰府君行述》："继补长阳，土瘠民贫，五方杂处，讼狱滋多。上任接手一册未结要案，共六十余件，定以限期，而如期皆结。"

④ 李拔撰：《捐修长阳诸废序》。

时间拖太久了，县衙里的囚犯关得满满的，急需清理；城墙坍塌，祠宇破损，道路长满杂草，人文不兴，迫切需要解决。

到任初期，李拔忧心忡忡，担心有什么考虑不周，晚上都睡不好。他从大处入手，有条不紊地推进工作，他白天到田间地头访贫问苦，晚上秉烛处理往来文书，事情一件一件地理清。但凡能为一方百姓除暴安良、清刑平狱、修废举坠、育文兴行，李拔都努力去做。就这样努力了近一年时间，长阳才得到初步有效治理，士民得以安居，百业渐有起色。李拔心中稍宽慰，但他还是不敢有丝毫懈怠。

长阳县历来人文昌盛，至明代遭兵火劫，百姓流离失所，城墙化为废墟。清朝定鼎中原后，招抚百姓，极力维护地方安定，但是长阳地处苗疆，地瘦民贫。历任知县总以为自己干不了太久，城墙任其坍塌，祠宇任其倒塌，道路任其长草。李拔认为，这是地方当政者的严重失职。

因此，李拔把各项事务按轻重缓急，找当地乡绅具体落实这些事。上级也没拨什么经费，他就带头捐俸银，自己筹集经费先干。首先，修城墙、县衙栅栏等，确保日常政务运转。其次，组织重修县学，以激励地方人才培养。接下来，依次整修道路、桥梁，衙署、祠宇等。[①]没有增加百姓负担，就一项项整修好了，上级对李拔的施政作为很满意。长阳名士饶琇抒发百姓心声，写下了《邑侯李峨峰捐建城楼》一诗：

楼高云外势参天，不惜倾囊捐俸钱。
砺借观山钟地脉，带环彝水护民缠。
鸠工几费经营力，设险端凭锁钥权。
从此金汤真永固，筹边胜概足千年。

这首诗，生动地刻画了李拔的拳拳爱民之心，也表达了长阳百姓对李拔的无限爱戴之情。

① 赖金普整理：《李拔年谱》。

大整修后，李拔发现学宫与乡贤、名宦等殿庑之间无门，他又捐俸银，修了学宫两庑阁门。见关帝庙房间年久失修，墙体都剥落了，他又组织修葺，并亲自题匾“乾坤正气”，又题联：“知汉贼不两立之文，无愧武侯作友；明春秋大一统之义，宜追宣父为师。”①

李拔注重民间访察，经常深入民众间了解风土人情。经过一段时间的巡察，他发现长阳地处楚北偏僻之地，西通巴蜀，东接荆宜，北控东归，南连鹤乐卫，商贾往来络绎不绝，但所经道路都是崇山峻岭，羊肠小道，难以攀登，十分不便。为了百姓往来方便，李拔对这些道路增修加宽。这段道路十分陡峻，如境内天里铺与石板铺之间，连接三个陡坡，奇峰削成，一边高坡直插云霄，一边下达溪谷山涧，一眼望去，让人无不心惊胆战。过往行人爬这段路，往往要攀藤援葛，像蚂蚁一样俯腰前行，特别是炎夏酷暑时节爬坡，烈日炎炎，行人挥汗如雨，口干冒烟，气喘如牛，举目四顾，两眼茫茫，但求一处阴凉蔽身、讨一碗茶水解渴都没办法。

李拔深切体味百姓之苦，他认为不管是长阳境内的百姓还是往来商旅，都是国家的子民。地方官为政一方，任百姓劳苦而不作为，这是为政不德！

为解决难题，他亲临一线，仔细察看这些路段后，在经费困难的情况下，果断捐出自己的部分养廉银，组织属员在这四个陡坡顶部，各修建一座亭子添置茶水，并在坡上多种竹子、树木，作为过往客商暂时休憩之地。

这些整修完毕后，李拔为这几处亭子题了匾额，分别为“暂憩”“忘疲”“慰劳”“息肩”，每一坡又划出官田，指派四家百姓耕种，每年取田租收入作为茶亭供茶开支，并要求当地各堡，务必监督管理好，不得荒废，确保德政持续泽及后人。②

清乾隆十八年（1753年）七月，李拔奉府命令查办民间“粘抄”谣言

① 李拔撰：《长阳县志·寅畏堂跋》《长阳县志·忠益堂跋》。

② 李拔撰：《长阳县志·建修四路茶亭记》。

（即百姓传抄不法言论）的案件后，深感地方日常事务管理很重要。他认为，盘查告诫奸宄，各地联络，必须形成声势，互相配合，综合整治，才能取得成效。[①]

长阳境内许多地方处在崇山峻岭之中，山高林密，而这些地方还散居着一些百姓，有的数十家结茅屋而居，而且土著居民比较少，多为周边各县流民，人员成分比较复杂。李拔要求各堡防范，各乡编好牌甲[②]，联络声势基本形成。县域之间交界各处隘口、要道、要地，设循环簿登记，分发各塘汛执行。一旦有可疑人员出入，即了解清楚往来踪迹，登记在簿子上，按期送县查核。如果真有盗匪出没，立即抓起来。其他城乡、庵观、寺庙、寓所、饭店，一样照此管理，严密稽查，防患于未然。

湖北长阳观音阁

① 李拔撰：《长阳县志·详复设五堡长议》。

② 宋熙宁初，王安石改募兵制为保甲，置牌以书其户数及姓名。元时兵制设万夫、千夫、百夫，而以牌甲为基层单位。清世祖入关，有编制户口牌甲之令。其法，州县城乡十户立一牌长，十牌立一甲长，十甲立一保长。则牌甲又为地方基层组织。

长阳辖地，西北与东湖归州八里撇交界，西接巴东盐井寺，东接宜都避难溪，南接长乐马料坡，西南接长乐黄草坪，北接东湖的咬草岩等六处。这些地方土地辽阔，山谷幽远，居民很零散，虽已设有保甲稽查，但管理起来实在是鞭长莫及。李拔呈报《详复设五堡长议》，建议在这六处交接的隘口，往来必经之路，捐钱建堡屋一间，设置堡长一名，专门盘查往来客商。在附近居民较集中的村落，选择身强力壮、办事干练的人二名，按季轮流驻守，加强地方治安管理，并以社仓每年的稻谷，给予堡长一定的粮食补助。同时，李拔倡议相邻各县建立联动机制，设堡联防，维护一方百姓安居乐业。

李拔在各乡访查各处塘房时，发现辖区大部分塘房破旧，如不及时修理，再过几年可能倒塌。为有效解决塘房修理事项，李拔上书《塘房应仍归州县修理议》。[①]

塘房修理原来是地方应办事务，过去每年由县里捐发银两，责令各乡保督促附近居民割草、砍木，清理周边环境，并给予工钱。由差役购买砖瓦原料等，根据毁坏程度，随时修葺，费用在每年各地征收的鱼税中支出。

这个办法在塘房开设之初，原本执行得很好，但不知何缘故，塘房移交守兵后，由于管理不善，管用职责不清，以致随修随坏，钱花了不少，而塘房修理没完没了。这事一直得不到妥善解决，地方为此也很头疼。

清乾隆十二年（1747 年），奉前任湖南藩司议请，从乾隆十一年开始，以六年为限，各塘的船只，每年捐银，要求文员按季照数捐出，移交驻兵自行修葺。倘遇大风、大雨受灾特严重的，仍由地方州、县另外出资修造，到年底原来发放的修理塘房银，营中如有剩余，予以照实扣除。于是，前任长阳县令依藩司议，按季捐银移交驻兵自己修葺，但在执行过程中，每年不论有没有特别严重的灾情，从来没有存剩。只有驻兵报风水淹浸，不断要求捐造的报文。李拔详细了解后，认为这个做法不科学，有漏洞，必须另想办法

① 李拔撰：《长阳县志·塘房应仍归州县修理议》。

解决。

因为驻兵根本无心负责塘房整修，等领到整修的经费款项后，根本不用心修。修补时，不过以灰土略加粉饰，应付了事。塘房经风吹日晒久了，又剥落下来，一旦有风雨即成灾，又移请州县修补，原来捐银之项，根本不起作用。

李拔看清症结所在，即建议将捐银收划归州县管理，责令州县每年于农闲的时候选乡贤督率当地百姓，出一点义务劳力，逐一修理，再移交驻兵使用。移交后，倘若有兵丁胆敢肆意破坏的，立即向官府报告，严肃惩处，责令折价赔偿维修。这样该募捐款项，才得以实际修理之用，这项长期困扰地方官府的事，经李拔之议，终于得到较为妥善地解决。①

在长阳，李拔重视教育，他认为历代开科取士、巨儒名流都出自科举，为此他做了不少努力。李拔在长阳用心培植人才，以昌盛正学为己任，振新风气，革除旧弊。李拔见长阳之地，经过整修，县学规模初具，独尊经阁残破不存，朝廷颁赐的经、子、史等书，都散失殆尽了。李拔认为，尊经是学圣的关键，要立好标准，倘若继续任其荒废下去，那是地方官的失职！李拔召集境内名士乡绅，倡议重修尊经阁。他带头捐俸银，上下同心协力，很快就建成了。

李拔撰《劝学箴》，劝勉为学者要洁身自爱，劳逸结合，勿近女色。此外，李拔率绅士修复景观，明代初期在县东二里的昌贵岩上建有昌贵塔，文风颇盛，明末倾圮。经李拔修复后，当地学士、大夫登临游览题咏甚多，此处成为长阳的名胜古迹。②

在长阳县东十里的石桥，两岩壁立，最为险隘，李拔在这里建了一座坊，题其上曰“白石雄关”。

① 李拔撰：《长阳县志·塘房应仍归州县修理议》。

② 李拔撰：《长阳县志·劝学箴》；胡师清撰：《峨峰李邑侯倡修尊经阁序》，清乾隆十九年《长阳县志》。

在寺观方面，李拔捐钱建青龙寺围墙，题其额“艮山拱护”；在长阳县城西关外，有一座因白鹤飞集而得名的道观——白鹤观，李拔募资重修，延续香火，并题“白鹤仙迹”；在石柱观，李拔书题“天开图画”等。[①]

李拔担任知县的主要收入有两项，一是日常俸禄，每年六十三两四钱九分，主要用于日常开支，还有年额养廉银六百两。为做成事，争取不到资金时，李拔时常动用自己的养廉银。像李拔这样，能主动拿出俸银做公益的官员，殊为难得。

长阳自然灾害多，如果丰收年份不储备一些粮食，歉收年就要闹灾荒。为解决这个问题，李拔深入民间访查，了解丰年时，田产较多的士绅，存粮不少，多储在自家粮仓，日子久了，多有霉变。李拔就提出，在辖区各乡都建义仓，把这些士绅家多余的粮食捐出来，积存社谷，以备灾荒。李拔发动士民开塘堰，灌溉农田，设读书补贴费，用以培育人才，修城墙以作捍卫，清界址以息讼争，禁暴客以安善良，建路亭以惠行旅。只要有利于百姓的事，李拔都付诸实施，对地方发展不利的陈规，一概废除。[②]

李拔在长阳任知县期间，写下《公余抒怀》，“秉烛勤官书”“所职良当修”“扬波浊复清”，可见这一段任期内，李拔为政非常勤勉，彰显其为民担当之心。

经过几年的不懈努力，长阳县得到初步整治，政简刑清，百废待举。李拔可以腾出手来整修衙署了。不久，李拔捐钱命人请匠师，审慎组织修理，也不敢大刀阔斧地干，只是对旧衙署做了简单修葺，并在旧址空地之上，结茅为亭，亲题匾额“后乐亭”，并作《后乐亭跋》以自勉。李拔自比范仲淹，取“先天下之忧而忧，后天下之乐而乐”之意。[③]

“长阳百姓五谷丰登，万民安居乐业；县衙公案牍清，百姓诉讼案件具

① 李拔撰：《长阳县志·寺观》。

② 李拔撰：《长阳县志·县伊李峨峰兴禁告谕》。

③ 李拔撰：《长阳县志·后乐亭记》。

结；各家老者高兴而小孩安然。”李拔认为，自己心中的乐事是这样的，“城墙修缮则保障，祀宇葺则神灵安，道路治则行旅安，教化兴则风俗美。”[①]

从李拔的文章也可以看出来，其爱民之心，殷殷可鉴。李拔捐俸银整修长阳城墙，亲自在城上往来督工，确保工程进度和质量，并于城上修高楼，眺望城楼前勤劳耕种的百姓，还自己掏钱买食物，派人送到田间地头，慰劳辛苦劳作的百姓，还亲笔题写“勤民”，制匾挂在城楼之上。有《勤民楼》诗：

勤民楼上望勤民，四野农桑日夜新。

但得鲁山琴一鼓，闻弦自有辨音人。

在长阳县令任内，李拔公务之余，还主持重修县志，召集县中乡贤，分纲定目，分派采集，多方修订。

《长阳县志》于清康熙十二年（1673年）由前任长阳县令田恩远搜集采编成书。李拔认为这部县志过于粗陋简略，经他增删改纂，就保留几条。清乾隆十九年（1754年），在李拔主持下，新纂县志书成。

《长阳县志》清乾隆十九年（1754年）刻本共六卷，分为：卷一，天文志、地理志；卷二，建置志；卷三，职官志；卷四，学校志；卷五，选举志、节烈志；卷六，赋役志、物产志、艺文志。

李拔短时间内完成县志修纂。长阳士绅向廷言给予其很高的评价，他称：“长阳虽为山区县，但是政务繁剧，加以公长才见知于上游，委办邻县疑难诉讼案件，奔走倥偬，无暇日，仍笔书不辍，完成县志，确实不容易。”[②]

为了长阳教化，成风化俗，李拔颁布了《县尹李峨峰兴禁告谕》[③]：

为申谕事照，本县莅任以来，仰体圣天子，示治若渴之意，暨各上宪勤宣德化之盛心。凡所以为尔士民，身家风俗计，老无不早作夜思，

① 李拔撰：《长阳县志·斑娱堂记》。

② 田思远撰：《修长阳县志序》。

③ 李拔撰：《长阳县志·县伊李峨峰兴禁告谕》。

谆切告谕，几于颖秃唇焦。诚以本县为尔等父母孩子之率，不谨父母，岂能辞责？近观尔等颇知受教，奉法安分，衣食田园，士习民风，渐有起色。本县亦为色喜，但恐狃于小康，日久急生，蹈从前因循之旧习，负本县期望之苦心，所关甚巨。合将从前示过各条，勒为一纸，谆切劝谕尔士民，其敬听焉！

绩学之宜勤也；士习之宜端也；水利之宜开也；蚕桑之宜亟也；

勤俭之宜敦也；风俗之宜隆也；身家之宜保也；保甲之宜严也。

李拔在长阳任职时间不长，地方安定，百姓和睦，百业振兴。当时，湖北钟祥知县李缙、江陵知县李豫，也在各自的辖区广施良政，颇得民心，百姓将李拔与李缙、李豫并称“三李”，被世人推为干臣良吏，有“三李并循良，第一循良数长阳”[1]的民谣流传。

“三李”贤良图

① 李元模撰：《峨峰府君行述》，论治者有“三李并循良，第一数长阳”之谣。

清乾隆十八年（1753年）秋，李拔奉调充任湖北省乡试同考官，分校诗二房。

李拔感念平生六应乡试下第，三赴会试落榜，屡试屡不中，虽说主要是自己命运不济，但同时难免存在阅卷官不用心的原因。他深切体会应试士子的不易，因此尽心尽责，全神贯注，仔细校阅试卷，经其手先后取中陈宗谦、刘斯与、杨廷琇、谢兰、邹增辉等人，日后都成为湖北名士。

李拔心中一直挂念家乡的双亲。李拔任长阳知县时，派人往四川迎接父母，父母仍没有答应。李拔闻讯，晚上睡觉都不安心。他自思在孩童时，父母含辛茹苦教育培养自己，长大后在县学读书，外出游学，远游京都、洛阳等地，近二十年自己一直没在父母身边。他想着回报父母，虽然只是小小的县令，不足以让父母荣耀，但自己的俸禄足以赡养父母，以尽为人子之心。父母却还不能来，李拔深感愧疚。

李拔派自己的弟弟再次回去劝说父母来长阳。长阳县接近四川地界，而且有水路可通，行船方便。清乾隆十九年（1754年）春，父母终于同意秋后坐船前往长阳。恰逢新衙署建成，李拔心情很好，因名其堂“斑娱堂”，以庆贺父母来长阳这件喜事。①

父母来长阳后，李拔万分高兴，专门吩咐仆人做了一桌丰盛的饭菜，给父母接风洗尘。母亲周氏见满桌丰盛的饭菜，却只有他们一家四人在吃，突然沉下脸来。李拔正纳闷何事惹母亲不高兴时，母亲却把他叫到旁边，低声训斥说：“你刚为官，就忘了当初砍柴、放牛的苦日子吗？”②

李拔连忙低头认错。母亲见李拔知错了，又说道：“今后，凡是家中有好吃的，不分主仆一起吃。”于是，母亲周氏叫大家一起吃了这顿饭。这顿饭给了李拔深刻的教育，从此他为官坚持每顿一饭一菜一汤。母亲的谆谆教诲，让李拔终身受益。

---

①② 李拔撰：《长阳县志·斑娱堂记》。

主仆进餐图

奉旨依议。乾隆十九年六月，总督开泰、巡抚张若震等以江夏县地当省会，水陆交冲，赋繁事剧，非干员不能肆。该同知戢奸禁暴，审追客账，督修堤工江岸，经管义仓，稽查铜铅最为繁剧。非熟悉肆应之员，断难胜任。通省知州、通判内，详加遴选，实无堪胜之员。惟李拔才优干练、奋往实心，情形熟悉，以之升署，实于地方有益。[①]

清乾隆十九年（1754年）六月，奉上级之命，李拔调任江夏县令。长阳县民舍不得李拔离开，但上命不可违，民众公推地方名士王廷鸿为之作《长阳县去思碑记》刻石，以志纪念。[②]

① 李拔纂修：《贻清堂族谱·敕命》。

② 赖金普整理：《李拔年谱》。

西蜀李公之去长邑也，盖以最，擢首郡之江夏云。

缙绅士夫以及庞眉老叟，双角儿童，捧兕觥拥舆遮道，咸太息于神君之不易有，而格于严例，又不得上吁为借冠计。

于是目送旌船，泥首再拜，惆怅以返。

返而借草坐议，聚述畴曩德政。或曰某也尪，公实苏之；或曰某纷然丝，公实理之；或曰某黠而蠹，公扫除之；或曰我讼我狱，非公莫决；或曰若馆会垣隍，关梁营廨，非公不备；或又曰誉髦我登，教化我兴，乘牒我成。孰襁褓我，孰顾复我，我欣然人而讵无情。

余乃矍然失容，肃然起敬曰：

尔曹亦知公德政之所自乎：吏治唯西汉称盛，然所民富，所去民思者，传载仅六人。统核生平，瑕瑜各半，其弊总由于不闻道。尔曹不见辨志堂之理学宗旨乎，是公之学也。又不见斑娱堂、后乐亭诸记，及即景即事之吟咏乎，是公之声于心者也。礼曰：先王之祭川也，先河而后海，舍星源而徒震怖于支流之澎湃。尔曹虽载公颂公，谓为知公则未也。

于是相与读公文，诵公诗，引领祝公之霖雨天下，以再及吾长，乃退。退而缕记尔日言论，属余书而勒诸石。李公讳拔，字靖峤，号峨峰，四川犍为人，辛未进士。

乾隆十九年八月，雍正五年进士、翰林院庶吉士王廷鸿。

移调江夏，堪称贤良

江夏为湖北首县，督抚同城，水陆要冲，每天官员往来车水马龙。县署历年积案，成百上千，甚至有申诉者，投递诉状十数年，均石沉大海。

李拔到任后，政务繁巨，又要顾及各方迎来送往，他深知处理案件与繁文缛节不能兼顾，只好审时度势，自定章程，每日以午前约期聚集案件，以午后审办，每日办结五个案件，不使案头留有公文。他平常迎送的事情，就让身边的书办去应付。①

李拔感叹道："宁得罪于上官，毋得罪于下民。"②

对于李拔的这种做法，百姓无比欢欣鼓舞，同级的官员却嘲笑李拔不懂官场之道。而上司对他这种做法颇为不满，认为李拔对其不敬。

李拔认为，朝廷设官本原是为了百姓，他这样做，也是为上司好、为朝廷好。李拔对同僚的私下提醒也不以为然，一如既往地坚持己见。

在钟祥、长阳任职时，政务繁杂，李拔作为主政者，可根据自己的方式处理政务，即使偶有不妥，上司也不易察觉。但在江夏任知县就不同了，江夏是湖北的首县，总督、巡抚、知府同城，李拔所做的一切，都在层层上司的眼皮底下，稍有不慎，为祸不远。而且与上司同城，很多政务处理起来，要考虑方方面面，不得不格外小心谨慎。

虽然有种种的压力，但李拔在江夏县一年多的时间里，凭借个人能力、审案的独到见解和雷厉风行的作风，共审结历年积案一千七百多件，境内百姓纠纷诉讼案件逐渐减少，堪称能臣、干吏。

自清乾隆二十年（1755 年）至乾隆二十二年，三年之间，江夏县内再也没有发生过争斗、砍杀等重大恶性案件。因为李拔的励精图治，当地社会治安明显改善，县里的监所都空空如也。

随着在江夏任职时间长了，李拔为官循良之声渐显，善断案之能深得上

---

①② 李元模撰：《峨峰府君行述》：李拔到任后，揆理度势，知不能兼顾也，诰然太息曰："宁得罪于上官，毋得罪于下民。"遂自定课程，每日以午前期会，以午后审办，以五案为率，不使案有留牍。迎送往来，但以养厮，走卒为之。而上官以为不敬，同僚讥其失策。应之曰："朝廷设官，原以为民，吾之为民，正所以为上官也。"

司赏识。从此，湖北境内但凡有疑难案件，不论是本府，还是外地的，上级都委托李拔来审理。许多疑难繁杂案件，李拔都能公平审理，平反错案，因此被百姓称为“李青天”。[①]

李拔在江夏任内，除了清理历年积案外，还多次向上级建议扩建江夏书院，振兴地方文化。另外，李拔每到一地，对兴修地方志尤为重视。李拔在犍为、长阳，先后重修《犍为县志》《长阳县志》，用于记载地方政事，为后世提供宝贵的史料，也充分展示自己为政一方的政绩。在江夏县，李拔也想要把自己在江夏县的为政业绩，书于方志，流芳后世。李拔的个人想法，也要有上司的支持，否则根本做不成。但李拔向上级提议重修《江夏县志》时，有人认为还有很多更急的政务亟待解决，修志不是十分紧要的事，可以暂缓。因为有不同的意见，最终扩建书院与修志之事，没能付诸实施。

李拔从扩建书院、重修地方志两件事中，很快悟出道理，没有上级的大力支持，仅凭个人的满腔热情，要想做成事不太容易。这一时期的李拔初入仕途，脑子活，悟性高，思想转变快，马上明白与上司取得共识的重要性，这对他此后的施政方略有所启发。此后，李拔但凡自己有好的想法，都会积极与上司沟通汇报，把自己的意见转化成上司的意见，工作开展起来更加顺当。

清乾隆二十年（1755年）七月，江苏、浙江两省大风骤雨忽至，海潮借势汹涌，水流湍急，江苏泰州，浙江海盐、山阴、会稽、萧山、上虞等县大涝，其中仅泰州一地，积淹田地二百一十九顷二十三亩多。浙江的仁和、海宁、鄞县三县，山洪冲毁田地二百八十顷六十六亩多。虽然朝廷接连下旨，豁免这些地方的税赋，但眼前最急的事是百姓流离失所，到处都是急需赈济的灾民，朝廷赈灾的粮米杯水车薪，当地米价暴涨。如果不采取有效应急措施，保不

① 李元模撰：《峨峰府君行述》载：“年余，完结凡一千七百余案，讼狱渐少。自乙亥以迄丁丑，三年之间，囹圄为之一空，邑中无斗杀者。在任日久，循声大著，凡外县有疑难案件，上宪悉以委之。起死回生者众多，有‘李青天’之号。”

准引起民变。朝廷要求周边没有受灾的地方官府，积极运粮支援。[①]

遇到这种区域性天灾，地方官的主动作为和大局意识极为重要，如果大家都想一些办法赈济灾民，重大灾情很可能降为一般性灾情，一般性灾情可能化为小灾情；如果各地主政者不作为，都等朝廷下指示，等朝廷来解决，灾情势必加剧，重灾还可能引发暴乱。

李拔很有远见，他有大局观，主动作为，谋划在前，急朝廷之所急，在朝廷赈灾命令还未下达前，就没日没夜地忙筹粮，发动并倡议江夏全县士绅、地主，家有余粮的都拿出来，短时间内共筹得米一万多担，减价支援灾区。避免一方百姓忍饥挨饿，维护一方安定稳定，间接缓解朝廷赈灾压力，得到各级上司的普遍称赞。

清乾隆二十二年（1757年），李拔辛未科同榜、状元吴鸿因公路过江夏，两位同年好友短暂相聚。吴鸿盛赞李拔的政绩与才能，临别，写下《送同年李峨峰序》赠李拔，文中还提到“三李并贤良”中另两位知县，即湖北京山知县李缙、江陵知县李豫。

比岁都门，闻楚中良吏，有“三李”之目，而余年友李峨峰称首。峨峰自登第后，曲宴握别，即奉简命，分符楚北。大府重其才，令宰长阳。政修人和，邑事大治。未及三年，奏调江夏。江夏为会城首邑，簿领邮传，日不暇给。峨峰精敏练达，若有余地，吏民爱之，如治长阳时。

适予以使事过楚，再晤峨峰，其容温而气粹，绝不露能吏色。既读所为《长阳邑志》，而知峨峰，表扬焉！

今者典举宾兴，天子闵野有遗贤，饬大吏慎遴分校，诚得如峨峰者数人，落落参布两楚间，江汉之士，其有幸乎！因为序以赠之三李者，

① 觉罗勒德洪等奉敕修纂：《大清高宗法天隆运至诚先觉体元立极敷文奋武孝慈神圣纯皇帝实录卷》之四百九十三卷。

峨峰而外，一京山令缙，一江陵令豫也。京山亦与余善。

清乾隆二十二年（1757年）二月，李拔在江夏任内政声卓著，也得到诸位上级的充分肯定，湖广总督硕色[①]、湖北巡抚卢焯[②]联合署名，以“江（夏）令狱不淹系、野无追呼、庭无留质、市无斗死”等表现，极力推荐，给予擢升重用，以“明干勤练”，建议李拔升汉阳府同知。但督抚上报后，经吏部核议，以“李拔在江夏任内，有承追南天祥等欠帑未完二案被驳回”。[③]

湖广总督硕色、湖北巡抚卢焯继续极力推荐，他们又上一个折，请旨准奏。朝廷终于准奏，升李拔为汉阳府同知，并交军机处记名。李拔离任之际，百姓夹道欢送，依依不舍。百姓众议，公推江夏举人汪知本为文，立《江夏县去思碑记》，刻石以纪其德政。

西蜀李公以名进士，甲戌岁来宰吾邑。三载课最，擢汉阳司马，邑人借冠不得，咸谋所以颂祝公者，勒诸贞珉。而问序于余。

余曰：人有中心之诚，以所沐浴，发为歌咏。当其托庇宇下，亦习焉。不知洎白驹兴歌，挽弗能留，而此中区区，愈填胸臆而不能已。《易》云：“有孚惠德”，《诗》曰：“乐只君子”，信乎？有以惠之而后乐可知也。为民父母如我李公，其有孚惠而可乐者乎！

我公以盖世才，早岁以文雄蜀中，人咸公辅期之，由拔贡肄业太学，为崔大司成所器重，旋登甲子贤书，教习内廷，登辛未进士，奉天子命

① 硕色（1687—1759年），曾任云贵总督。正黄旗人。历官西安布政使和陕西、四川、山东、河南等省巡抚及两广、湖广等地总督。清乾隆二十一年（1756年）调任湖广总督。二十四年卒。

② 卢焯（1693—1767年），隶汉军镶黄旗人。清乾隆二十一年（1756年），官湖北巡抚。乾隆三十二年卒。

③ 李拔纂修：《贻清堂族谱·敕命》。

来令于楚，先署钟祥，继补长阳。大吏廉其贤，调任江夏。江邑故繁剧，谳狱冠十郡，才不足者，不足以济之；有才矣，而识力不定，惑于浮言，怵于利害，势必委蛇束缚，而一无措手，盖其难也。

我公学有本原，操守素定，到任之初，击强暴，锄巨蠹，宵小恐惧，谋欲中伤公，而公屹然不为动。故当难治之区，而雍容措理，处之恢恢，若有余地。每于冠盖倥偬中，为我兆姓清理讼狱，决断如流。三年，民无斗死，远近称神。君又委审外属疑难案件，多平反。更深漏尽，审慎再三，一字不轻下，所生全甚众。

至于经历农桑、树畜、堤工、学校诸大政，尤必以素所讲求者为之，井井有条理，图圄空虚，风俗淳良。职此之由而不知者，或以肆应咸宜为公美，岂不谬哉！

盖公以民为邦本，政在养民。故急民事如拯焚溺、焦毛发、濡手足，亦所不惜。至于奔走往来，亦尝随行逐队。然宁为疏阔，雅不欲以此废政务。此悃愊无华一语，公所为榜之坐隅也。

夫读书贵有实用耳。其根柢深者，收效远。公本经术为吏治，即星盖无暇，犹不忘所学。如近今所著《贻清堂稿》《座右铭》《瑞荆思》《补种竹》《介亭》诸记，大率拈管于朱墨之手，成编于案牍之旁。此岂可以嘘唏而得耶。想当其蟠根峨岭，膏沃成均，而志量固已深远矣。

报最大廷，晋秩司马，特三台八座之权舆，而于公又何加焉。

当是时，其智者沐公泽，读公文，知公志，方骎骎焉以期于有成；其愚者亦男耕女织，共游化日之下。且攀辕卧辙，不知其不可留也。何暮兴谣，迎者为之口炙，而送者于焉神往，盈盈一水间，盖何日忘之矣。

乾隆二十二年，江夏举人汪知本。

擢升汉阳，整饬纲纪

清乾隆二十二年（1757 年）八月，李拔启程赴吏部报到，十月抵京。十月二十四日，李拔作为政绩卓著的知县在北京瀛台觐见乾隆皇帝，这是李拔第二次得到皇帝的召见。[①]

清乾隆二十二年（1757 年），接到吏部任命书，李拔婉拒同僚的宴请祝贺，简单交接工作后，收拾行李，就匆匆奔赴湖北汉阳上任。

汉阳府，位于湖北省城，同知开缺，许多人都想争取。在这些地方任职，各种利益倾轧，请托是常有的事。在李拔赴任途中，有人想花钱谋差事，通过熟人联系上李拔，并带五百两银子，在半路专候，想以重金贿赂李拔。

等了好几天，这人终于等来匆匆赴任的李拔。李拔问明来意后，当众烧毁了请托人的来信，并严厉斥责，喝令来人速速拿好银两离去，否则将拿他问罪！此人见李拔义正词严、正气凛然，只好带上银两，悻悻逃离而去。[②]

汉阳府省城要点，五方杂处，人情复杂，缉拿罪犯，都不能随便追究拿问。奸猾的人成天思虑怎么牟利自肥；有权势的人百般弄权，几乎到了公开的地步。当地民风严重败坏。李拔到任后，汉阳大小吏员、士绅知道他在江夏的行事风格，有所收敛，大家都格外小心。经李拔严加管束，雷厉风行的治理，当地社会风气大为好转。

李拔到民间访查，整饬纲纪，一切陋规，革除尽净。多年前，李拔在汉

---

① 李元模撰：《峨峰府君行述》载：“乾隆二十二年十月赴部，二十四日在瀛台引见，授汉阳府同知。”

② 李元模撰：《峨峰府君行述》载：“赴汉阳任途中，有欲以私事干者，使人候于半途，持书献路费五百金。焚其书还其物而拒之，曰：‘吾闻伐国不问仁人，此物何至于我哉！我费即缺，岂受此暮夜金。汝速持归，稍迟，且拿究矣。’其人乃怏怏去。”

李拔赴任途中拒贿图

阳曾经待过一段时光，对当地社会状况，风土人情，了然于心。因此一到任，逐一出示禁令，经过短时间的整治，民风为之一振。李拔看百姓安居乐业，极少有百姓争讼，地方治安井然有序，深感欣慰，自思总算来到一个比较好治理的地方。

在汉阳府，李拔是二把手，主要发挥参谋助手的作用，协管好分内的事就可以了，比起之前主官重任在肩，担子轻松多了。

闲暇之余，李拔还经常登汉阳黄鹤楼，写下不少诗文，当地士大夫和韵甚多。他的《登黄鹤楼》诗云：

岁岁年年新复故，功名盖世亦朝露。
只今楼下俯危机，关历升沉知几度。
天高地远愁思多，日日登楼可奈何。
欲追黄鹤无寻处，投笔江中涌碧波。

这首诗字里行间透着李拔的失意与消沉，他深感官场升沉难测。或许是李拔在汉阳同知任内，一时还没适应作为佐官的角色，依然执行力强，雷厉风行，想干就干。他多次向上司提施政建议和想法，不为采纳，终被晾到一边。

清乾隆二十二年（1757年）底，朝廷指派一份差事，命李拔押解军饷西去。[①]这本是一件十分要命的苦差事，不知有多少人避之唯恐不及。武职官员尚无把握，何况李拔文官出身。依惯例，押饷差事，朝廷都有明确的时限要求，不得无故延迟，稍有差错，后果十分严重。按期押送，功劳当然不小，但如有差错，降级或革职，甚至身家性命都可能搭上。西去千里之遥，路途漫漫，加之天气变化无常，时间很难把握，李拔唯有尽力而为。

先前已经有押解员运送逾期，受到惩处。有人对李拔说："这是苦差事，你应该推辞掉啊！"

"怎么能这么说呢！这是报效国家，正是我平生志愿。即使面对刀山火海，也在所不辞，何况这小小的辛苦。"李拔不畏困难，勇于担当，坦然接受差事。

李拔领汉阳同知衔，奉命押解西征军饷五十万，往返万余里。一路上，李拔丝毫不敢掉以轻心，夙夜不懈，风餐露宿，跋山涉水，历尽千辛万苦，终于顺利完成押送任务。这次任务完成后，李拔获朝廷嘉奖。

清乾隆二十三年（1758年）二三月间，北京接连细雨绵绵，润泽大地，京郊百姓都很高兴，小麦可望丰收。但四月以后，天气渐变，虽然偶有小雨，但土地未浸透，小麦收获锐减。这个季节，平原水田马上就要播种，急待雨水，却到处缺水，春播困难。[②]

乾隆皇帝深切体恤民间疾苦，颁布诏令，大赦天下，以示虔诚祈雨之意。每逢这时候，各级官员都会借机，为先人申请封赠。

---

① 李元模撰：《峨峰府君行述》载："乾隆二十三年，汉阳府同知任上，奉委解西征军饷五十万，往返万余里，夙夜不少懈。"

② 觉罗勒德洪等奉敕修纂：《大清高宗法天隆运至诚先觉体元立极敷文奋武孝慈神圣纯皇帝实录卷》之五百六十六卷。

李拔父母受封图（李拔手绘）

清代，每逢国家庆典或大赦天下之时，在职官员可以为自己及家属封赠名号，授予诰敕，上荣祖考，下及子孙，使之效忠于朝廷。除对官员本身“授”封外，还对官员的曾祖父母、祖父母、父母和妻室加以封赠，健在者称“封”，已逝者称“赠”。李拔为祖父母、父母申请诰命。

清乾隆二十三年（1758 年）六月，朝廷给李拔颁布两道诰命。

一道是给李拔祖父母的诰命：

奉天承运，皇帝制曰，考绩报循良之最，用奖臣劳；推恩溯积累之遗，载扬祖泽。尔李公鼎，乃现任湖北汉阳府同知李拔之祖父。锡光有庆，树德务滋。嗣清白之芳声，泽流再世；衍弓裘之命绪，祐笃一堂。兹以尔孙克襄王事，贻赠尔为中宪大夫、湖北汉阳府同知。锡之诰命，于戏！聿修念祖，膺茂典而益励新猷；有谷贻孙，发幽光而丕彰潜德。

制曰，册府酬庸，聿著人臣之懋绩；德门辑庆，式昭大母之芳徽。尔罗氏，乃现任湖北汉阳府同知李拔之祖母，箴诫扬芬，珩璜表德。职勤内助，宜家久著，其贤声泽裕后昆，锡类式承乎嘉命。兹以尔孙克襄王事，贻遗赠尔为恭人。于戏！播徽音于彤管，壸范弥光；膺异数于紫泥，天庥永邵。

乾隆二十三年六月二十日。

一道诰命给李拔的父母：

奉天承运，皇帝制曰，求治在亲民之吏，端重循良；教忠励资敬之忱，聿隆[①]褒奖。尔李汝璋乃现任湖北汉阳府同知，李拔之父，禔躬淳厚，垂训端严。业可开先，式谷乃宣猷之本；泽堪启后，贻谋裕作牧之方。兹以尔子克襄王事，封尔为中宪大夫、湖北汉阳府同知。锡之诰命，于戏！克承清白之风，嘉兹报政；用慰显扬之志，异以殊荣。

制曰，朝廷重民社之司，功推循吏；臣子凛冰渊之操，教本慈帏。尔周氏乃现任湖北汉阳府同知，李拔之母，淑慎其仪，柔嘉维则。宣训词于朝夕，不忘育子之勤；集庆泽于门间，式被自天之宠。兹以尔子克襄王事，封尔为恭人，于戏！仰酬顾复之恩，勉思抚字；载焕丝纶之色，用慰劬劳。

乾隆二十三年六月二十日。

清乾隆二十三年（1758年）十月，李拔因赈灾得力有功，拟擢升知府。时湖北省没有知府空缺，而浙江、福建两省知府员额缺，圣旨命李拔著补授福建省福宁知府。[②]

奉上谕：漳州府知府员缺，着督抚于浙闽两省知府内拣选调补，所遗员缺，着李拔补授。钦此。[③]

经闽浙总督杨应琚、福建巡抚吴世功奏请，将福宁知府余文仪调补漳州知府，所遗员缺，以李拔补授。百姓对李拔升迁感到无比高兴，但又为这样

① 聿隆：指皇恩浩荡。

② 李元模撰：《峨峰府君行述》：因赈济灾民有功，乾隆二十三年十月，授福建福宁知府。

③ 李拔纂修：《贻清堂族谱·敕命》。

爱民的好官即将离去感到无比惋惜。当地士民舍不得李拔离去，蜂拥上道，攀辕卧辙，挥泪送别。百姓公推汉阳贡生彭湘怀作《汉阳府同知去思碑记》，刻石纪念。

尝读史至朱桐乡、赵信州之事，辄掩卷邈然，叹三代遗直，尚在人心也。时无古今，人无智愚，其望字于上，未尝不同，惟能心其心，则精诚所感，自有油然不容已者。吾尝欲伸其说，以验秉彝之同，乃今得汉司马李公而益信。

公以名进士，初试长阳，调繁江夏，会天子求典郡者于州县，大宪稔其才，以公应诏，适汉阳缺丞，借公弹压，方及瓜期，奉命特升浙闽太守。郡之士夫父老，下至儿童走卒，吁留不得，图像车前，歌诗鹄首，至于泪下。

美哉！以余所见，循良吏去任，未有系思如此之极者。

汉镇五方杂处，人情百变，不可究诘。黠者逞机械监，脑以自肥；强者胠箧弄丸，午夜公行；甚者藏匿狎邪，诱引韶年。士民风俗，几为所乱。公下车，一加禁制，风流令行，莫知其故。

盖缘公在江邑，锄治奸宄，威克厥爱，梗顽革心，及来汉，民志已耆，公复为之披沥肾肠，谆挚化诲，嚣陵之风，遂为一变。

既念市侩局骗，深为商病，令自立质剂，彼此各执，官既不劳，吏亦莫能舞弊，由是哗聚少而纷纭顿衰。至雀角鼠牙，数言立决。柝杨夏楚之声，经月不闻。每逢朔望，聚生儒里老，深衣博带，讲治心修身大旨，闻者豁然。书院徒众，尤加意训迪，改窜文艺，从归理道。汉士蒸蒸蔚起。

士夫投谒，一以礼接，稍涉关情，缄口而退。岁时馈遗，预为禁止，微至杯水不敢及门。

公莅斯土，甫期月耳，如治棼然，触手而理；如呼高然，随口而应。

慈祥恺悌之隐，不独万众共见，既妇人孺子亦所共知。盖其精诚团结，有威于声色之外者。则其去也，如失慈父母，留恋而讴颂之，又何怪焉。

抑吾闻之，天下非至性之人，不可以闻道；非闻道之人，不可以服官。今读公《斑娱堂记》《座右铭》《辨志论》诸篇，及《瑞荆留别诸诗》，洋洋洒洒，皆自性道流出。益知易直子谅，早裕其源，以之宰天下，亦可以旋至立效，况治一郡有不裕如者乎。他日荐历台鼎，俎豆馨香，必有如桐乡、信州之为者，始信予言之非谬也。

还有一些地方名士赋诗，表达离别之情。如湖北省武昌贡生陈宗铭作《三楚循良歌》歌颂李拔德政，诗曰：

大湖南北楚天开，中有醇儒政绩恢。
蜀国雄文贯斗魁，峨峰令闻彻三槐。
忆昔白鹊天外媒，和鸣乳雀官亭隈。
鸡犬夜静无喧豗，谁谓百里非庞才。
王通之门将相胎，桃径李蹊无嫌猜。
骊黄牝牡轶凡骀，但余蹇劣溷尘埃。
龚黄叠被玺书推，一鹤一琴清献陪。
汉江借寇方徘徊，闽疆引领望廉来。
潮应沙合著伟傀，再起山东羽檄催。
九面衡湘教化焞，光联云汉昭兹哉。
堂厂清风生绿苔，道脉词源惟兼该。
有时课士起寒灰，有时谕属振鸿裁。
冰操不解葡萄醅，强项无阿酒一杯。
圣明特擢励群才，独立使君知有裴。
丹诏飞下九重陔，藩宣三郡广滋培。

凿石平江静溯洄，羊杜胜迹壮崔嵬。
温饱永无集雁哀，上安耆老下童孩。
裘带从容佩琼瑰，卓鲁勋名动八垓。
匝地殷殷望雨雷，鼎铉应许作盐梅。
歌成夜梦凌云回，喜见南山北山莱。

李拔因此作《留别江汉士民》（四首）回赠，而和诗者就更多了。

其一

初试铅刀袜线才，先鞭何意策驽骀[①]。
漫随鹭序称三李[②]，曾向龙门识二崔[③]。
学古有心余夏屋，亲民无术上春台。
忘餐废寝寻常事，辜负南楼好月来。

其二

阅尽沉浮久息机，持筹往复念民依。
先驱自愧逢迎拙，强项宁忧意旨违。[④]
手定爰书常搁笔，[⑤]力行荒政免啼饥。[⑥]
脸边发白知多少，一任闾阎沉是非。

其三

挂帆东去且逡巡，数载迁除意转亲。
筚路启封民俗古，莎庭绝迹士风淳。
波添汉水怀新雨，愁对青山忆旧宾。

---

① 驽骀：指劣马，自谦的说法。

② 三李：指同官钟祥令李缙、江陵令李豫，先后调繁保举，人称“三李”。

③ 二崔：指癸酉李拔分校楚闱，得陈君兄弟，皆知名士。

④ 治江夏，锄大蠹，抑豪右，上下危惧。

⑤ 受上级委派审决疑难案件，平反不少冤假错案。

⑥ 指乙亥年江浙大涝，米价腾涌，劝输得米万担，减粜免饥。

长谢舆人遗爱颂，泫然相视欲沾巾。

其四

越水闽山任所之，梦魂长结楚天思。

轮蹄鞅掌晨风里，案牍劳形子夜时。

黄鹤楼头招鹤句，紫荆花下瑞荆诗。

周行示我多文藻，此去还应说项斯。

时翰林院编修蒋雍植[①]评价李拔在汉阳任上的德政："安抚宽恕别人如慈母，处理督责属下如严师。能清其源者，必先自治焉。忠以立体，恕以致用，法行而不挠，政成而不敝，奸顽之徒无处藏身，良善无所附髀。"[②]

清乾隆十九年（1754年）起至乾隆二十四年秋对北疆用兵，蒋雍植参与平定了少数民族部落的内讧和叛乱，乾隆二十五年，又办理伊犁、乌鲁木齐等处屯田事务。李拔押饷西行期间，与同在西北效力的蒋雍植有过交集。

《宜昌府志》记载，李拔因政绩卓著，以"名宦"立传，载其政绩"性明敏，善诉讼，立书院，教士引诱不倦，尝重修县志，补筑城墙，振废起举，士民德之，以能升江夏令"。其在长阳县任内撰写的《重修长阳县志序》《方山》等文章一并载入《宜昌府志》[③]。

---

① 蒋雍植（1720—1770年），字秦树，安徽皖口人。清乾隆二十六年（1761年）恩科会试，中二甲第一名进士，授职翰林院编修。

② 蒋雍植有诗序：犍为李峨峰先生，以名进士历试剧邑，由郡丞迁擢太守，将之浙闽。雍植适来汉上，见夫士民爱戴，乐公之位益尊，而复忧其去也。攀辕卧辙，溢于阛阓，其秀者又作为诗文，以志离思。先生因成留别四章，而和者益众。检书载鹤之暇，披吟不绝，悦慕之殷，系维之雅，为一时罕见。吾观夫郡邑之长，或抚摩姑息如慈母，或操持督责如严师。而卒不能生其爱敬，则未知教化之源而已。能清其源者，必先自治焉。忠以立体，恕以致用，法行而不挠，政成而不敝，奸顽无所匿迹，良善无所附髀，此公政所由成，而讴歌不能忘也。

③ 《宜昌府志》，清同治三年由知府聂光銮主持编修。

第二章

治理山海福宁

福宁俗称闽东，即今天的福建省宁德市境内，素有“闽头浙尾，海山澳区”之誉。福宁在元至元二十三年（1286年）升为州，明洪武二年（1369年）降为县，明成化九年（1473年）再度升为州，辖本州和福安、宁德二县。清雍正十二年（1734年），升州为府，置霞浦县，划建宁府所属寿宁县归福宁府。清乾隆四年（1739年），又置福鼎县，共辖五县（霞浦、福鼎、福安、宁德、寿宁）。李拔在福宁任职逾年间，对闽东大地的山川、水源、土壤、民情、经济等进行系统考察，找出制约当地发展的症结所在，提出了“兴教化莫先足衣食，足衣食莫大于重农桑，重农桑莫要于兴水利”的施政措施，并制订方案，付诸实施，造福闽东百姓。

整修城垣，保境安民

古代城堡是一个地方政权的象征，城垣稳固，民心安泰，是地方治理成效的重要风向标。城堡的建设也是地方行政长官为治的一种姿态，体现一个地方的官府政治状态。

福宁府城，初建年代久远，历代都有增修。李拔到任福宁时，已经年久失修，城墙残破不堪，就连原先栽种在城外护城河两岸的柳树，也被当地百姓砍伐一空，已不复昔日雄风。

清乾隆十九年（1754 年），前任福宁知府傅尔泰、霞浦[①]知县王作霖曾把府城损坏情况向上级报修，希望能申请到修葺经费。但时任福建藩司批复：重修不阻拦，经费自行解决。明确争取不到上级财政支持，府、县都不敢擅自动工，此动议最终不了了之，就这样时光一晃，又过去了六年，城墙毁坏更加严重了，特别是府城东门全倒塌。

清乾隆二十四年（1759 年）二月，[②]李拔到任福宁知府，他上任后第一件事，就是率僚属登上城垛察看情况。李拔一行但见城上女墙坍塌，城楼倾颓，城上到处长满杂草，一派荒凉破败景象，不禁让人忧心忡忡。

李拔见此情景，纳闷地问身边陪同视察的官员："城墙残破到如此境地，

---

① 清雍正十二年（1734 年），福建总督郝玉麟奏，福宁升州为府，置霞浦县，附廓福宁府。

② 李拔撰：《保固城墙议》。原文："本府于二十四年二月到任，目击情形，若不亟筹修理，势必全行坍塌，将来需费愈多，殊非未雨绸缪之道。"李拔到任福宁知府，时间多为乾隆二十四年春，仅此处明确记载李拔到福宁任职时间。

为何不早报修呢？”

福宁是闽浙门户，东南澳区，商贾云集，地理位置十分重要。陪同人员就向李拔简要汇报了福宁府城的历史概况：福宁府城始修于明洪武年间，永乐年间增修过一次，至明嘉靖间，又扩建过一次。本朝一百多年来，天下太平无事。城墙被风雨剥落，就再也没有增修过，任由自然风吹日晒损坏，天长日久，就变成现在这个样子了。

李拔有点生气地说：“怎么可以任由这样呢。各级地方官府驻地，朝廷都专门拨款建有城墙保卫，这就如百姓的房子周围建有藩篱。百姓的家，要加固房子周围的藩篱，管好家门的钥匙，这样一家住着才能安心。府城倘若不事先未雨绸缪，加固修建，一旦发生匪患、盗贼等事，再临时想起修城墙，就太迟了。”

李拔又说道：“虽然眼下天下太平，近海沿岸也安宁，无须加固城防；而过去宋、明两代，红巾作乱，倭寇肆虐，府城属地没有一天安宁过，这些都是为政者必须思考的事。国家持续太平日久，城墙不修好，任其毁坏不管，怎能对得起那些拼死筑城护民而死去的人呢？这不仅是属地上级官员不作为，也是当地官员的失职啊！”

根据福宁府城损坏状况，李拔表示，倘若不及时筹款修理，势必全部坍塌，将来再想修葺，花的经费可能就更不得了了，作为地方官必须有卓识远见。

李拔对城防策略深谋远虑。虽然当时的清政府已经实行闭关锁国之策，但谁也不敢保证海疆永享太平。李拔心存忧患意识，不被眼前的太平景象所蒙蔽，坚持组织全面修葺城墙。他经缜密筹划后，把修城意见报上司批准。不久，上司同意李拔的报告。

实施城墙整修，李拔有自己的主张。他不好大喜功，作风务实，体恤民情，审时度势，工程分轻重缓急，确定修葺侧重点。李拔提出先修城墙以资捍卫，再修门楼以壮观瞻，有先后、轻重、主次之分，把有限的修缮经费都用在刀刃上，用在关键部位上。

福宁府城旧照（档案资料）

先修福宁府城，李拔命令工房事先做好预算。经详细核算，预算约需银八百二十余两。向上申请不到经费，全部靠发动百姓捐银也不切合实际，于是李拔通禀全府上下，率府属僚佐倡议捐银两，筹集经费后，才组织修葺。

凡事再难，只要主官带头率先垂范，也就难不到哪里。李拔带头捐了二百两银子，全府各属僚佐看知府都捐这么多了，大家纷纷效仿慷慨解囊，共捐得银六百多两。[①]其时，李拔作为知府，常规入项每月俸禄一百〇五两银，另外每年养廉银两千两。虽然他的收入不算少，但这些收入除了聘请勤杂人员开支，还有一家老小的生活用度，老家一堆的人等着他的资助，能捐出这么多银子，已经很不容易了。再说，重修城墙事务也不是每一位地方官必须完成的政务，由此也可以从侧面看出一个地方官的拳拳为民之心。

李拔募集到经费后，十分注意经费管理，自己不接触整修经费的用度，把修城之事全权交由霞浦知县胡世珏负责。还交代胡县令要用心修理，如果经费不够，他再另想办法，一定要把城墙修好。

李拔处事光明磊落，修城经费公开透明，让大家放心，他是真心修城，不是想借修城大捞一把。而且修城用的钱都是府属各官自己的俸银捐出来，上级又这么重视，事先又精打细算，谁敢对经费有非分想法。

---

① 李拔撰：《保固城墙议》载："本府先捐二百金，各属共捐银六百余金，交霞邑樽节办理。"

经过六个月时间的集中修葺，府城重修工程终于完工，共花费白银八百多两，没有超出募集的经费太多。而当地士民捐赠的木材、石料价值还不在其内。这次城墙修理工程，一不花朝廷银两，二不给百姓派工增加负担。通过李拔精心谋划，历经百年的残破城墙，一次就修葺完工。福宁府城经这一次修葺，壮丽辉煌，为山川增色，俨然一方重镇。①

府城的四门及城上女墙，已经修葺齐全。李拔亲笔题写匾额，悬挂在四门，东门为“宾阳”，西门为“阜成”②，南门为“畅薰”，北门为“拱辰”。又题写匾额悬挂于四要塞，东为“东镇海峤”，西为“西连吴会”，南为“南极冠冕”，北为“北门锁钥”。李拔书题遒劲有力，为新修府城增光添彩，福宁海天重镇，重又固若金汤。

城墙修好后，李拔颇为满意，亲撰《重修城墙记》以纪重修盛事，又率

李拔题福宁府城“宾阳门”（雷谢清 摄）

---

① 李拔撰：《保固城墙议》载：“现在西南北三门及城上女墙，已经修葺齐全，东门亦兴工竖，俱已告成。壮丽辉煌，屹然重镇。”

② “宾阳门”拓片现存于霞浦县博物馆，“阜成门”石刻现存于霞浦县城隍庙。

属僚沿城壕间栽松树、柳树等。他又捐钱重建城堞、窝铺、敌楼、炮台等，种植花木，亲自题写诗文刻在上面，府城气象为之更新。

经重修后，福宁府城蔚然壮观。李拔担心随着时光流逝，风雨侵蚀，倘若后来者不及时修缮，再造成坍塌，怎么办呢。李拔目光长远，思虑深邃，考虑周全系统，不把隐患留给后人。为保府城永固，他又上《保固城墙议》，福建巡抚很快批复同意，这项建议就此成为制度沿袭下来。

整修府城的同时，李拔要求辖下五个县的县令巡察各自的城墙，倘若有损毁的，立即设法修补牢固。经李拔督促，先后有福鼎县城、福安县城、宁德县城等做了较大的修理，他还分别撰写了重修记。①

特别值得一提的是，在李拔的督促下，福鼎县城重修一新。福鼎，自清乾隆四年（1739 年）建县，过去没有城墙。明嘉靖三十八年（1559 年），乡人长期深受倭寇侵扰之苦，筑石堡用以自守。清朝初年，福鼎设汛官备防，对旧堡进行了修葺。清康熙八年（1669 年），福宁总兵吴万福奉文拨款修缮，后设游击驻守，调八府兵以充实福鼎桐山营。清乾隆四年（1739 年），把桐山营地增设福鼎县，即以旧堡改为县城。城墙东西两面为龙山溪与桐山溪并流。李拔有诗云：

桐山夹峙海门开，千里双江②倒泻来。

谁向中流资砥柱，洪波万顷一齐回。

桐山溪，溪面宽阔，水源自闽浙边界高山，水量充沛，每年雨季，溪流汹涌，桐山护堤经常溃堤，给当地百姓的生产生活造成极大威胁。历年受夹溪水患，城墙虽经历任知县修补，终未能根治。清乾隆二十四年（1759 年）秋天，暴雨洪水来袭，福鼎县城护城堤再致溃决。

这次灾情比较严重，李拔亲临福鼎城关察看灾情，发现福鼎夹溪对城墙

---

① 李拔撰：《重修福鼎县城记》《重修福安县城记》《重修宁德县城记》。

② 双江：指福鼎城关的桐山溪和龙山溪。

构成严重威胁。李拔惊叹地说："没有此堤，就没有福鼎县城啊！作为地方官怎么能疏忽这么关键的地方呢？"①

李拔一针见血地指出桐山溪的水患威胁，护城堤与城墙可谓唇亡齿寒之势，他提醒福鼎县令要重视桐山护堤的修筑。李拔要求当时署理福鼎的知县吴寿平和新任知县胡建伟，倡捐重修县城。

福鼎桐山溪

福鼎向来民风淳朴，百姓乐善好施，当地百姓对此非常支持，大家踊跃捐钱捐物。在李拔的高度重视下，经过三个月整修完工，溪坝加长了一百丈，坝高保持原来高度。

李拔高度称赞了福鼎民众，他说："福鼎民众有急公尚义、慷慨好施的传统。但凡县中城池、学校、书院，以及道路、桥梁等建设，百姓都踊跃支持，这是其他县无法可比的。"②

福鼎城墙在这次整修过程中堵塞了南门，另开个小南门。保持四个门：

①② 李拔撰：《重修福鼎护城堤记》。

南门为“迎薰”，西门为“庆成”，小南门为“和旸”，北门为“承恩”。经过整修，县城更加稳固，百姓安居乐业。

福安县城城墙历多年未修，残破严重。李拔到福安视察，与县令程志洛登城视察。

福安县令说：“福安县城，经常遭水患，乾隆十六年秋，又被大洪水破坏，东、西城门都倒塌了。城里街道商铺，均被淹浸。前任县令刚刚修复，近几年都有塌损。”[①] 每当下大雨，县令寝食难安，心里忧愁无比。

李拔见福安县城半壁枕山，三面临溪，溪面狭窄，每年夏秋时节恰逢大雨之季，山水四合，泄洪不及，洪水溢满，四处横流成灾。虽然有石城保护，又有什么用呢？

李拔认为，要保城墙，必先除水患。要想办法在溪流上游疏导水流。[②]

清乾隆二十五年（1760 年），在李拔严加督促下，福安新任知县楚文暻及地方乡绅捐修。趁旱季时，在护城溪上游的洋头，筑高坝拦截溪水，作为城墙外卫；又在护城溪下游河道，疏浚拓宽加深，以削弱水势。此后相当长一段时间，福安县城再也没有发生过较大的水患。

宁德白鹤岭古官道

而宁德县城南面接连海港，船只从东面进

① 李拔撰：《福宁府志·建置志·城池·福安县城》。

② 李拔撰：《重修福安县城记》载：“予窃以为，欲保城墙必先除水患，而欲除水患必图于未然，力争上流而利导之。”

来，随潮直达城下。“天下太平还好，如果突发战事，宁德县城非常紧要了，必须抓紧修葺。”李拔说道。

经李拔倡议，宁德县城修葺工作，始于清乾隆二十五年（1760 年）四月，三个月就完工了，共花费银二百九十五两。

李拔认为，现在国家太平，沿海港口都对外开放，宁德城高池深，防御暂时用不上。城防可以备而不用，但不可不备，这是长久之计。李拔撰《重修宁德县城记》，着重阐述修葺城墙的重要性，以告后之继任者。

从福鼎名士王鹤龄作《李郡伯重建城墙恭赋》也可以看出李拔重修城墙之功，诗曰：

五马①巡行重海疆，振兴文教复池隍。
胸罗②形胜凭挥尘，身任经营更解囊。
处处茅檐安衽席③，层层雉堞固金汤。
恩膏直与桐峰④接，永作屏藩佐圣皇。

除了官方组织的城墙修理外，李拔对民众自发建设的土堡的整修也十分重视。虽然土堡都是乡民自建，但福宁大地的土堡在明末抗倭袭扰中发挥了重要作用，让这位远见卓识的知府看在眼里。因为福宁之地濒临海疆，外敌很容易乘船登岸，虽然现在很太平，但不等于永远太平，等到战事突发，想修土堡就太迟了。毕竟官府所在地城墙有限，对于老百姓而言，能保障自己安危的还是自己筑的土堡。

福宁众多土堡史料记载，李拔曾多次亲临一线视察调研，可见他对这件事的高度重视。如在霞浦县的赤岸堡题有“桥通赤岸，水泻银河”；虎巢关题有“龙骧虎踞”等。李拔关心民间疾苦，心忧天下，只要对老百姓有利的事，

① 五马：古代对知府的代称，这里指李拔。
② 胸罗：指知识渊博，这是称赞李拔才能出众。
③ 衽席：泛指卧席。
④ 桐峰：这里指福鼎。

不论有再大的困难与阻碍，他都会不遗余力地去做。

兴修水利，注重农桑

水利无论是过去、当下还是将来，都是衡量一个地方或一个国家农业发展水平的重要指标。封建时代官府重视农业的主要方式就是兴修水利。历代王朝立国之初，无不让百姓休养生息，依次安排各级官府兴修水利。

而兴修水利却是件苦差事，既费时、费力，又见效慢。所以历来为官者，多不愿在这方面下太大气力。李拔在福宁知府任上，先修城墙，第二件大事，就是力推兴修水利。他从小生活在农村，从基层的县令做起，对于兴修水利十分重视与坚持。

福宁府辖地，濒临海疆，境内处处皆是陂塘、沟渠、港道。李拔认为，福宁地理条件优越，兴修水利难度不大，他有信心修好这里的水利设施。

李拔在福宁府组织民工兴修水利

李拔认为，为官一任，倘若不兴修水利，任凭雨水横流，白白浪费掉，即使别人不指责为官不为，也有负自己的初心。[①]于是，他严格督促辖下各县令，对各自所辖范围内的水利设施，做到应修尽修，修必修好。

李拔平日巡察到各县，时刻不忘兴修水利的事。在《福宁府志·山川》条目内，详细记载各地的水源情况，以备旱灾之年，能够及时调配水资源。接着又清理各地塘堰，要求各地平时蓄满水，以备不虞之用，可见李拔对兴修水利之事特别重视。

譬如，整治霞浦长溪河。长溪河就在福宁府治南边，迤逦二十里，为府城襟带，溪水灌溉周边田地达一万多顷，海船可以沿溪而上。长溪河上汇山溪，下通海口，河身狭长。平常之日，涓涓细流，好像没什么可怕的，等到大雨时山洪暴发，溪流汹涌，下游百姓的田园、房屋就可能被淹浸，危害极大，必须用心治理。

元代时，由于上游历年流沙沉积，长溪河河道曾经堵塞。明正德十年（1515年），福宁知州欧阳嵩曾组织民工清理积沙，清理后，河深达一丈五尺，长一千七百六丈，两岸的堤坝各加宽一丈，河道又重新开通。溪上建桥四座，立闸三道，根据季节变化蓄水、泄洪。

明嘉靖十五年（1536年），福宁知州谢廷举再次疏浚河道。明万历十九年（1591年），福建按察佥事（驻福宁州）李琯、福宁知州史起钦又一起组织疏浚。

闽浙总督杨应琚、福建巡抚吴士功奏。福宁府属霞浦县长溪河，发源玉岩山，绕城东至赤岸桥入海。旧闸坚固，第山多浮沙易淤，均请分别修浚。又宁德县东湖，系海汊无堤岸。前经县民请捐赀于海汊口，横接猴毛屿筑堤垦田，港深水溜，不能合龙，海潮冲刷塌卸。现将已筑堤

① 李拔撰：《修理福宁郡西山三坝记》。

随时保护。得旨览奏俱悉。[1]

进入清代后，长溪河年久失修，河道再次淤塞，河里的水都快溢出溪岸了，时有洪灾发生，危害一方。历任福宁地方官议定，以捐资典宝镜、资寿两禅寺田一百二十亩田租，作为每年修河经费。经前任知府组织增修长溪三闸，本意想引水灌田，不曾想，无雨之时，河水干涸，无水可闸；倘若雨季之时，河水猛涨，闸都关不住，三闸算是白修了，根本发挥不了作用。很久以来，每年组织疏浚河道，疏了又堵，花费更多，反反复复，一直无法得到根治。[2]

李拔刚到任，霞浦县令就向其汇报整修长溪河之事。

李拔说："凡事没有抓住问题的主要方面，而只抓住其次要方面，当然无法解决问题，何况治理水患呢？现在长溪河堵塞，老办法都是清理积沙。但河道刚疏通很快又堵塞，甚至危及河堤，为什么呢？主要原因是治其末而忘其本，因此做事虽勤，却很难取得成效。古人云：'扬汤止沸，不如釜底抽薪。'我有办法，将从其源头开始治理。你们放宽心，不必忧虑。"[3]

李拔选了一天时间，亲率诸僚属亲赴西山视察，沿溪而上，但见溪流两岸高深，乱石垒垒，流水潺潺。陪同考察的属员说："这就是长溪三坝旧址，已经废弃很久了。"因为这里山势陡峻，雨水汇聚自上而下，势如建瓴，沙石冲激，流入长溪，以致淤塞。

先前治理的办法，曾经在两山相合处，垒石为坝，后人又在其下筑二坝、三坝，以杀水势，使水势停蓄，沙石就在这里沉淀下来，不致流入下游淤塞。又在坝的左右引水入田，用于农田灌溉，既除其害又收其利，古人这样做是很有智慧的。

李拔认为，现在如果不修三坝以治其源，而只等河道淤塞时挑土沙疏浚，

---

① 觉罗勒德洪等奉敕修纂：《大清高宗法天隆运至诚先觉体元立极敷文奋武孝慈神圣纯皇帝实录卷》之五百八十三卷。

②③ 李拔撰：《修理福宁郡西山三坝记》。

长溪河源石刻（黄亦剑 摄）

清理河道，这个办法恐怕不可行，只会将隐患越弄越严重。

霞浦前任知县曾建议以准提阁寺田租充作整修三坝的经费，后来因该寺田租押送充公，来不及修理。三坝虽崩塌，但原来的基础规模仍在，整修花费银两也不需要太多，可以效仿过去的做法修理。

对如何整治长溪河，李拔进行了深入的分析与思考，他认真总结前人的经验，认为修理长溪，不如修理三坝；而修理三坝，不必另外筹集经费开支，只要从每年用于修长溪的田租内分一半就够了。至于长溪河整治工作，李拔考虑得非常细致，抓得很具体，他交代负责的官员，在修筑堤岸时，要多用坚硬毛石堆砌，少用沙石，这样激流冲刷，减少河道淤泥沉积，可以大大省去清淤费用。①

清乾隆二十四年（1759 年）秋，得到上级同意，修理款项也解决了，李拔督令霞浦知县，募集工匠开工，修复古坝，在其之下再修二坝、三坝，不到一个月就修好了。三坝修理后，减弱上游汇集下来的水势，拦截冲击而下的沙石，同时又把水蓄起来，当地田园得到灌溉，百姓的住所既不会被淹浸，又能节省每年修河费用一大半，百姓交口称赞。李拔撰《修理西山三坝记》，

① 李拔撰：《修理福宁郡西山三坝记》。

又刻有《筑成三坝诗》《长溪河源碑》，并亲题“长溪河源”石碑。之前三坝修筑历经多年未能奏效，终在李拔任上取得治河成功。

长溪河的根治实属不易，李拔寄希望于继任者能坚持管理，他在《修理西山三坝记》中发出这样的感慨：

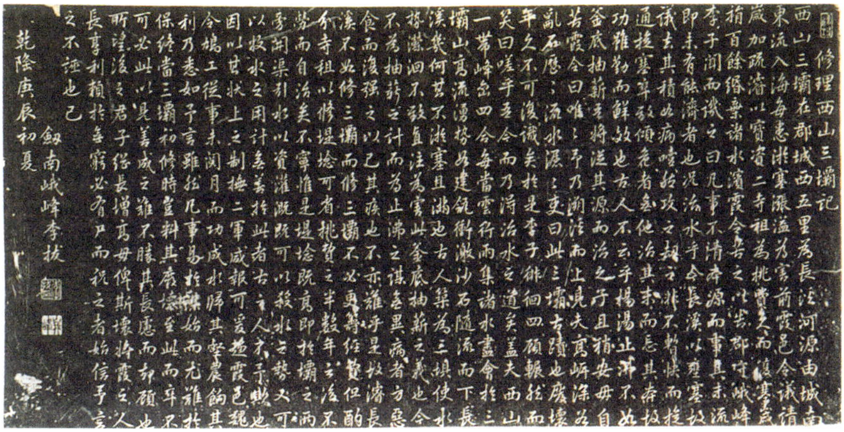

李拔撰《修理西山三坝记》（黄亦钊 摄）

夫事者，难成而易败也。诗有之“靡不有初，鲜克有终”[①]。当三坝初修，岂料其废坏至此而卒不可必。以此见善成之难，不胜其长虑而却顾也。所望后之君子，继长增高，毋俾[②]斯坏，霞之人长享利赖于无穷，必有尸而视之者，始信予言之不诬也已。

李拔兴修水利之心果决，可见一斑。在《福宁五县水利考》中，李拔写道：古人治水，潴畜[③]有法。天下人人都是治水人，也没有不好的水，关键看怎么合理利用。春秋时期，有李冰修都江堰；唐代，有李袭誉筑雷

① “靡不有初，鲜克有终”，意思是没有不能善始的，可惜很少有能善终的。事情都有个开头，但很少能到终了。多用于告诫人要善始善终。

② 毋俾：不要贬低。

③ 潴畜：同“潴蓄”，指水流积聚的地方。

陂，长孙祥穿白渠；宋代有苏轼浚西湖，范仲淹修太湖。无不功在当代，利在千秋！

除了治长溪、筑三坝。清乾隆二十四年（1759年）六月，李拔巡视五县后，看到福宁境内山高海深，山泉水四处横流，到处都可以蓄水灌溉，这是很好的自然条件。但是当地多山地，海拔落差大，而天气雨晴不均。晴天多了，平原地带的洋田[①]禾苗都枯萎了；雨水多了，山田就没什么收成了。因此，他要求各地多设塘堰沟渠，用于防洪或蓄水，有备无患，就能确保农民旱涝保收。李拔为了自己的想法能够得到实施，专门向上级报《请修水利以重农功议》。

李拔在福宁整修的水利设施，有明确文字记载的不下几十处，如：月池，在南门外，李拔要求霞浦县重修。杨家溪，在霞浦县五、六都，清乾隆二十四年（1759年），李拔令霞浦县修复。李拔有诗云：

济川伟业本无方，远作樯帆[②]近作梁。

溪小不堪容鼓枻，聊成碇步代舟航。

宁德东湖（谢书秋 摄）

① 洋田：指分布平原地区各河流的入海口，或河流中、下游的一级阶地的田块。

② 樯帆：指船上的风帆。

宁德的东湖、赤鉴湖。清乾隆二十四年（1759年），李拔亲临巡视，研究解决办法，但一时没有人呼应。第二年，李拔调任福州知府，这个事最终没有落地，留下遗憾。

《福宁府志》所载福鼎、福安、寿宁三县各塘、堰，均经李拔督促福鼎知县萧克昌、福安知县程志洛、寿宁知县陈绅清查修复。从这些记载，后人可以看出李拔兴修水利的拳拳用心。

严禁停棺，整肃陋弊

在儒家看来，国家的安危、社会的治乱，不仅在于人的贫富、强弱，还取决于“风俗之厚薄”“道德之浅深”。因此，儒家重视良好社会风气的培养，提倡移风易俗。而整肃地方风俗，关键在兴教化；兴教化以正风俗，发挥道德教化的功能。明代大儒顾炎武曾说：“转移人心，整顿风俗，则教化纪纲为不可缺矣。”把兴教化看成是正风俗的根本要务。

李拔在平时公务走访中，发现福宁当地百姓有停棺不葬的风俗，即死者入殓后，亲属并不立即将其下葬，而把尸身装在棺内，停放家中，寄存寺院，或者暂时安置在野外的草寮里。百姓因风水观念重，择地择日安葬先人已然成风俗，富豪之家竭心尽力追逐吉穴，贫寒之家也不甘示弱，停棺不葬以待财力雄厚时，再选择吉穴，丰厚下葬，有的等几年甚至几十年后再安葬。

更有甚者，亲死不葬，停棺于家，积少成多，数代人棺材并列一堂。有的家庭因事外迁，或是衰败绝户，几代人棺材弃置山野，有伤风化。百姓停棺不葬，目的在择吉地安葬，许多人为达目的，往往不择手段，引发纷争，兄弟离间，邻里争讼，造成社会秩序混乱，严重影响地方社会风气。

李拔为整肃地方社会风气，推行速葬，禁止百姓停棺不葬。他以二帝三王治理天下，推行仁人孝子为例子，倡导养亲为贵，对乡间或道路旁暴露的遗骸，责令立即掩埋。同时，整修养济院，每月点名流浪乞丐赏给食物。

李拔认为，人一旦死了，则魂升于天，魄降于地，走完一个轮回。不仅仅尽仁孝心，也顺应阴阳之道。他不理解福宁百姓为什么不懂这个道理，亲人死了居然还不及时安葬，停棺于路旁，或暂停在厨侧、厕所。[①]

李拔为此制定《禁民停棺不葬教》，他苦心劝导，希望民众回心向化，改变停棺不及时安葬的陋俗。对那些不听劝导，仍然实行停棺不葬的，按照律令条文依法严肃处理。经李拔恳切劝说，晓之以理，动之以情，并限期督促整改，不久，当地停棺不葬者大大减少，社会风气得到明显改善。

除了颁布禁令外，李拔向各县印发公文，要求清查当地义冢面积，丈量

李拔在福宁整治停棺不葬的陋俗

① 李拔撰：《禁民停棺不葬教》。

长宽，确定后立石记载，防止将来被人为侵占。他要求各县利用义冢，将无主棺木悉数收埋，停棺不葬风气大为改观。

李拔带头捐俸银，对家庭贫困无力安葬的，出资买山，帮助其安葬。李拔还发动社会力量，倡议乡绅捐款设立义冢，帮助贫困无地之家埋葬亲人，对禁民停棺现象起到了一定的作用。

除整治停棺不葬俗，李拔还致力虎患治理。福宁各县山深林密，偏僻路段时常有野兽出没，行人不敢通行。山区经常发生老虎伤人的事件，当地百姓大白天都不敢出门，山乡笼罩着恐怖气氛。为此，李拔聘请专业猎虎人，设陷阱捕杀，境内虎患很快就平息。[①]

福宁府学生员游晟对李拔仁政爱民的做法写诗赞曰："骴骼泽及真遗爱，巨猛能驱解倒悬。"

广劝蚕棉，物阜民丰

福宁临海，百姓大多以捕鱼为生，收入微薄，生活比较贫苦。李拔引进自己家乡四川的栽桑、养蚕、种棉等技术，教会地方百姓耕耘种植，改变当地养蚕、种棉的状况，使当地百姓的生活日益富足。

养蚕必先种桑树。李拔出生于四川，自小熟悉养蚕之法，对桑树的种类，种养采集，再到养蚕之法及养蚕流程十分清楚。每年春天时节，李拔到府署西郊外，劝农种桑养蚕。

① 李拔纂修：《福宁府志·艺文志·祥异》载："寿宁各村，猛虎成群，日伤二三人，路无行踪。"

李拔以自己的实践经验，结合闽东实地考察，他认为福宁与四川气候相似，天气温暖，应该适宜栽桑养蚕。李拔在福宁内署试种，当年种出来的桑叶很肥厚。但仍有不少人认为福建的气候不适合养蚕，为了消除民众顾虑，李拔就让妻子杨氏在府署中试养，当年就获得大丰收。于是，李拔把养蚕的方法向福宁全境推广，当地百姓看到好处，争相效仿，普遍获利。

李拔亲自撰写《蚕桑说》向上级呈报，谕传八闽，家喻户晓。福建大面积推广种桑养蚕，就是李拔倡导种植开始的。

除了教民种桑养蚕，李拔又劝民种棉。福建天气温暖，土地湿润，适宜种植棉花。但当地百姓却认为，本土不宜种棉，身为知府的李拔并不着急解释，而是以事实说话，他在府署内空地，亲自试种，以岁入甚富来回应人们的疑虑。

李拔把种植棉花的一整套流程，写成《种棉说》，对棉花的习性及种植方法做了详尽说明，还指出棉花加工及用处，对福宁百姓种棉很有指导意义。这篇《种棉说》详尽具体，让人阅读后即能动手操作，相当于一篇种棉说明书。

> 棉树挺生，叶如苍耳，高二三尺，性喜燥恶湿，宜种山坡沙碛间，或地平，则四面掘小沟，雨来辄过，毋令水聚。聚则叶虽茂不花，即花亦鲜实，或摇落无余。每岁三月，取花子入土中，数日即生。非其种者，锄而去之。每株相离约尺许，毋使太密。锄三次，长尺许，即开黄花，花谢结实如桃。又十余日，实开棉出，拾而存之，自下而上，绵绵不绝。自五月至十月方止。有头花、中花、尾花之别。故蜀中土俗，以砍花柴为农功毕也。花既得，用车缴之，去其子，弹为棉，纺线织布，然后可为被服。[①]

① 李拔撰：《种棉说》。

李拔把湖北为官时劝民种树的成功做法推广到福宁，李拔说："我在湖北当县令时，朝廷还没有教民广种先例，已取得成效。"①

李拔写下《请教民开山种树议》："如果把公山允许百姓认垦，自行获取柴薪，栽插竹木，其他有主的山，发布公告推行种植，严禁擅自砍伐，山头很快就茂盛起来。几年之后，树木成林，取用不竭，也是造福百姓的良策。"②

李拔见福宁本地条件很好，但满山遍野光秃秃的，没有多少树木。他从本地树林不盛的缘由说起，阐述种树的种种好处，以及解决好公山种树，适合种树的地理条件等。

李拔深知种树如培养人才，没有十年之功，是不能见效的，但他不急功近利，立足实际，放眼长远，真心实意为一方百姓谋福祉。常言道："不谋万世者，不足以谋一时；不谋全局者，不足以谋一域。"③

除劝民栽桑养蚕、种棉种树，李拔还很关心农耕事务。他经常深入农村，亲临农耕生产一线，视察春耕情况，帮助百姓解决实际困难。李拔有《劝》诗："刺史行春日，效原麦秀时。劳农分浊酒，归马赋新诗。"这是李拔深入一线视察农耕的真实写照。

在推广主要辅粮番薯（俗称地瓜）时，李拔认为，福宁人口增长很快，市面米价渐高，沿海百姓的口粮大半依靠地瓜。地瓜可以磨粉，可以切丝为薯米，可以酿酒，可以熬糖，用处很多。这些都浸透着李拔拳拳爱民之心。

---

①②③ 李拔撰：《请饬各县种树以广利源议》《种树说》。

革除弊规，士民悦服

福宁的赋税，依明朝惯例，向朝廷缴纳原来不收米谷，而是按米价折合现钞征收。各级官府奉行朝廷轻赋税的做法，减轻百姓负担。

清康熙以来，朝廷颁令“丁赋永免”。福宁每年秋天收存军粮，原来官府规定：百姓纳米，实际上纳谷就可以，按一担米折合三担稻谷。

福宁多山，百姓多数依山傍海居住，山路遥远险阻，运粮送米很不方便。朝廷原有规定，对百姓集中居住的地方，以收粮完纳，零星散户，折合钱票缴纳。怎么缴纳方便，老百姓自己选择，这个办法原本很好。但清乾隆初年后，各级收赋税的吏员用种种不可告人的手段，把原本居民较多集体户的花名册分散掉，一石一斗一升，零碎量收，自作主张多取损耗，从中牟利，中饱私囊。如果有百姓借他人名一起纳粮的，也要加倍折收损耗。每担粮需钱三千文、每斗三百五六十文、每升四五十文等。百姓即使有米也不准用米缴纳，只准缴纳钱票，这些无形增加了百姓负担，百姓叫苦不迭。

李拔看出其中的弊病，立即采取有效措施制止，并命令各县严格管好粮差，不得在收粮时斛里的粮堆得高高的，倒斛时把斛踢得一干二净，侵害百姓利益。差役分头收粮，取多少损耗，由官府统一规定，不得私自向百姓索要钱票。至于零星散户，仍依旧例，听百姓自便。

粮差多收取折损由来已久，渐成顽疾，一时要革除，阻力不小。李拔刚正果决，排除万难，清除赋税弊政，及时化解百姓反映最强烈的问题。

李拔暂时革除了这些弊政，但他担心日子久了，各县收粮小吏“老毛病又犯”，他通过订立制度堵住漏洞，确保彻底解决问题。百姓对李拔革除纳粮旧弊的做法，无不拍手称快！

李拔革除赋税弊病后，又着手革除牙行征税违例的弊政。[①]

所谓牙行，就是在市场上为买卖双方说合、介绍交易，并抽取佣金的商行或中间商人。商人经营牙行，须经官府批准，并交纳税课。牙行在交易中起着“评物价”“通商贾”，代替官府统制市场、管理商业的作用，别称官牙。

牙行每次代人交易后，每一两银取其三分。过去，福宁府辖下的霞浦、福鼎、宁德（今蕉城区）、福安等县的海港、码头都设立牙行，每年各处都要向官府纳税数十两、数两不等。牙行在运行过程，有一些不良企图的人发现其中的漏洞，想充当牙行，盘踞垄断，在每次交易中想多取多赚。只要经过这个海口交易的货物，不论是不是他们经手的买卖，都要收取牙金，等同收取关税，欺行霸市，甚至武力威胁，横抽滥索，做买卖的敢怒不敢言。这种不法行为，不仅损害百姓的利益，也扰乱了正常的市场秩序。

李拔经过仔细察访，对辖区内不法牙人提讯查究，施枷审讯责罚，并贴出永禁告示，此风才稍有收敛。李拔还要求各县不定时严格检查，严厉禁止，不得让这种不正之风蔓延。如果还有牙行不严格整肃，做出侵害百姓的事，一经发现并查实，立即撤并，不许再设立。

李拔说：“不能因为小小的牙行，扰乱一方百姓的正常生活。”[②]经李拔整肃，各县海港牙行的风气明显好转。

此外，针对辖区仓储弊政，李拔也采取整顿措施。清代各地设仓储存储粮食，若逢灾年，田园绝收，仓储就能发挥重要作用。灾年时，仓储对地方稳定极为重要。基于此，李拔巡察各县仓储，检查粮食储备情况。每个县仓储存粮也有几万担，如果不加以严格管理，粮食被虫吃霉变等，隐患也不少，

---

① 李拔撰：《福宁府志·食货志·田赋》载：“宁郡赋税，有兵米折收多取之弊，予既严禁而笔之于书矣；又有牙行征税违例之弊。余莅宁之初年，曾经提究枷责，刻示永禁，此风稍止。所望后之君子，不时查禁，毋使滋蔓。”

② 李拔撰：《福宁府志·食货志·田赋》：“倘再怙终不悛，即并详革，不许设立。毋以数金困一方民可也。”

而且新粮陈粮进出，不断更新，谁也不敢保证不出问题。

李拔认为，劝课有成，耕九余三，藏富于民，没必要把全部粮食集中存在官府仓储内，如有管理不善，将毁于一旦。①

每当发生水灾或旱灾时，福宁有些富家不管百姓死活积囤粮食，等待高价时，奇货可居，再把粮食拿出来交易，可以获得不少的好处。乐善好施的民风荡然无存了，仅凭官仓放粮救济，根本救济不过来。因此，要想办法调剂，让存粮大户把粮食拿出来，以平价救济灾户。

清乾隆初期，福宁当地人口繁衍日增，米价不断攀升，百姓生活困难。每年秋后，百姓只能依赖地瓜度日，等到次年秋耕以后，地瓜刚种，人们吃饭全部依靠米谷，米价市场行情开始攀升。或遇到阴晴不齐，旱涝成灾，米价上涨更加凶猛，百姓籴粮无门，就可能要出大事了。

李拔除了要求地方官管理好仓储，还极力倡导富者行仁恤之风，并作《请劝民出谷平粜议》，保障百姓生活安定。

李拔要求各级官吏观察粮食情形，随时调剂。正常年景，粮食市场平价交易，任其自由交易，倘若遇旱涝灾年时百姓粮食接不上，市场米价暴涨，官府必须多方晓谕，令富户拿出家中余粮应急，按照平常价格出粜，弥补官仓储粮不足缺口，这样即使灾年，市场也能流通正常，百姓粮食充裕，社会才能安定。②

李拔除了劝民出谷平粜，解决灾荒之年的粮食问题，还倡导百姓利用当地适宜的土壤，种玉米增加粮食。

李拔认为，福宁山多田少，当地生产的水稻和小麦不多，又没有其他杂粮，能供百姓吃的粮食太少了。每年米价攀升，都是因为百姓种的粮食品种太少。辅粮只有地瓜一种，虽可填饱充饥，但不易存储。而种植地瓜，土地

① 李拔撰：《福宁府志·食货志·仓储》：“夫劝课有成，耕九余三，藏富于民，不必其在天庾也。”

② 李拔撰：《请劝民出谷平粜议》。

要相对平整的地块。李拔查阅资料，获悉当地适宜种植玉米，而且种植简便，收获也方便。玉米不管斜坡陡山，只要有一层薄土就可以播种。夏季就成熟，收获后可以当粮食，也可以作面、酿酒等。玉米的皮壳可以喂猪，养的猪肥壮，可以说广种玉米，好处多多。

李拔引种苞谷

福宁当地百姓习惯下海捕鱼，不注重粮食生产。玉米原来也有人种，但种得不多，不足以充当粮食。李拔撰《请种苞谷议》，劝百姓试种。苞谷成熟后，梗大，果粒饱满，获得很好成效。试种有成效后，李拔令各县通告周知，劝民种植，这对福宁地区百姓粮食也算不小的补充。[①]

李拔在大力发展粮食、解决百姓粮食问题的同时，推崇人们应当正当谋利，取之有度，用之有节，灌输适可而止的理念，以此维护人与自然、人与社会、人与自身等关系的平衡。

---

① 李拔撰：《福宁府志·请种苞谷议》。

李拔体察民情，曾到府署东关外，拜谒霞浦当地前贤王伯大，察看留耕堂。[①]

李拔感佩王伯大[②]《四留铭》的“留余忌贪，泽及后人”处世哲学和一心为民的情怀。在留耕堂前，李拔面对一望无垠、丰收在望的农作物，赋诗以纪其事：

五袴风流廉范声，登堂愿得惬舆情。

谁将谷种培心地，付与儿孙取次耕。

李拔生长于社会底层，内心有着为百姓谋福祉的强烈愿望。他关心民生，每到一地任职深入民间，扎根一线，访察民情，大力发展社会经济，加强地方治理。

清刑平狱，洗冤昭雪

李拔擅于处理复杂的诉讼案件，在湖北三任县令，一任府同知，任内厘清讼狱案件无数；在楚任职期间，邻县每有疑难案件，上级都让李拔前去协理，有不少复杂案件经其手审理，避免错案，挽救了一些人的性命，

---

① 李拔撰：《福宁府志·古迹》。

② 王伯大（1188—1253 年），字幼学，为官清廉忠直，素以直谏闻名。南宋嘉定十年（1217 年），台、衢、婺诸州，普遍发生不同程度的粮荒。王伯大设荒政局，聘请有识之士，研讨古今赈灾办法，划分灾情等级，迅速将有限粮款及时如数发放到灾民手中，救活众多灾民。南宋淳祐八年（1248 年），王伯大两袖清风退休还乡，自号“留耕道人”，在赤岸建留耕堂，并题下《四留铭》，即云：“留有余，不尽之巧以还造化；留有余，不尽之禄以还朝廷；留有余，不尽之财以还百姓；留有余，不尽之福以还子孙。”

人称“李青天”。

到福宁府任职后，李拔秉持好做法，发挥自己所长，政简刑清，广施惠政，境内社会稳定，百姓安居乐业，府监所空空如也。李拔清理积案，审理冤狱，办理奇案，深得百姓赞誉。其中，尤以审理郎中吴珏用药治死人案件，使原本定为死罪之人，起死回生，轰动一时。这是发生在其福宁知府任上的一桩奇案。

清乾隆二十五（1760 年）年三月初，一天午后，福宁府署书吏接报急匆匆向李拔报告，称府城“回春堂”郎中吴珏治病人致死，病家上府门擂鼓申诉。

李拔亲查医案

吴珏（1697—？年），字二玉，号琢庵，福宁府寿宁清源人。吴珏一生爱好医学，不慕功名利禄，对《黄帝内经》等医家名著深有研究，擅长针灸治病救人，游方行医济世，走遍闽东北及浙南各县。由于他医术精湛，医德高尚，深受民众敬佩，老百姓称呼他“吴太医”，著有《二玉医案》。[1]

① 连德仁主编：《寿宁文物》，海潮摄影艺术出版社，2002 年。

吴珏救死扶伤无数，在民间名声很大。据传吴珏年轻时，游方行医，一天路过外地山区某村，途中偶遇一支出殡送葬队伍，灵柩所过地上有鲜红滴血。吴珏洞察此人非病故，求抬棺者停下灵柩，让他开棺察看。抬棺人不肯放下棺，吴珏与他们好说歹说都无用。这时事主站出来，说其妻不幸在临产时，突然死于非命，痛不欲生。他对吴珏说：“我姓卢，死者是鄙人妻室，难产而死，你是郎中，若能救活她，不但可开棺，而且鄙人自当厚礼重谢。”

吴珏对卢某说：“我不图酬报，只为救人。我用针灸比用药快，只要死者心胸未冷，都可以抢救。”

卢某见吴珏诚恳厚道，不像开玩笑，当即现场开棺，只见殓妇脸色润泽，胸腹温暖。吴珏立即行针，刺足内踝上三寸“三阴交”穴，速进速退，灸两足小指尖外侧“至阴”穴，陷“人中”，暖“丹田”。过了一会儿，孕妇发出一声叹息，片刻苏醒。家人赶紧把孕妇护送回家，进大补元煎，不久就生出一男婴，母子平安。

许多民众不明其中缘由，把吴珏当作仙人。乡民赞呼：“一针救两命，真是神针！神针！”自此吴珏的“神针”名扬四海。

在外行医多年后，花甲之年的吴珏决定回归故籍，落足福宁府（驻地霞浦）就医。他在霞浦开设“回春堂”药房，继续济世行医。他毕生行针灸，远近闻名，门庭若市。不但老百姓佩服他医术高超，医德高尚，就连豪门大户、官府衙门也信服他的医术，有病都来请他出诊。这样一位名扬四海的名医，怎么会医死人呢？而且患者得的是常见病，又不是什么疑难杂症。

李拔自小也偶涉医书，初懂脉理。他详细了解了案情，并翻阅了案卷，仔细看了吴珏医方，用的都是日常极常用的黄连、甘草，药性温和，其药效不至于治死人，想必其中定有原因。

按大清刑律，人命关天案，吴珏暂时被囚禁在死牢。吴珏本人也是百思不得其解，在死牢中含怨悲恸，反复思考，找不出自己开的“三黄汤”

有什么问题。

吴珏成天在牢里长吁短叹道："当初我一针救两命，不想今日黄连、甘草会毒死人。"狱吏听其怨叹，转告府佐官。佐官本地人，深知吴珏医术水平，绝不是庸医，独自下狱察访，得知事实后，立即禀告李拔。

李拔深感困惑，决定亲赴"回春堂"现场察验。

李拔仔细察看黄连、甘草药柜，并无意外。就在李拔推回药屉时，发现该药柜抽屉的上屉，撒了几许粉末下来。黄连与甘草装在含毒的信石、狼毒之下，含毒药粉泄漏到下屉黄连、甘草中，造成病人饮黄连、甘草身亡。悬壶命案，由此告破。[①]

李拔澄清了吴珏开错处方的无辜之罪，为其昭雪冤情。药物存放不当的药堂掌柜受到杖责，并严令全境不得将烈性药物和一般药物混杂存放，以免引发混渗事故。

清乾隆二十五（1760年）年三月底，囚禁待审近一个月的吴珏被无罪释放。吴珏虽然无罪回家，毕竟医"死"人了，无疑给他的好名声造成了不小的影响。短时间"回春堂"门可罗雀，生意惨淡，几近关门。

时即将调任福州府的李拔获悉吴珏近况，感慨其境遇，敬仰其医德，亲题联一副"一郡久夸卢扁望，三年徒抱树云心"，眉匾"秋水伊人"，赠予吴珏，

李拔题"秋水伊人"（吴文沁 摄）

① 寿宁县地方志编纂委员会编：《寿宁县志》，鹭江出版社，1992年。

尽力挽回其声誉，俾使其造福更多百姓。

虽不知李拔福宁任职期间，经其手审理案件有多少，但“回春堂”案审理过程，李拔审理谨慎，思虑缜密，访察细心，终使死狱犯起死回生，足见其审案能力，此事在当地流传甚广，至今仍为世人所津津乐道。

因李拔在福宁任职时间仅一年三个月，审决案件有限，除了以上“回春堂”案外，再无其他特殊案例。

巡历冲隘，严密稽核

福宁府所辖地界，北与浙江省平阳县交界，南与福州府罗源县交界，西面靠高山，东面临大海。这里崇山连绵，道途险阻。

李拔常带领僚属历海山之巅，登高望远，巡视辖区各县。他认为宁德、福安、福鼎、寿宁、霞浦五县，称得上要冲的只有霞浦的三沙、东冲和福鼎的沙埕、烽火，其他塘汛不值一提。当国家安定，海疆稳固时，台湾屏蔽于外，烽火、三沙也只能算是内港，驻军无须准备抵御外敌入侵。主要防范稽查往来人众，吓吓那些窃贼进出罢了。这些港口要塞不能成为驻兵牟利之所，放纵他们敲诈勒索，以致形成惯例。作为地方官要加强驻兵的纪律管理，不能让防暴者成为施暴者，监守自盗。

戊辰，福建巡抚吴士功奏，滨海渔船出没，即为匪盗潜踪之薮。谨酌议规条。

渔船于赴县领照。及商船改换渔船时，先令船户取具族邻澳甲保结，再令船户出具舵水不敢为匪甘结[①]，并十船连环互结。如有一船为匪，船户治罪，余船连坐。澳甲不首报，一并严处。

渔船春冬出入，本有定期。因未定查报之例，往往在洋逗留。嗣后遇先进口之船，即向查明未回各船，现在何处。倘届期不还，即禀明地方官，沿海行查。如澳甲匿不查禀，一并治罪。

渔船回口，如携带货物，应令于置货地方。给单照验，以杜来路不明。

闽省商渔船，向止于船头编刻字号。今应于船樯一体编刻福建省某府州县某号船商、渔户某人字样，到处易于查验。得旨、立法可谓详明，行之尤宜实力。[②]

李拔题《盐田待渡》诗（黄寅 摄）

福宁府临海，制盐随地可成。霞浦、宁德虽然设了盐场，但产量并不高，多半销售到外府。贩私盐的到处都是，而转运私盐必走东冲口。入东冲口以后，从霞浦盐田上岸就可直达霞浦城关，从白马门上岸就可通福安城关，从金鳌渡上岸就能到达宁德城关。

---

① 甘结：指我国古代诉讼案件中受审人出具自己担保供述属实，否则甘愿承受处分的文书。

② 觉罗勒德洪等奉敕修纂：《大清高宗法天隆运至诚先觉体元立极敷文奋武孝慈神圣纯皇帝实录卷》之六百一十三卷。

宁德白鹤岭

私盐贩卖的运输线路，东冲口是必经之路。平时东冲口驻兵太少，对于小打小闹的私盐贩卖，这些驻兵可能收点好处就偷偷放了，对于那些配有武力的大私盐贩，仅有几名驻兵根本管不住，只能任其进出，难以禁止。

李拔认为，应当要加强东冲口驻兵的管理，设法严拿。如果私盐贩人多，驻兵势弱害怕拒捕反抗，可以让其先通过，用小船尾随，等到这些盐贩分散后，进行零卖时，再将其抓住，这是不错的办法。要严格关隘管理，赏罚分明，劝惩并行，就能长久管好。不然，一旦关隘管理松懈，就可能有人逃漏，而管得过于严格，又担心驻兵乘机敲诈勒索过往商人，要严格管束驻兵权力，松紧有度，这才是管理的上策。[①]

白石关离霞浦县南面九十多里，上达县城，下通海口，是白马门、东冲口等门户，已设有巡检一员，稽查百姓出入。白石关有“一夫当关，万夫莫开”之险要，李拔题曰“水陆咽喉”。

宁德县境内，山深海阔，民风淳朴，百姓从事捕鱼、晒盐、采集蜃蛤获得收益，生活较为富裕，比其他县繁荣。但因为经济发达，百姓为利益而起的争端也随之而来。

如宁德县所设置的周墩分治，远离县城，山高岭峻，百姓不懂律法。他们一旦犯法，早早就躲进深山，哪敢出来，官府想要抓人，相当困难，当地

① 李拔纂修：《福宁府志·食货志·物产·盐法》。

治安混乱。

李拔思考怎么解决周墩分治的问题，他建议上级割其他县地独立分设一县，加强对周墩地区的管理，后因自己迁调福州，此事也就不了了之。[①]

宁德另外一处东洋（今周宁县境）离县城遥远，其地民风十分彪悍，百姓不守法纪，一旦犯案就逃跑，根本无法拿问，地方管理非常困难。

李拔召集大家进行深入讨论，多数人认为东洋离县城太远，由县令管辖未免鞭长莫及，派县丞管理，又不足以弹压，最好另设县治管理。

李拔经深思熟虑，他认为东洋的管辖范围太小，地方税赋少，设县很困难。最好的办法是授予县丞与县令同等的权力，除了命案和盗贼外，其他一切事务都由县丞做主处置。如果还有不服从管束的，由县令与县丞共同处理，这样就不必担心有人作奸犯科，不服管理了。[②]

另外，福宁外海的嵛山岛，也不好管理。这里岛屿分散，星罗棋布，嵛山岛内有三十六澳，与霞浦县的海坛山一起被列为官府明令禁地。嵛山旁有

嵛山岛（王富军 摄）

① 李拔纂修：《福宁府志·建置志·粮饷》。

② 李拔纂修：《福宁府志·地理志·海防》，原文："郡守李拔曰：予考宁邑，有明中叶，开矿榷课，差阉四出，井里骚然，我朝一概封闭，民乐春台矣。近城之民，人知礼法，号称易治。惟东洋一处，离城窎远，民情愚悍，罔知法纪，干犯逃匿，每多难问。议者谓县令鞭长莫及，县丞不足弹压，宜另设县令以惩创之，亦有所见。然地小赋薄，未可轻议，宜假县丞以县令之权，除命盗外，一切讼狱得以便宜从事。有不逮者，县令与共治之。当无忧其桀骜难驯也。"

小山名艮山，有屿名日屿，向东有七星山，浮出海面，像天上的北斗七星。

闽浙分水关界碑

明朝初年，社会太平，嵛山岛上居民云集，开垦土地成田。江夏侯周德兴以其地孤悬海外，决定移内陆七八都百姓上岛垦荒，但经过权衡再三，他还是觉得弊大于利，最终放弃。至明万历年间，又有人以“为驻军提供粮食”为理由，请求开垦嵛山岛。福宁知州陆万垓、罗文绩，先后极力陈词不可以，最后才不了了之。

清乾隆十年（1745 年），福州、连江并本部乡绅又呈请开发嵛山岛。

清乾隆十二年（1747 年），闽浙总督郝玉麟、福建巡抚陈大受，派员到嵛山进行实地勘察，认为该岛孤悬海外，洪波巨浸，接连外荒，如果此禁一开，舟桅出入难测，弊大于利，不值得开发。随后，联名奏报朝廷，嵛山岛被禁止开放。

综合各方因素，李拔认为嵛山岛的开发时机还不成熟，一旦允许开发，百姓争相上岛，必然会为土地纠纷，引发互相争斗，如果再有海贼上岛劫掠，麻烦就更大了。李拔斟酌再三，只好暂时搁置，再等好时机。[1]

而白匏山在东冲口内，旧为霞浦、福安、宁德三县交界处，是福宁府的内港冲要。南面是东冲口，北面是白马门，西向是飞鸾，东面是盐田，与四处相距数十百里。这里海港宽阔，岛屿星罗棋布，人烟稀少，商船不分昼夜，随海潮往来。

“谁敢保证这里面没有偷渡走私。”李拔为此非常担忧。他虽多次严令宁德县令捐哨船，拨兵巡逻，但各汛驻兵都离这里太遥远了，管理鞭长莫及。

李拔深入内港，登山遥望，百里海洋近在眼前，地理位置十分重要。李拔向上级呈报《立白匏山塘汛议》，不必另增兵粮，只要在黄土、飞鸾、东冲、盐田等塘汛，各抽兵一名驻在白匏山巡查。这里的哨船、营房、烟墩等项由宁德、霞浦、福安三县会同办理。这样几个关隘间，互相联络，保障过往商旅安全，又不需要增加费用，就能有效掌控这个关隘。[2]

此外，李拔对烽火门水寨防御也有自己的看法。他认为，烽火门位于霞浦、福鼎交界，是福建与浙江的重要关口，是福宁府的外卫，也是省会福州的军机重地。明朝正统年间，明地方官府放弃烽火水寨，而退守松山，御贼不于门户，而于内宇，后人认为这是前朝失策。现在朝廷已设水师参将一员，重兵防守，这才是长久之策。[3]

李拔还巡视西溪塘汛，该塘离福宁府城四十里。李拔说：“设塘汛，目的在于察奸，究查守望。平常没什么事，就往来巡逻，有事就与其他塘汛联络声援。但是这些塘汛驻兵平常监督不严，简单应付了事，塘讯的防守如同

---

① 李拔纂修：《福宁府志·地理志·山川》，“嵛山，督抚会题，奉旨永行禁止，并黜诸绅，以为将来妄议者戒。”

② 李拔撰：《请立白匏山塘汛议略》。

③ 李拔纂修：《福宁府志·地理志·海防》，李拔曰：“烽火门居霞鼎之交，当浙闽之冲，岛屿棋布，塘汛星罗。诚本郡之外卫，亦省会之重门也。自明正统间，弃烽火而退守松山，御贼不于门户而于阃奥，论以为失计，谅哉！今我国家设重兵以守之，诚治安之长策矣。”

虚设。”因此，他认为要加强塘汛的日常监督管理，申明约束。[①]

福宁境内，明初共设烽墩三十九处，设烽火台，主要是防海寇。明朝设置烟墩处，多筑土堡、炮台用以自卫。

李拔认为，凭据险隘，本意好，但是不在海外防守，而在户内防守，一旦有警，再派人到外海防守，就太迟了。

李拔虽然出生于内陆，到福建任职的时间也不长，但他善于调查研究，用心思考，以其卓识远见，发现福建海防的极端重要性，善作善成，力推加强海防建设。

增修书院，振兴文教

除了发展地方经济，提升社会治理效能外，李拔还格外重视地方文化事业，公事之余，课书院，纂府志，吟诗题刻，不失风雅。

治理国家，必以教化为先导。过去，地方社会教化的兴起，基础在于书院的振兴，书院可以为各级官府源源不断地培养人才。

李拔认为，人才的培养与种树是一个道理，十年后要用的木材，十年前就要规划种好；同样，十年后要用的人才，十年前就要开始培养，否则就来不及了。但人才的培养，除了设置书院，没有好的老师和经费支持，也培养

① 李拔纂修：《福宁府志·建置志·塘汛》，郡守李拔曰：“塘汛之设，所以察奸宄资守望也。无事则往来巡缉；有事则联络声援。法无善于此者。然督之不严则虚应故事，而防守徒为虚名；察之不密则骚扰乘机，而闾阎反受实害。申明约束，敉宁山海，存于将弁，岂徒饬楼橹以壮观瞻已哉？”

不出优秀人才。[①]

福建自汉代始与中原交流，到了唐代初期，常衮[②]任福建观察使，开始设乡校，乡人不读书的状况开始转变。从此，福建名儒辈出，号称“海滨邹鲁”。

清乾隆二十四年（1759年）春，李拔刚上任就带领僚属视察府学设施。他见福宁府学的学宫、围墙、学舍整修得不错，蔚为壮观，他很高兴地向府学生员了解学宫建设情况。生员们说，原来学宫年久失修倒塌了，经前任知府钟德、傅尔泰先后组织整修改造，才有现在这个样子。福宁府学刚整修完工后，前任知府调走了，重修碑记都还没来得及撰写。大家恳请李拔撰写重

李拔于霞浦龙首山题“寻乐处”（霞浦县文化馆供图）

① 李拔纂修：《福宁府志·学校志·学校》，郡守李拔有记：“书院之设，以为国家培人才也。如树木然，欲用于十年之后，而不培之于十年之前，晚矣。然不得其培之之方与培之之资，则虽堂室井然，亦与颓废者等。”

② 常衮（729—783年），字夷甫，京兆（今陕西西安）人，唐朝宰相。唐大历十二年（777年）拜相，杨绾病故后，独揽朝政。以文辞出众而又登科第为用人标准，堵塞买官之路。对朝中众官俸禄亦视其好恶而酌定。封河内郡公。德宗即位后，被贬为河南少尹，又贬为潮州刺史。不久为福建观察使。常衮注重教育，增设乡校，亲自讲授，闽地文风为之一振。

修学宫记，以记重修盛事。李拔欣然应允，作《重修福宁府学碑记》。[1]

李拔在重修碑记中说：“宋代大儒朱熹讲学，东南最为兴盛，福宁历代文风鼎盛，代不乏人。名贤往哲，交相辉映。乾隆时期，文教最为兴盛。福宁士民，蒸蒸向化。近年以来，受书院教育熏陶，官府大力推进教化；当地士风日盛，学子科第蝉联，凌古烁今，前所未闻。”

李拔劝学图

福宁府城有蓝田书院，李拔公务之余，经常与山长一起调教诸生。李拔以朱熹《白鹿洞学规》及胡安定经义教化诸生，希望大家从中有所收获。

李拔认为，学习是一件快乐的事，他每教导学子要找到“孔颜乐处”。何谓“孔颜乐处”？孔子说“饭疏食，饮水，曲肱而枕之，乐亦在其中矣”，有简单的饮食，把头枕在手臂上休息，这就很快乐了；孔子又赞叹颜回，“一箪食，一瓢饮，人不堪其忧，回也不改其乐”，只有简单的饭菜，别人都不堪忍受了，颜回却很快乐。生活如此简单乃至于简陋，却还是乐在其中。李拔因此题“寻乐处”，作《寻孔颜乐处说》，立在碑亭内，令诸生好好领会。

李拔经常对府学生员们说：“人生百年，会有穷期，一日不学，此生可惜。”李拔又作《劝学箴》，刻在墙上，希望能给大家一个提醒。这些都是李拔自

① 李拔撰：《福宁兴文楼记》。

已读书求学时的心得，希望诸生从中有所得。[1]

闲暇之时，李拔每月还抽时间来府学，督率分课，对生员的学习情况，分定甲、乙等次，奖励先进，鞭策落后，激励学子。不久，府学就涌现不少人才，深造自得，文理堪以造就的，就有游展、潘栋、林进、卢作彬、陈球等几人。潘栋、卢作彬送福州鳌峰书院继续深造，游展、林进、陈球在府学继续学习。

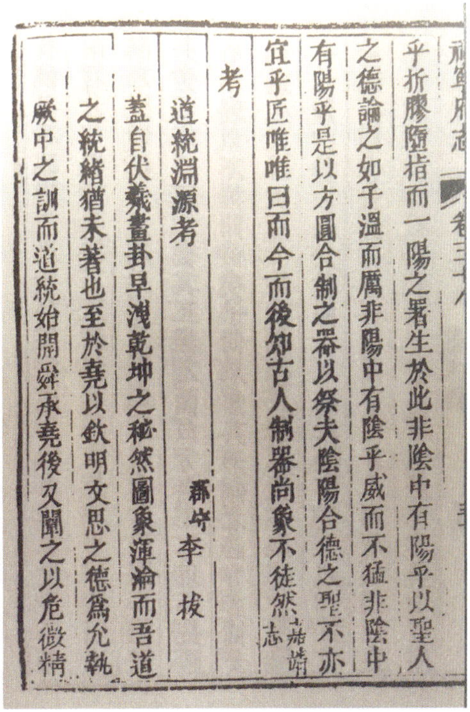
福寧府志 卷三十
乎折廖隨指而一陽之晷生於此非陰中有陽乎以聖人
之德論之如子温而厲非陽中有陰乎威而不猛非陰中
有陽乎是以方圓合制之器以祭夫陰陽合德之聖不亦
宜乎匠唯唯曰而今而後知古人制器尚象不徒然志嘉靖
考
道統淵源考　郡守李拔
蓋自伏羲畫卦早洩乾坤之秘然圖象渾淪而吾道
之統緒猶未著也至於堯以欽明文思之德爲允執
厥中之訓而道統始開舜承堯後又闡之以危微精

李拔撰《道统渊源考》

在李拔持续督促下，霞浦县令还聘请侯官举人林从直[2]担任福宁府学讲席。林从直学识通达，培养了不少人才，堪称一代师范。

清乾隆二十五年（1760年）四月，李拔率士绅到福宁府城东南角建兴文楼，寄期望“志士励行，学子力学”。同时，他还督促霞浦县令胡世珏重修明伦堂，并勒石刻载顺治卧碑并康熙训饬士子文。李拔对文庙也进行了整修，体制毕备，并重建寻乐亭，题写“正谊明道”匾额悬于堂。

李拔经常与诸生在寻乐亭讲论，以躬行为先，文艺为辅。诸生颖悟有所得，一时福宁人才济济。

李拔在寻乐亭题“道脉真传”及《辨志论》刻于壁。清乾隆十五年（1750年），福安知县秦士望（号挹溪，安徽宿州人，拔贡出身）拨寺田十二亩五分。

---

① 李拔撰：《福宁府志·艺文志·说》，《寻孔颜乐处说》。

② 林从直（生卒年不详），号古鱼，福州侯官人，清乾隆九年（1744年）举人，喜治印。

乾隆十八年，知县夏瑚（浙江仁和人，监生出身）拨寺田租八十六石，以资书院修补。之后，乾隆二十四年，霞浦知县楚文暻、教谕陈轼率绅士重修。

李拔除了倾力建设府学外，还十分重视辖下各县的书院建设。如福鼎城南桐山书院、福安紫阳书院、宁德鹤峰书院等。

福鼎原来没有县学，清乾隆四年（1739年），分霞浦地置福鼎县，开始建有县学。乾隆六年，福鼎首任知县傅维祖奉文兴建，书院中为文庙，左为崇圣祠，左前为奎光阁，右前为明伦堂，堂后为训导署。乾隆十九年，知县何翰南重修，并于学宫大堂的墙壁刊刻孔子等圣人的经典文章，增设两旁砌石、左右坊表，立下马碑。乾隆二十二年，福鼎知县萧克昌、训导童珩再次组织重修，建卧碑、增学署，修朱文公祠，县学规模得到较大的提升。①

清乾隆二十四年（1759年）六月，李拔巡视福鼎，虽然行程安排得很紧，但他仍抽空察看了县学建设情况。李拔见县学宽敞明亮，蔚然可观，心中暗自高兴。

第二年，李拔又来福鼎巡视公务，见境内田园、庐舍井然有序，百姓穿戴严谨，待人恭敬，他很欣慰。他偕福鼎知县萧克昌再次来县学视察，这里寝殿、门庑、亭阁、斋厨、坊表、碑刻、器数之属无不齐备。两人看了都很高兴，萧克昌借机恳请李拔为重修桐山书院作重修碑记，以为地方增光，李拔欣然提笔作《重修福鼎县学记》，勒石永久纪念。

重修县学后，萧克昌延请名师主讲，聘请清乾隆元年（1736年）进士、前长乐知县黄瑞鹤为山长。黄瑞鹤，潜心古学，因轻慢上司，由此去官，囊空如洗。萧克昌闻其待人宽宏儒雅，聘为桐山书院山长。黄瑞鹤教授诸生，培养了一些人才。乾隆二十四年，黄瑞鹤病逝于桐山书院。李拔怜其贫，个人捐钱资助送其灵柩还乡，让其落叶归根，一时传为美谈。

福安紫阳书院，创立于清康熙五十五年（1716年）。李拔因公务视察福安，

① 李拔纂修：《福宁府志·学校志·学校》，郡守犍为李拔有《福鼎修学记》。

福安廉村

与当地人士相见，他见本地士子品行良善，待人彬彬有礼。时任福安知县程志洛正组织整修衙署、吏舍，请示知府李拔：“福安县署，年久失修，历任知县虽曾修葺一番，但均未全部修好。我想尽力更新之，以壮观瞻，不知是否妥当，希望听听您的意见。”

李拔说：“这个想法好，这是地方致治的根本。现在好官要管理好辖下百姓，百姓等待好官来管理，这并不是只为好看或上级肯定，而是能树立施政风向标，做给辖下百姓看的。因此，地方官长尊重长者，百姓自然不敢不孝；地方官长尊贤贵德，百姓自然不敢不敬；地方官长开诚心布公道，百姓自然不敢不信。这没有其他原因，上行下效，一级做给一级看，树立标准罢了。”①

宁德鹤峰书院，始建清康熙年间。李拔到福宁府任职，振兴地方文教是从宁德西湖开始。在宁德县城西和义门外，池中有七星石，架桥建亭以接地脉。李拔视察书院的四周后，惊叹这里是水星穴，倡文风，如果在这里设立书院，

① 李拔纂修：《福宁府志·学校志·学校》，郡守犍为李拔有记。

宁德十八坊（档案资料，已毁）

将来地方人文一定昌盛。[①]因刻“石湖”二大字于石，李拔有诗：

宁川郭外夕阳斜，刺史犹来访物华。

一水渟泓栖凤鹤，千峰屏障走龙蛇。

元冥镇压炎风息，壁宿峥嵘紫气遮。

他日栽培桃李盛，年年供奉帝王家。

在加强书院的建设中，李拔十分重视解决办学经费问题。他率属僚捐俸银，对表现好的老师给予奖赏，以示鼓励办学。

但生员人数较多，这些经费只能解燃眉之急，终非长久之策。李拔巡视各县后，发现福宁各县都有寺田，而福安特别多。福安古刹林立，良田千顷，数不胜数。每年所收租息，白白让一些不法僧人糟蹋了，租息用尽，甚至有

① 李拔纂修：《福宁府志·学校志·学校·西湖》。原文：“乾隆二十四年，郡守李公拔因公至邑，周览其地，惊曰：‘此水星文风也，若设为书院，人文必盛。’因刻‘石湖’二大字于石，并令知县楚文暻重葺祠宇，多栽竹松。”

的寺僧还将寺田典当吃没了。

李拔议请上级，全面清查福宁境内寺观所管田产，审核各寺收支情况，如果有盈余的，除酌情给寺院香灯钱，其余全部充作府、县义学办学经费，这样既可避免寺田浪费，又为国家培植人才。如福安县，寺院的田租谷，除一半留给本寺香火外，另一半充作书院学生学习补贴经费，定例每年均分。

李拔令霞浦知县清查本境书院学田数量，撰《郡学设立膏火记》并勒石立碑，以防天长日久，又被人侵吞，永保书院学生学习经费。李拔向上级呈报《请拨寺田充书院膏火议》的建议，很快得到上级批准执行。

李拔认为，有规则无人执行，等同于无规则；有学问无处使用，等同于无学问。书院经费较少，难以支持更多生活落魄的学子入学，导致不少有志气的学子难以成才。而府属各县寺院的田产很多，全部供养寺院僧人太浪费，酌情抽取部分作为学子学习补贴，这是把闲置浪费的田产转到更有用的地方使用。[①]

寺租的历史，从明嘉靖四十二年（1563年）开始。当时国家供兵士的给养不足，用寺院的田租六成充用，四成留给僧人用。

寺田充饷的，每亩征银二钱，饷得一钱二分，而以八分缴纳粮差。如，福宁宝镜寺有田一百九十七亩七分六厘，资寿寺有田九亩二分，年收租谷除缴纳粮饷外，余下的归每年修长溪河工动用。另外，宝镜寺田四十八亩六分，年收租谷归书院老师生活补助，按年报销。另宝岩寺有额田一十八亩，因寺废僧逃，寺田已经充公了，现按年收租的谷物变价，除去缴纳国家粮饷外，余剩的充公。

此外，寺院有僧人的，原寺管的田，先前被典当的，遵照谕旨，由寺僧自由募化，赎回的田产归寺院所有。李拔撰写《请拨寺田充书院膏火议》一文，希望各级官吏能实力奉行，务必将寺田租用到实处。[②]

①② 李拔撰：《请拨寺田充书院膏火议》。

纂修府志，存史资政

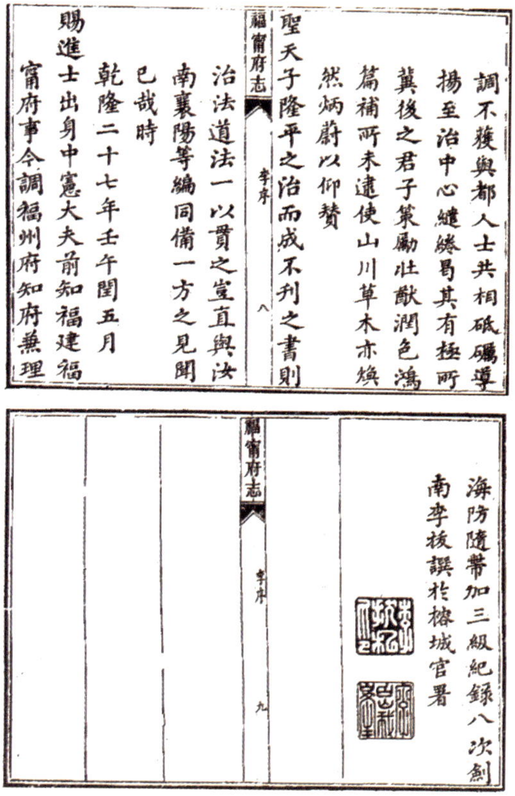

調不獲與都人士共相砥礪導
揚至治中心繾綣曷其有極所
冀後之君子策勵壯猷潤色鴻
篇補所未逮使山川草木亦煥
然炳蔚以仰賛
聖天子隆平之治而成不刊之書則
福甯府志　李序　八
治法道法一以貫之豈直與汝
南襄陽等編同備一方之見聞
已哉時
乾隆二十七年壬午閏五月
賜進士出身中憲大夫前知福建福
甯府事今調福州府知府兼理

海防隨帶加三級紀錄八次劍
南李拔譔於榕城官署
福甯府志　李序　九

李拔撰《福宁府志序》

修志是一项很有意义的工作，以古为鉴，可知兴替。地方志记载了一方的历史与现状，有成功的经验，也有失败的教训，体现出一定的发展规律，具有较高的实用性，这是其他文化典籍所不能替代的，其在资政决策、教育化人、传承历史方面发挥着重要作用。

李拔深知“治天下者以史为鉴，治郡国者以志为鉴”，走马上任福宁知府后，尤其重视纂修地方志。

李拔发现福宁最近的一部志书《福宁州志》，是明万历年间纂修的，已经流传了百余年。万历之后，福宁再也没有修地方志了。想了解当地过往旧事，知情的长者也没有几人知晓，李拔为此叹息良久，决定重修府志。

李拔认为，郡县有志，犹如国家有史、家族有谱。自天官、地舆、典章、文物、建设等大小事，以及食货、物产，记载包罗万象，无不汇聚其中。志书虽然记载的事情年代久远，但后来者阅览后，往往记忆犹新，恍如昨日。装订志书的线头可能都烂了，但其记载的事物，千古流传，修志功在千秋，利在万代。

清乾隆时期，朝廷圣学训深，各省通志，增修精粹。朝廷内府所藏，经、史、子、集，书籍装订之精美，远超前代。福建文教兴旺，人文鼎盛，号称海滨邹鲁。福宁府依山临海，清雍正十二年（1734 年）福宁升州设府以来，休养生息，人才辈出，商贸繁荣发达，地方面貌为之一新。但各种典章档案几乎没有保存下来，想查询一些地方历史资料，都无从考证。李拔认为，这不是盛世应该有的景象。

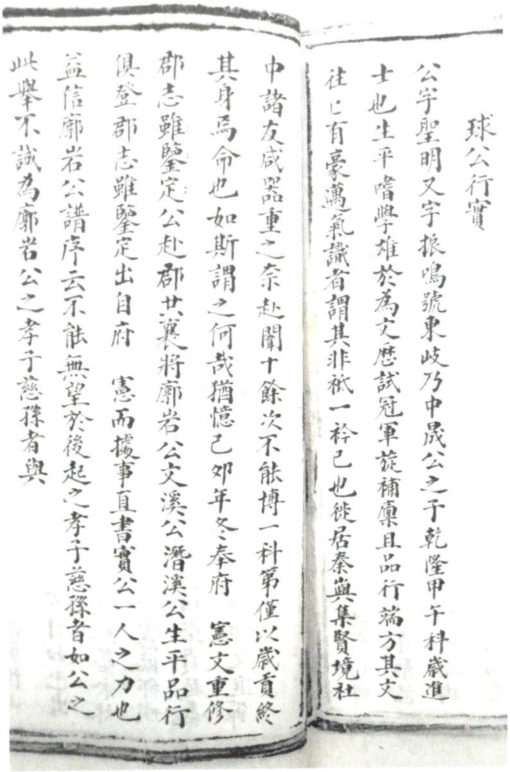
球公行實
公字聖明又字振鳴號東岐乃中晟公之子乾隆甲午科歲進
士也生平嗜學雄於為文歷試冠軍旋補廩且品行端方其文
往已有豪邁氣識者謂其非祇一衿已也徙居秦嶼集賢境社
中諸友咸器重之奈赴闈十餘次不能博一科第僅以歲貢終
其身焉命也如斯謂之何哉猶憶己卯年冬奉府 憲文重修
郡志雖鑒定公赴郡共襄將廊岩公文溪公潛溪公生平品行
俱登郡志雖鑒定出自府 憲而據事直書實公一人之力也
益信廊岩公譜序云不能無望於後起之孝子慈孫者如公之
此舉不識為廊岩公之孝子慈孫者與

福鼎贡生陈振鸣参修府志谱记

修志之事，李拔看在眼里，急在心里，因上任之初，许多更急的政务要先办，如治城墙、修水利、劝农桑等，修志只能暂缓。

清乾隆二十四年（1759 年）五月，李拔上任仅过了三个月，几件刻不容缓的事办完后，他就将修志之事提上议事日程，向上级呈请重修府志的报告。不久，福建巡抚批准重修《福宁府志》。李拔立即全面铺开，亲自撰写《征修福宁及五县志事实序》《檄五县会同学博采访修志序》向辖区各县通告，并召集几位县令一起商讨工作的推进，把修志的具体细项约成科条，发动社会各界力量，分头抓具体，按年编定，倒排时序，大家会齐汇纂。

在修志资料征集之初，李拔召集辖下各位县令训话：“为治若操舟，而悠忽从事，将后之视今，不犹今之视昔耶？”李拔把各县治下之地比作船，县令如船的舵手，辖下万千百姓的幸福寄于一身，要求各位县令认真对待地方政务。[1]

人物是修志的重中之重，在摸清各地适合入志的人选后，除了分县组织人员采集，还发出公函，邀请相关望族派员到府署共襄事宜。如霞浦籍生员卢作彬、福鼎籍贡生陈振鸣等应邀赴府参与其事，把各地符合入志的人物事迹进行采集撰写，去粗存精，并按程序严格审定后入编。

为确保征集的资料公正翔实，避免征集环节参与者有私心。李拔在资料征集过程中多次找有关人员商讨对策，一线指导采辑，亲自严格把关，并向各地乡绅士民了解有关情况。

如各地提供的素材良莠掺杂，质量参差不齐。特别是人物志部分，有的晚辈想褒扬自己长辈师长，有的后辈想彰扬祖先等，不顾入志采编严格要求，恣意增删、私自拔高评价等等。采集人员一旦有了这些想法，征集上来的资料必然会粉饰一番，未能真实反映情况，甚至请托盛行，招摇惹事等等。如果让这些不守规矩、歪门邪道的人得逞，后患无穷，也会影响志书的质量和社会公信度。

李拔发现府志资料征集过程中的问题，及时做出明确指示，要求参与修志人员坚持秉笔直书，堂堂正正、光明磊落，公心办事、据实直书，这样的志书才能取信于民，才能传之后世。[2]

修志过程中，李拔在府署也听到了一些风声，因公务太繁忙，不能一一核实。而各县令又在忙各自辖下的公务，社会监督很难周全。李拔想尽办法抽出几天时间，听取各路采集资料的情况汇报。李拔要求采集人员考古论今，不能仅凭耳闻，更要注重查找相关史料印证，注重一线采集；知人论事，要一一按名称去核实。收集的资料考订无误，成书就好办了。李拔希望大家群策群力，遵凡例、勤动笔、善思考、严审核，共同完成《福宁府志》的纂修。

---

① 李拔撰：《福宁府属五县志叙》。

② 李拔撰：《檄五县会同学博采访修志序》。

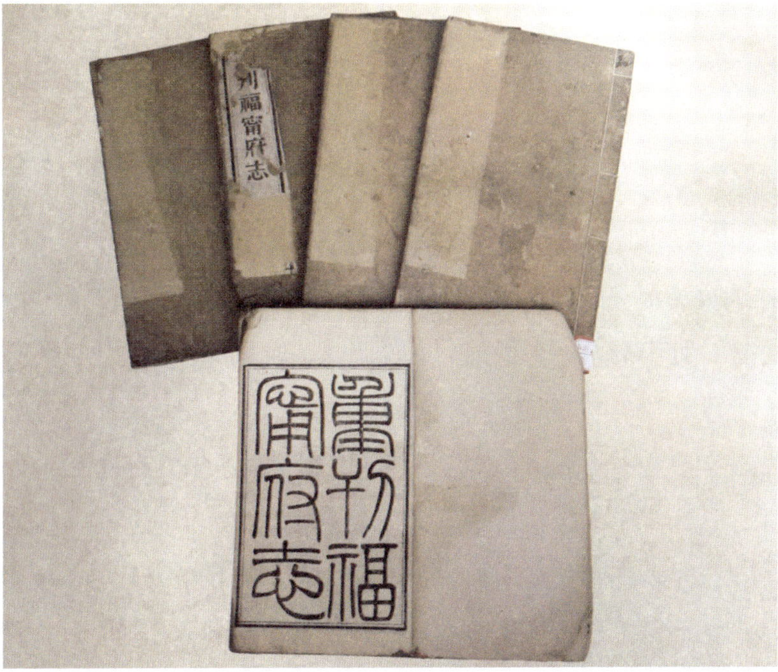

《福宁府志》线装本

在李拔的号召下，地方文献资料不到一年时间基本备齐，府志初稿完成。正当李拔进行最后修改，准备定稿付印时，朝廷一纸飞书，调他任福州知府。

李拔自己认定的事，从不假手于他人，虽然已经调任福州，他仍把《福宁府志》书稿带到福州。

福州是八闽首府，督抚同城，政务巨繁，“每天各地报来文书等着处理，忙忙碌碌就大半天了，一有空闲就提笔修改志稿，期间又要处理临时紧急事务，而被多次打断。”即使公务如此繁忙，李拔坚持每晚在荧荧烛火下不断笔耕，虽意倦神疲，仍坚持不停，又经一年多的努力，《福宁府志》终于纂修完毕。

成书之际，李拔又请福建布政使曹绳柱[1]，福建粮驿道、分巡福州、福宁

① 曹绳柱（1702—1763 年），字介严，清雍正八年（1730 年）进士，时署福建布政使，是雍正、乾隆时期享有盛名的廉吏，著名书法家。

二府的朱珪[①]，福建按察使司盐法道道员、前任福州知府徐景熹[②]，继任福宁知府额尔金泰[③]，以及翰林院编修，提督陕西、广东、湖南三省学政的吴嗣富[④]等人作序，为府志增光添彩。[⑤]

曹绳柱、朱珪、徐景熹、吴嗣富等，为人光明磊落，耿直忠介，均以诗书、品行闻于世，是当时政界的清流，与李拔志同道合。

李拔编纂《福宁府志》时，能邀请到其主要上司和福州、福宁两地前后任知府作序，处事周全，考虑缜密。说明这一时期的李拔与上司相处融洽，工作得心应手。

曹绳柱在序文中写道："乾隆己卯年，李拔任福宁知府，任内政事克勤，兼为博采，认为福宁旧志年代久远，记载不够详细，担心近代见闻湮没，议请增修。第二年调任福州。李拔说：'重修府志从我手上开始，就必须在我手上完成，不敢以工作调任推诿。'他又把书稿带到福州任上，再精心校对修改，又经过十几个月努力，志书修成。"[⑥]

朱珪在其所作序文中写道："时福州知府李拔，先自福宁移任这里，他说曾编撰《福宁府志》，有草稿未成书，但他对我说一定要做成。但福州是福建首郡，日夜治事不得休，哪有时间修志书呢？今年春，李拔突然对我说：

① 朱珪（1731—1807 年），字石君，清乾隆十二年（1747 年）进士，时任福建粮驿道，分巡福州、福宁二府兼管水利，是李拔的顶头上司。

② 徐景熹（生卒年不详），字骖雨，号朴斋，进士，钱塘人。绩学能文，三世以翰林院起家，勤于吏治，识大体，孜孜以修志为亟。清乾隆十五年（1750 年）任福州知府，是李拔的前任，时署福建按察使司盐法道道员，乾隆十九年重修《福州府志》。

③ 额尔金泰（生卒年不详），满洲正黄旗，吉林长白人，举人出身。中宪大夫，清乾隆二十五年（1760 年）任福宁知府，是李拔的后任。

④ 吴嗣富（生卒年不详），字湛山，清代著名诗人，清乾隆四年（1739 年）进士，翰林院编修，提督陕西、广东、湖南三省学政，是李拔的好友。

⑤ 《福宁府志·序》，署福建按察使司盐法道钱塘徐景熹撰。

⑥ 《福宁府志·序》，署福建布政使司事新建曹绳撰。

‘我母亲故去，马上要返乡，之前所作《福宁府志》，幸亏已成书，立即安排刻字付印，以免遗忘。’令人称奇的事，这么浩大的工程，为什么完成得这么快？李拔说，他利用听讼决狱间隙的时间，晚上秉烛修改，不假他人之手，经过十几个月的努力完成，实在勤奋！”①

李拔编修《福宁府志》共四十四卷，分天文志、地理志、建置志、食货志、学校志、秩官志、选举志、人物志、杂志、艺文志等十部分。

李拔在序文中表示，自己当县令时，一些利民好举措，一出台使命必达，而当知府后，许多好措施，要各县令去落实，未能做到令行禁止，深感执行效果远不如过去。

> 曩者余在楚北，尝三任县令，一佐郡治，所至辄披览志乘，讲求利弊，凡诸兴除，娓娓若家人事。长阳一志，于物产、水利、学校、仓储，记载特详。自序谓：长邑褊小，如窭人子自数家珍，虽涉芜陋未足为愧。夫布、帛、菽、粟，原以适用为贵。苟有益于民生，佳麦良蚕皆登宝箓，岂必争奇斗巧，始尽作志之能事乎？今且靦然作郡矣，既以治家者治邑，即以治邑者治郡，非有二也。宁地滨海，其士朴而民淳。徒以生计微薄，利源未启，民性未复。虽早夜勤思，多方董劝，而有司奉行未能即达。自视所为，不如作令时远甚。然私心自矢，结习未忘。每巡行属邑，遇水泉流衍，必曰：此可以资灌溉艺黍稷者也；遇山原高广，必曰：此可以教种树供蚕织者也；遇官民积贮，必曰：此可以谨盖藏备旱潦者也。至于士女廉贞、子弟俊异，又必曰：此可以升扬孝秀，振起顽懦者也。凡所为均其蓄泄，课其勤惰，权其丰凶，树其标准者，一一经营而未敢安。即今含毫濡墨，心游目想，满志踌躇，乐且忘倦，虽复一家非之，一国

① 《福宁府志·序》，日讲起居注官、翰林院侍读学士、大兴朱珪撰。

非之，岂有悔哉？[①]

府志既成，各县的县志亦就。李拔为五县志作《福宁府属五县志叙》，在该文中，李拔说辖下每县所管之地有百里，考证过去，一个国家都城的城墙长度不过三百丈，贵为公侯，封地也不过百里。以古代百里封侯，说明县令职位之重，他引经据典，劝勉县令要用心为政，不要以为县治小，而敷衍了事。辖区百里，相当于过去的诸侯，各县令要有诸侯一样的责任感，要施行德政、改良风俗，建立不朽功业，才能宣传布施恩德的心意，而昭彰后人。倘若没有完备的法令制度，只是简单地继承前任的政策，那么工作刚开始就可能出偏差，即使向化从风，也没什么可以效仿的，这难道不是过失吗？很快就会因居官不称职，而受到责难和非议。

过去的事不能等到现在完成，就像现在的事不能等到将来做一样。一个人即使有千年的智慧，也没有不老的身躯。生命有限，智慧无穷，为官一任当殚精竭虑发挥自己的才智，以时不我待、只争朝夕的精神，为一方百姓办好事，办实事，办成事。何况为官，如驿道上的过往馆驿，不可能长期羁留，治理地方政务如舵手撑船，不可能悠闲散淡，都要紧迫做事。如果松松散散，不积极作为，误了政务，后人看现在，难道不像现在看过去吗？

李拔认为，作为地方官长，辖下百姓万千幸福寄于其身，为治若操舟，不能悠忽从事。

古语云："以铜为镜，可以正衣冠；以史为镜，可以知兴替；以人为镜，可以明得失。"李拔以做官如舵手撑船作类比，阐述为官一任肩上的责任。[②]

《福宁府志》成书后，福安名士陈上储作《呈福宁府志事实序》，文

① 李拔纂修：《福宁府志·李拔序》。

② 李拔撰：《福宁府属五县志叙》："夫古之不能无待于今，犹今之不能无待于后。一人有千岁之智，而无百岁之身。况居官如传舍，为治若操舟。而悠忽从事，将后之视今，不犹今之视昔耶？"

中说“福宁千百年来，文献资料浩如烟海，但能留传下来的很少，即便有也不到十分之一。只有李拔以自己的旷古才情和坚韧志气，包罗万象，秉笔直书，宣扬盛世，成就府志，志书应当与《华阳国志》《襄阳耆旧》并传之千古，永垂不朽。”高度称赞李拔修成《福宁府志》之功。

吟赏风雅，题留诗咏

清乾隆二十三年（1758 年）秋，李拔在湖北汉阳府同知任上，曾做过一个奇怪的梦，梦见自己悠游一处海滨之地，但见山顶巨石，登高远望，俯视城市，云物山水，令人心旷神怡，李拔不觉大笑，于是醒过来。

说来巧合，不久，李拔升任福宁知府。等到了福宁府任职，李拔见府城外山石嶙峋，溪水回绕，治下风景与他先前梦中所见一模一样。李拔无比惊叹，

李拔题“春满南天”（霞浦建善寺）

以《神石入梦》诗刻于石，以纪此奇事。[1]

李拔在福宁任职仅一年零三个月，期间勤于政事，注重地方农业水利，加意海防武备。公务之余，他喜山水而好吟哦，足迹踏遍辖下各县，题书留刻满山石。李拔巡历辖境各地，往往一路访察民情，一路诗文吟咏，一路题书刻壁，不失风雅之美。

在霞浦县台州岭，距福宁府城东向二十里，传说过去有一妇人背着银子，从台州来助凿这条岭，而得名台州岭，山巅建有亭。李拔题匾额悬于亭“胜埒天台”，又作诗“闻道天台日月长，落花流水两茫茫。蓝溪亦有登瀛路，好去寻芳认阮郎”刻于石。霞浦杨梅岭，过去盛产杨梅，向东至九里亭，向西至十八溪。这里道路十分崎岖，难以行走。南宋嘉定十六年（1223年），霞浦知县杨忠砌石为道。清乾隆二十四年（1759年），李拔为杨梅岭题书“豁然天开”。

李拔为府署东西双泉井，题书“井养不穷”；在金钟湖，李拔题“湖光照耀”；白鹤岭之半的黯井，李拔题书“灵泉普济”；在赤岸堡，李拔题书“桥通赤岸，水泻银河”；在虎巢关，李拔题书“除弊察奸”，李拔题其坊“龙骧虎踞”；在霞浦县西四十里盐田关，题其坊“海山重镇”；在霞浦松山对面的南岭关，刻其石“海若寺观”；在暗桥，题书“暗桥柳色”；在盐田公馆，李拔题书“盐田待渡”[2]。

在霞浦县治东的察院公署，李拔因公务至此，与县学生员品学论文，多有心得，题匾“道脉真传”；在沙井溪，柘洋里郑宗远造舟以济，题书“义渡济美”；在福宁府治内登龙桥，李拔题书“海门关锁”；在南门外的月波

---

① 李拔撰：《福宁府志·艺文志·诗》，李拔《神石入梦》：“戊寅之秋，予在汉江，梦游海滨，见山顶巨石，登而望之。俯视城市，云物山水，心旷神怡，不觉大笑，遂惊寐。越数日，闻报擢守福宁。及之官，见郭外山石嶙峋，溪水回绕；郡治风景与梦中所见无异。始信事由前定，良非诬也。”

② 李拔纂修：《福宁府志·建置志·公馆》，盐田公馆。

李拔题“沧海一粟”（宁德白鹤岭）

李拔题“鹤翥鸾飞”（宁德白鹤岭）

桥，李拔题书“郡域拱护”；在霞浦西门外的龙津桥，李拔题书“龙首要津”；在资寿寺，李拔题其壁“禅心寂静”；在龙首庵，李拔与客来游，题书刻石“海国桃源”；在建善寺，题书刻石“春满南天”[①]；在龙泉庵，题书“泉水流香”；在延寿阁，题书“宏开寿域”；在福宁府城东境四牌楼，李拔建四坊，分别题书“化行俗美”“政通人和”“温麻古郡”“蓝水名区”；在福宁府城西

① 李拔纂修：《福宁府志·杂志·寺观》。

寿宁县南阳《紫云寺》诗（叶明珠 摄）

南一里岭尽处的学海亭，题书“海若奇观”；在梅洋东三里许，李拔巡察过此，流连忘返，题书“高山流水”四字，刻于石壁之上。

除了公署所在地，李拔在辖内各县均有题刻。如在福鼎王孙乞儿厂，题书“芳草留青”；巡历分水隘，题书“分水雄关”[①]；在太姥山烽火门关，题坊“闽海波澄”；在沙埕流江渡，题书刻于石“逝者如斯”。

在福安的赤石关，李拔见这里悬崖赤壁，下临溪流，潺潺有声，遂刻其岩“高山流水”；在大来关，题书“君子斯嘉”；在五岭关，题书“五岭春回”；在白石关，题坊“水陆咽喉”；在栖云渡，题书“江门积翠”；在白石渡，题书“天风海涛”刻于石；在白沙渡，题书“碧月留金”；在黄崎镇渡，题书“光景常新”；在龙首桥，题书“山环水带”；在海山奇观楼，题书“岳色潮声”。

在宁德的白鹤岭关，下临绝壑，一线羊肠，李拔题书“西南屏蔽”；在宁德县西二十里的界首关，与罗源接壤，题其坊“二郡鸿沟”；在飞鸾岭关，

① 李拔纂修：《福宁府志·杂志·关隘》。

李拔所作《车岭泉》诗（叶明珠 摄）

乘潮一百八十里可至霞浦县盐田，途经白匏山、白马门等处，飞鸾岭关最为要隘，与鹤岭对峙，李拔题“鹤翥鸾翔”[①]刻于石；在金鳌渡，李拔题书“海舰乘风”；在金垂渡，李拔题书“彩漾金澜”；在周墩的蓬莱桥，李拔题书“瀛洲在望”；在白鹤岭下的御仙亭，题书“凭虚胜迹”。

在寿宁的南阳题《紫云寺》诗；在钱塘渡，李拔题书“玉柱天澜”；在正阳渡，李拔题书“青天白日”。

寄情山水外，李拔对清守苦节的贞妇特别褒奖，给辖下节妇烈女等题词无数。如吴万镦妻张氏，年二十六，家里贫困，孩子幼小，矢志守节，李拔题书“宝婺祥光”旌之；吴永愉妻谢氏，年二十一，没有生养孩子，靠自已纺织赡养婆婆，苦节终身，李拔题书“懿行可风”旌之；秦屿贡生卢允宏女，矢志孀守，李拔题书“清标彤管”旌之；陈楷观妻周氏，孀居四十六年，李拔题书“节凛冰霜”旌之；生员欧向乾妻俞氏，守节三十二年，李拔题书“节孝可风”旌之；蔡引娘，矢志守义，抚养孩子长大成人，李拔题书“纯孝苦节”旌之；林娟娘，坚贞自守，始终如一，李拔题书“松筠劲节”旌之；其他题匾，如“闺阃正气”“巾帼完人”“画荻霜清”“节孝双清”“岁寒松柏”“劲节维风”等，不下几十幅，存于福宁各处山村乡野。随着岁月

① 现存宁德白鹤岭古官道旁的摩崖石刻上。

流逝，这些匾额题书历经时光侵蚀，多数消失得无影无踪，渐渐没入历史的长河中。

李拔性风雅、好吟哦，巡视各县地吟诗无数。如霞浦江，在都城西，李拔题诗：

江浦清无极，政闲每出游。

朱霞天半落，明镜水可浮。

返照蛟龙动，连空云树留。

长歌凌浩渺，色色绚芳洲。

在沩仰宗创始人灵祐禅师出家地霞浦县建善寺，李拔有诗：

放生池上涅槃台，水月松风次第来。

绣谷春深无限意，千秋寿域一齐开。

在砚江，与霞浦江接流。五代后周时，许光大为沿海都巡检，海贼上岸，许光大持短兵接战，力单难支战死，乡人立祠祭祀。李拔有诗：

砚江东逝水迢遥，流险源深魂欲销。

廓落河山春荡荡，迷离烟雨夜萧萧。

谁怜碧血凝涯浒，肯把丹心付海潮。

五代战争人已去，惟余白练洒长条。

在霞浦县东二十里的倒流溪，李拔有诗：

万派朝宗此倒流，倒流尽处自回头。

须知世事无终极，天地循环一扁舟。

在文公祠右的朱公井，李拔有诗：

元晦祠前潭水清，大书深刻甚分明。

源头一派来洙泗，未许凡夫制缩盈。

在福鼎城关的夹城溪，每逢夏、秋之际，暴雨涨溢，海潮汹涌，山上洪水倾倒而下，无法排泄。夹城溪就如汪洋大海，淹没房屋，城东北尤当其冲。李拔有诗：

桐山夹峙海门开，千里双江倒泻来。

谁向中流资砥柱，洪波万项一齐回。

在福鼎的蓝溪，每年八月，溪水色蓝，可以染帛。相传太姥染布处。李拔有诗：

蓝溪胜迹古流传，染就轻盈叠翠烟。

试看年年秋水碧，混同莫辨蔚蓝天。

在福安县西的龟湖，李拔有诗：

扆山泮璧漾龟湖，气应江湖忽有无。

群鲤化龙千载瑞，峥嵘头角壮皇图。

在邑西南二十二都的廉溪，唐代薛令之弃官归隐。唐肃宗即位，思其旧德，因名为廉溪。李拔有诗：

明月清风绝跻攀，挂冠心共白云间。

霞浦滩涂（夏东海 摄）

遂初谁续当年赋！高卧廉泉让水间。

在六都的沙潭，李拔有诗：

海滨何事不奇逢，千尺澄潭碧汉通。

下有骊龙藏水底，每乘雷雨挂长空。

在宁德一都的泽民桥，李拔有诗：

底事梁成共率由，全凭鞭石障中流。

泽民二字常思义，留得恩波日夜浮。

在寿宁的七星桥，李拔有诗：

湖上危桥叠石横，宛如杓柄挂虚清。

游来水气涵天气，回首星辰足下生。

在安昌的忠孝桥，李拔有诗：

白日青天望远潮，江头立马玉聪骄。

君亲大节俱无负，方许驱驰过此桥。

另外，寿宁的牡丹，在福宁最负盛名。李拔有诗：

富贵文章就，上林早发祥。

三春双凤主，一旦百花王。

灿烂浑成紫，纷被不断黄。

玉阶钟国色，金殿散天香。

艳夺云霞体，芬流锦绣肠。

名园归去晚，拂袖有余芳。

李拔在福宁诗作很多，而编入《福宁府志》艺文的诗，应该是其得意之作，选录七言律诗如下：

《寻乐亭讲学示诸生》：“万仞宫墙接太虚，旁开精舍乐何如？千秋教学归神化，一室行藏任卷舒。由道莫教荒尔业，升堂且自爱吾庐。春生庭院迟迟日，刺史还来课读书。”

《雨后望南岭》：“甘霖乍霁望晴空，人在蓬瀛淑景中。芳甸正酣留夕照，

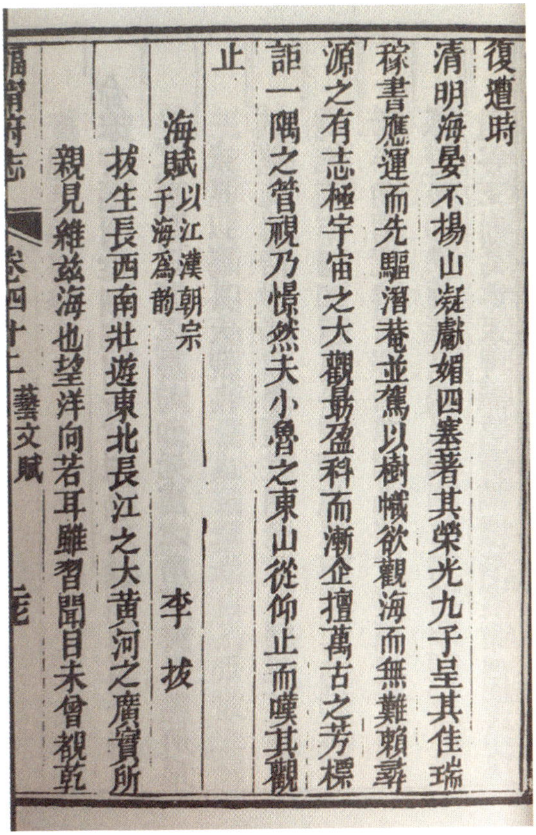
福寧府志　卷四十二　藝文賦

復遭時
清明海晏不揚山凝獻媚四塞著其榮光九子呈其佳瑞
稼書應運而先驅潛菴並駕以樹幟欲觀海而無難賴尋
源之有志極宇宙之大觀斯盈科而漸企擅萬古之芳標
詎一隅之管窺乃憬然夫小魯之東山從仰止而嘆其觀
止

海賦以江漢朝宗于海爲韵　李拔

拔生長西南壯遊東北長江之大黃河之廣實所
親見維茲海也望洋向若耳雖習聞目未曾覩乾

李拔撰《海赋》

锦屏初洗挂残虹。岚光拖碧连云重，山色浮蓝上汉通。点染真沾时雨化，不随桃李媚春风。”

选录绝句如下：

《劝农》：“刺史行春日，郊原变秀时。劳农分浊酒，归马赋新诗。”

《过飞鸾渡》：“几度骖鸾过玉津，天风吹送海潮频。沧桑转眼寻常事，何自胸中着点尘？”

《太姥见梅步壁间韵》：“玉骨冰肌自有真，青松翠竹共为邻。岁寒匪直称三友，生子调羹作荩臣。”

值得一提的是李拔在福宁作《海赋》《福宁郡赋》等文，词句瑰丽，气势磅礴，意境宏远，堪称经典。李拔出生于四川内陆，向往海洋，任职福宁属“闽在海中”。李拔登山观海，旁远览胜，而笔力雄健，性情豪迈，有感而发，作《海赋》，浓墨重彩地描绘了福建海岸的壮观景象。长长的海岸曲折绵延，留下或雄奇，或柔缓，或瑰丽的岬角地貌。海上岛屿星布，港湾汇集，海河浩浩荡荡。如赋中所绘“松山蜿蜒而南汇，洄环万岛；砚屿透迤而东折，吐纳三江”。蜿蜒的东南沿岸，百川到海，奔流不息。但见大浪排空，惊涛拍岸，卷起千堆雪，景象奇丽无比。站在海岸上，遥看海面，波涛澎湃，激起高昂的心怀。赋中描述“冲开石壁，霓迅雷鸣；撼如珠宫，星摇月乱”的大海之景，也是那个时代的写照。

丰富的想象，浪漫的色彩，展现海洋梦幻般的境界。晴空万里，或月夜云销之时，海面壮阔，万物汇集，境界邈远。“千尾鱼鳞，鱼压缥缈；万队文贝，鲛室逍遥。”这是丰富的海洋生物世界，缥缈而逍遥。①

李拔甚至在《福宁郡赋》中也数点了山珍海馔，有“鲈、鳟、魵、鲤，环大海而鼓鳍；鳝、鲫、鳎、鲔，赴长江而激汋。车螯、蟛蜞，合鼋鳖蜃蛤而入清流；海月江珧，同虾、蟹、蛍、蛎以游深壑。”把海天联系在一起，思绪从浩渺大海中，乘着仙槎穿过古渡而进入天河，牛女双星，熠熠生辉。海上堪比蓬莱、瀛洲仙境，暮霭清流，澄辉返照，金台、玉阙一一呈现。探寻宇宙，永无止境，传说中的仙境令人神往，“缅八极之苍茫，桑田变易；望三山之缥缈，仙客招邀。”②

在福宁期间，李拔对太姥山胜景颇感兴趣，上任之初，因政务繁忙，一直没有上山游览。直至清乾隆二十五年（1760 年）初，他因公务到福鼎视察后，在府通判冯栻褒、福鼎知县胡建伟的陪同下，登临太姥山，观览胜景。

在白云寺，李拔仔细看了寺僧提供的明代谢肇淛撰写的《太姥山志》，

太姥山之巅（陈律鹏 摄）

① 李拔撰：《福宁府志·海赋》。

② 李拔撰：《福宁府志·福宁郡赋》。

赞赏该志书写得独到之处。李拔兴致很高，他登临太姥之巅摩霄峰，并题书摩崖“太姥摩霄第一峰”[①]。返程之际，李拔还令福鼎知县胡建伟为白云寺建一座太姥娘娘殿，在摩霄前建一座观海亭，他题联“仰观三极星辰近，俯视四垂日月低”。这次登太姥山游览回来后，李拔还作《太姥山游记》一篇，抒发登山的感受，堪称经典：

> 夫登山者必陟其巅，观水者必寻其源，入道者必求诸圣。不陟其巅，不知其众山之卑；不寻其源，不知众流之下；不求诸圣，不知异端曲学之小。此孟子所以有“登山小鲁，观水小澜”之说也。后之登斯山者可以悟矣！[②]

① 李拔在太姥山之巅题摩崖“太姥摩霄第一峰”，曾多次往寻不见，疑已毁，或太姥山植被繁茂，遮盖其下，也未必可知。

② 李拔撰：《福宁府志·太姥山游记》。

第三章

勤勉惠政福州

福州府地处福建沿海，下辖十县，是中国东南之山水秀地。清乾隆二十五年（1760 年）三月，福州知府一职空缺。乾隆皇帝下旨，命闽浙总督庄有恭、福建巡抚吴世功在全省知府中拣选合适人员调补。经司道具呈全省知府情况，唯有李拔获“精明干练、才浮于任，实堪调补”等评语，故而奏请朝廷。朝廷依议，调李拔补授福州知府，他于同年四月十九日到任。李拔任福州知府后巡察十县，劝农桑、修水利、治城池、课书院，将治理福宁的成功经验推广到福州，教养百姓，不辞辛劳。李拔在任三年，政事通顺，百姓和睦，境内民众受其恩惠，百业振兴。

修缮署衙，以壮威仪

两郡争守图

福州府公署，历代有过修葺，随着时光流逝，风雨侵蚀，屡修屡坏。李拔调任福州府时，府署已经好多年没有修理了，破损特别严重。

公署衙门代表地方官府的形象。李拔上任伊始，即着手组织修理公署，呈文报修。但不知何故，上级没有批准李拔的议请。李拔争取不到修理经费，只好另谋出路，他带头倡议捐出自己的俸银，确定必修项，量力而修。

这次修缮，李拔在府署照墙题“南天冠冕”，在府署大门题联，从大门进入仪门，也增加了门联。仪门内两旁为福州府署“六房”，仪门之后是吏舍，中间为大堂。

李拔在大堂增题匾“天理国法人情”。在大堂后修建一条川廊，刻石“十

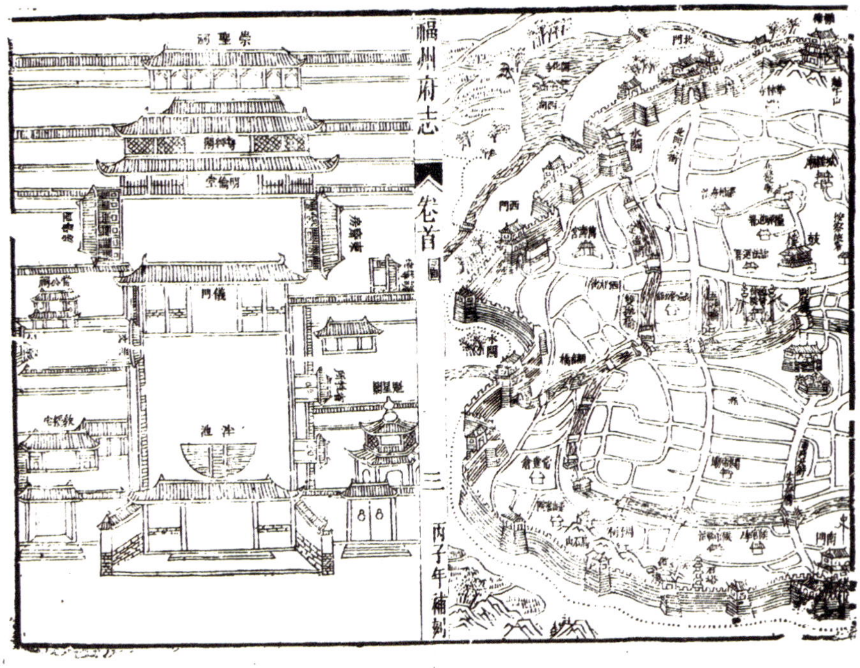

福州府城图

闽宜蚕”，进了宅门，内为府署二堂，二堂侧为冰鉴堂。

福州冬天向来不结冰，偶尔有也是冰薄如纸，很快就融化了。如想取冰为镜，几乎是不可能的。李拔借《冰鉴》引申，劝诫为官者主政一方，要以冰雪为心，事至物来，朗然自照，要用心为政，谨慎从事。同时，李拔以此自勉，作《冰鉴堂跋》高挂在墙，以此自警。①

冰鉴堂往西，有屋三间，李拔题写“师俭”二字，高挂于堂，并作《俭箴》和“静正廉平”四字，刻在墙上。

李拔认为，俭以养德，对为官者尤其重要。为官者若能够秉持严以律己，

① 李拔纂修：《福州府志·艺文志·冰鉴堂跋》。原文：“冰者寒德，晶莹澄澈，而清冷自甘，不趋炎热，故足嘉也。福地无冰、偶一有之，其薄如纸，旋即化去。欲求为鉴，不可得已。守斯土者，能以冰雪为心，确乎不易。事至物来，朗然自照，涣然冰释。庶履霜之戒，冰山之倚，其或免焉。因揭之于堂以为鉴。”

奉守清廉，日常的俸禄虽然有限，但已足够一家老小享用。为官者如果每天锦衣玉食，任意挥霍，日常俸禄根本不够开销，一定会想办法弥补不足，进而贪污受贿，终至身败名裂，而能够恪守官箴的为官者太少了！因此，为官者要养成勤俭好习惯，节约开支，以俭为师，以礼为准，衣食住行，用之有度，这样则利国利民也利己！①

福州西湖公园荷潭

冰鉴堂之后为公署后堂，这里有一棵古榕树，枝杈遮天蔽日，大如华盖。李拔认为，参天的古榕树能够蔽日迎风，夏日乘凉，受荫良多。而榕树主干虽粗却没什么用处，即便如此，榕树的枝叶婆娑，犹荫十亩土地。何况作为人，倘若一朝得志，出仕为官，在一邑就要荫一邑，在一郡就要荫一郡，在天下就要荫天下。李拔以榕树精神类比，为官者要克己奉公、勤政务实，从而达到庇荫一邑、福荫百姓的目的，并作《榕荫堂跋》勉励自己，要坚

① 李拔纂修：《福州府志·艺文志·俭箴》。

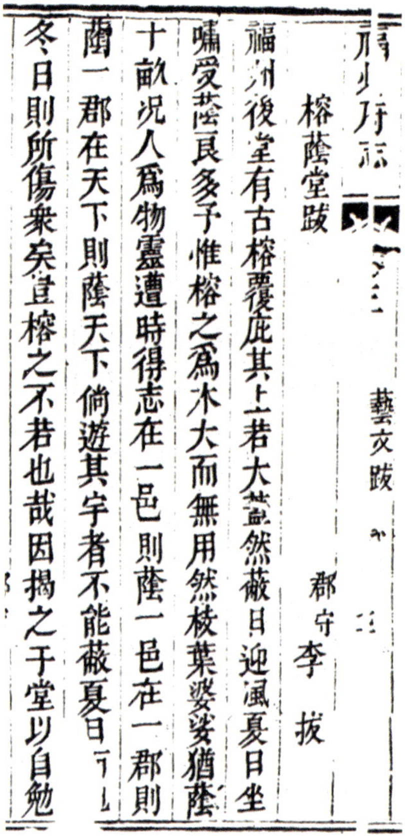
福州府志　藝文跋

榕蔭堂跋　郡守李拔

福州後堂有古榕覆庇其上若大蓋然蔽日迎風夏日坐嘯受蔭良多予惟榕之爲木大而無用然枝葉婆娑猶蔭十畝況人爲物靈遭時得志在一邑則蔭一邑在一郡則蔭一郡在天下則蔭天下倘遊其宇者不能蔽夏日而

冬日則所傷衆矣豈榕之不若也哉因揭之于堂以自勉

李拔撰《榕荫堂跋》

守初衷，为官一任，造福一方。[①]

“为官一任，造福一方”，是古往今来官员追求的目标和价值体现，也是清官廉吏的评判标准。范仲淹直言政弊，屡次被贬，然而，他无论是在京为官还是被贬地方，无论是临阵抗敌还是庆历新政，都是几十年如一日勤政为民，病逝任上后，朝野哀痛，百姓聚众举哀；于成龙宦海生涯二十年，从知县升至兵部尚书，每到一处，政绩斐然，三次举“卓异”，深受士民爱戴，被康熙誉为“天下廉吏第一”。

习近平总书记在宁德工作期间接受《安徽日报》记者采访时针对干部“清廉从政”时指出：“‘苟非吾之所有，虽一毫而莫取’，这是对党政干部的起码要求。那些利用手中掌握的某些权力去谋私、贪污受贿、鱼肉乡里则是我们所不齿的。当然，单是廉政还不够，还要有政绩，要能改变当地面貌，促进经济发展，提高生活水平，所以，我提倡‘为官一场，造福一方’。”[②]

古人云：“当官之法，唯有三事，曰清、曰慎、曰勤。”要做到“在一邑则荫一邑”，就要以清廉为根本，慎用权为保证，勤政为基础，坚持“民

---

① 李拔纂修：《福州府志·艺文志·榕荫堂跋》。原文：“福州后堂，有古榕覆庇其上，若大盖然。蔽日迎风，夏日坐啸，受荫良多。予惟榕之为木，大而无用。然枝叶婆娑，犹荫十亩。况人为物灵，遭时得志，在一邑则荫一邑，在一则郡则荫一邑，在天下则荫天下。倘游其宇者，不能蔽夏日而喧冬日，则所伤众矣，岂榕之不若也哉。因揭之于堂以自勉。”

② 习近平著：《摆脱贫困》，福建人民出版社，1992年7月。

福州西湖景仰先贤园

本至上”的执政理念。

本根不摇则枝叶茂，枝叶茂才能庇荫。为官与榕树的作用一个道理，官员如若自身思想根基不稳，道德底蕴不深，廉洁防线不牢，造福一方、荫一邑就无从谈起。因此，作为党员领导干部要牢牢把握“权力是党和人民赋予的，代表人民行使”这个大前提，心怀敬畏、慎独慎微，做到权重愈谨慎、位高愈谦逊、志得愈谦恭，保证用权规范科学、公平公正、透明公开。

从榕荫堂向西有廊轩，前有桂树，枝叶圆如华盖，不知何时所种，桂树根干盘屈，大十数围，倒地复起，蜷曲向前伸展。每年秋末开花，花朵金色，香闻数十里。李拔以“丛桂”命名，又在岩石上刻“海国天香”四字。[①]

清乾隆二十六年（1761 年）六月中旬，某天深夜突然下起暴雨，桂树被风吹折大半，根分两半。李拔很痛惜，命人堆起石头作围台，并在台子上填土加以固定，桂树生命才得以延续。这年秋天，桂树花开得比往年更繁盛。

“桂树花开得既好看又香，也会为他物所忌，才被吹折。由此引申，可见好东西必须有正直人加以护持，否则被人破坏时，坐视不救，再好的东西

① 李拔纂修：《福州府志·艺文志·福州丛桂轩记》。

也将香消玉殒。”李拔说到。

从桂轩的后面是神桑处，李拔曾撰《神桑铭》。从桂轩的前右方是书室，书室前有一池，池潭旁有棵古榕树，树影映射在池水中。据民间传说古榕很神奇，求解问事特别灵验，在当地负有盛名，古榕为此被人们奉为神树。大家都说池子能知晓树意，榕树实际上是因池子而神奇。

李拔说：“这水清澈时，可以照出物体，当人心中无杂念时，可以英明地处理事情，做学问这样，为官也如此。做官的人要经常保持心地清净，减少欲念，心中也就没什么阻碍，心明如镜，自然就能够思路清晰，公平公正地处理政务。否则，被个人贪念禁锢闭塞，心性也就被惶惑。所以做学问、做官，都应当要想想这个道理。”因此，为官者必须要有公正无私的心性和品质，剔除心底的私心杂念，秉公办事，不愧于己，不负于心。要耐得住清贫，抗得住诱惑，真正做到眼不迷、心不乱、手不伸。[①]

从政者仕途终有止境，而做事却无止境。评价一个人平生成功与否，职位高低不是唯一的指标。职务升迁固然是好事，但也是可遇不可求，在一个岗位要对得起这个位置，做的事要对得起这份工资。人生时光有限，大可不必在不切合实际的想法上折磨自己，而应该抓住眼前时机，在现有的岗位上尽自己所能挥洒汗水，为民造福，成就事业，不枉此生。

古语云：“事当知足心常乐，人到无求品自高。”要舍弃满脑子的功利与浮躁，从而获得一种物外的自在与宁静。无欲无求才能知足，知足才能常乐。否则私欲恶性膨胀，往往就会走极端、出问题，走上犯罪道路，搬起石头砸自己的脚，自断前程。

为官者要正确对待名利诱惑，心静如水。要始终牢记自己的责任，坚持

① 李拔纂修：《福州府志·艺文志·清照池跋》。原文：“郡署西轩，旧有一池，上植古榕，能照池中，素著灵异，奉以神树。说者谓池能照树，树实以池而神。理或然欤。夫水至清则能照物，心至清则能烛理，为学以之，居官亦然。清心寡欲，中无滞碍，明睿所照，自然鉴空衡平。否则，私欲锢蔽，心志回惑，譬犹反鉴索照，虽有余明，将焉启之。故为学居官，当思此理。”

福州西湖开化寺

权为民所用、情为民所系、利为民所谋，心里时刻装着群众、关心群众，做到“不为名利失心，不为权欲熏心”。

绕过清照池往西是射圃，再向前为荷池，池上有亭，亭上有楼，这座亭就是李拔修建的望农亭。而师俭堂东面有荔枝园和桑树园，这些荔枝、桑树都是李拔亲手种植的。李拔教民种桑养蚕，成功后教民推广，他在此还修建蚕桑亭。

整修福州府公署后，李拔看到省城的谒见公厅破败不堪，已经很久没有修理了。清乾隆二十七年（1762年），李拔倡议修葺，并题匾额“和衷共济”，联曰：“萃上国之衣冠，庆一堂跄跄济济，大法小意，随著循良光汉治；敷海天之雨露，快十郡解解熙熙，民安物阜，音流赞化决闽疆。”①

此外，李拔督促永福县令修缮县城。永福县城，于清乾隆二十六年（1761年）五月动工，以砖石筑以灰土，即旧基为城，开辟四个城门，一处水门，敌台楼檐，一应俱全。工程费银四千三百五十两，经过五个月的整修，终于完工，李拔撰《永福县修城记》以示纪念。②

① 题匾、楹联现已不存。

② 李拔纂修：《福州府志·艺文志·永福县修城记》。

教养桑蚕，惠及百姓

清中期以前，福建很少有人从种桑、养蚕中得到收益，偶尔有个别人试养，多因不得法，养蚕不能成丝，而最终放弃。清乾隆二十四年（1759 年）春，李拔从湖北调任福宁后，教当地百姓种桑、养蚕，才取得突破性成效。

清乾隆二十七年（1762 年）四月，李拔又在福州养蚕取得大丰收，取蚕茧集丝，织为布料，分发给当地蚕民，劝大家推广养蚕业，增加家庭收入，进一步改善百姓生活。

福建省地处东南，天气温暖湿润，按理应该适合种桑养蚕，但因没有人取得成功过，多数百姓认为未必合适。李拔仔细查阅资料，找出过去蚕桑南北盛衰的原因。《书》称“桑土既蚕”，实为兖州；《诗》称“爰求柔桑”，实为雍州[①]。而人们称为最好的，只在江南一带有五熟，益州有三熟。

资料记载，蚕性喜温，渐移向南，福建与江苏、浙江土壤相连。李拔认为，蚕怎么可能只适合于江苏、浙江养殖，不适宜于福建养殖的道理呢？

李拔查阅大量资料，得出福建也适合种桑、养蚕的结论。[②]而且可以通过种桑、养蚕为百姓拓展出一条新的生财致富之道，于是专门发文，将福建适宜种桑、养蚕呈报上级官府，下达辖区十县，并亲自写了《蚕桑说》：

要养蚕，必先种植桑树。桑树的种类繁多。第一种名压桑。每年初春发芽，剪桑种枝条大的二三尺长，横压在土中，上面盖上肥土，厚约二寸半。一个月后，枝条上的萌芽逐渐长出了。三四月份后，可以长到四五尺长。第二年立春前后，剪开桑苗，移植到别的土地，两三年主干就能长成两手合围粗。

---

① 雍州：中国古九州之一。现在陕西省中部北部、甘肃省（除去东南部）、青海省的东南部和宁夏回族自治区一带地方。

② 李拔纂修：《福州府志·艺文志·福州蚕桑亭记》。

李拔劝农种桑养蚕

此时喂蚕，最为佳美。

第二种名子桑。四月间，取黑桑椎揉碎，用粪灰和土拌种，入地寸许，一月后发芽，三四月可长二尺许，再过一年移种，四五年就可长成桑树。桑树大了，可以任凭砍伐，枝条可作为柴火，取叶容易，养蚕就能获利。

第三种名花桑。也由种子长成，其叶与压桑相似，但有花不结果实，与子桑不同，这种比较少见。大者不逾三丈，蜀中常有高五六丈，大十数围，每三年砍伐一次，桑树就不会长太高。古语说“手持斧子去整理桑树那长长的枝条”，说的就是这道理。

养蚕之法，每立春日，取蚕种置地上或草间，使受春气，随置温暖处，日以为常。越十余日，自出小蚕，如蚁蠕动。视其多寡，或日一次，用鸡翎扫下，每次各为一处，以免参差。初生盛以筐，藉以纸，先用柘叶食之。柘丛生，有刺，先春发叶。如无柘，用桑亦可。每日喂三次，天气晴暖，约七日即当初眠。眠则蚕不食，渐藏叶下。视眠者过半，即暂停无与食，伺蚕皮退大半，起而后食之。初放食不可多，多则伤食病死如螺，名为螺节。渐长渐多，筐不能容，移子曲箔，蜀中呼为簟，二三日一次，摊开令稀，扫去蚕粪，以利其气。蚕性喜温暖，宜置向阳洁净处，毋使近阴暗及污秽恶臭等物，犯则死者过半，若瘟疫然。故蚕妇不近丧门，不食蒜韭，良有由也。初眠后约七日当二眠，二眠后约七日当三眠，停食俱如初眠时，三眠蚕长寸许，蜀中呼为大眠，谓过此则不复眠也。蚕既三眠，食叶甚盛，有声如雨，投之立尽。每日三食，夜则燃灯照之，蜀中名为催老蚕，则举家忙也。不论日，约用食廿三四次，蚕即老。喉间

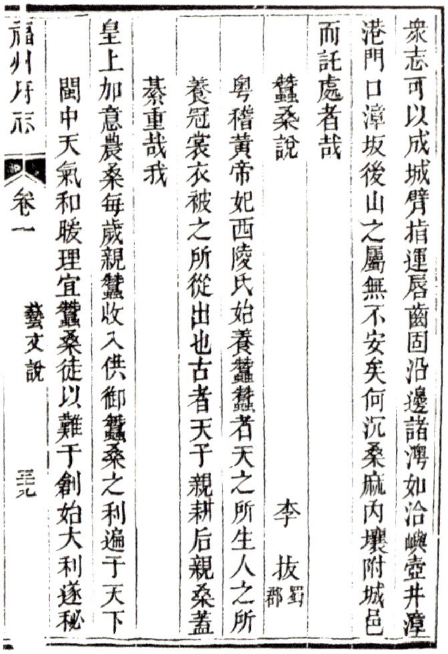
衆志可以成城臂指運唇齒固沿邊諸澳如浯嶼壺井漳
港門口漳坂後山之屬無不安矣何況桑麻內壤附城邑
而託處者哉
蠶桑說　李拔 蜀郡
粵稽黃帝妃西陵氏始養蠶蠶者天之所生人之所
養冠裳衣被之所從出也古者天子親耕后親桑蓋
綦重哉我
皇上加意農桑每歲親蠶收入供御蠶桑之利遍于天下
閩中天氣和暖理宜蠶桑徒以難于創始大利遂秘
福州府志　卷一　藝文說

李拔撰《蚕桑说》

丝涌，光亮如玻璃，首左右望，不复食。提置蔟上，令作茧。渐多，不胜摘，则多置叶其上而覆以草，如鞠梗竹枝之类。蚕老者次第上其前后，亦不甚相远。如遇天冷，下置炭火温之，四五日便成茧。有黄白二色、各取归筐中。黄者缫为黄丝，白者缫为白丝。

缫丝之法，用大锅烧热水，入茧一升许，搅令丝头出。釜上置一木，宽四寸，厚一寸，长径。釜上立三柱，置二小车，长五寸，径二寸，下钻竹管，各一丝头由竹管出，绕小车周匝，面后引入大车。车制：宽一尺六寸、径四尺五寸，前轻后轩，后二柱架车前，二小柱作机纳丝，二竹钩下分为二行上大车，每运车则机随车往来，疾徐如意，名曰罗文。谓其宛转参差，如罗之有文也。每抽茧，丝尽则蛹出。不尽者再搅而抽之，有不上头者，名水茧，去之。破头者入水即沉，下石镇之，毋令再起乱丝。每次添茧半升，佳者煮茧三斗可得丝二斤。即宜下架轴作一束，如绳挽，

末如妇人髻，即可贸。[1]

李拔把种桑、养蚕的方法印成文书，发往辖区各地，详细指导百姓种养，当年就取得成效，收获蚕丝几千斤，由此，家家都织布，人人有衣穿。

福建巡抚还将李拔教民种桑养蚕的办法，以官方名义正式印文发全省各地，命令周边各府推广学习福州种桑、养蚕的技术。为感恩桑蚕富民之功，李拔在署内的桑园建亭一座，并作《神桑铭》以祀蚕：

> 闽中不蚕鲜桑。乾隆庚辰，予来守福州，始教民蚕。明年四月，府署桑忽自生，约百余株。或曰"祥也，号令平，则益人草木生"。予谓不然，蚕者，神物，厥食惟桑。闽地宜蚕，缄秘[2]久矣。天实启之，以利斯民。自然而生，乃理之常，无足怪者。不然，混沌之初，万物未生，桑枝沃若，曷为来哉？因命植之，以永其传。并为之铭词曰："岁重光，日维夏。有神桑，生墙下。不耕耘，自拱把。饲春蚕，被原野。歌《禹贡》，吹《豳雅》。念民依，我心写。勤栽培，赠来者。羡鸿钧[3]，真大治。"

种棉植树，广开利源

除了劝民蚕桑外，李拔认为福州十县，可以推广种植棉花，而且市场需

① 李拔纂修：《福州府志·艺文志·蚕桑说》。

② 缄秘：指潜藏。

③ 鸿钧：指道家老子。

求量大。譬如一个八口的家庭，每年种植棉花一亩，可收获百余斤，到了冬天一家人御寒就可无忧无虑。

过去福建本地出产的棉花很少，当地百姓寸丝尺布，都要从邻近的江苏、浙江等地采购，甚至到上海购买运回来，价格十分昂贵。而福建天气温暖，土壤湿润，最适合种植棉花。

“棉花这么贵，你们为什么不自己种棉花呢？”李拔疑惑不解地询问当地群众。

有群众回答：“福建土地不适合种棉花。”李拔不相信这种说法，自己在府署内空地试种棉花，当年就获得丰收。

李拔到福州任职后，试种棉花取得成功。事实证明福建适宜棉花生长，而百姓不种棉，不是土地不合适，而是种棉的方法不对。李拔撰文，详细介绍指导百姓种棉的方法。

清乾隆二十六年（1761 年）冬，李拔在盘查辖区仓库，巡视属县时，就留心观察。他发现当地山上的树木多数还没长成就被砍伐，层层叠叠的山峦空长茅草，白白浪费，觉得十分可惜。李拔再三考虑，倡导百姓在这些空山广种树木，以便百姓日常生活用度。

李拔经过调查研究得出结论，福建省内最适宜种植松、杉、桐、茶等。松树、杉树成材了，可以作为建房木料，枝叶可以当柴薪，桐树可以榨油，茶树可以采摘嫩叶，制成茶叶，种植这些都可以给百姓增加收入。其他边角地，可以发动百姓种竹子，几年之后，等到竹子长成茂竹，挖笋伐竹，也可以获利。种植这些物种，刚种下的头几年比较辛苦，只要种下了，几年之后，即可以获利。很多百姓只顾眼前利益，没有长远打算。等到想用时，才后悔当初为什么不早点种植。

这正如人到挨饿时才想起种谷粮，渴了才想起挖井，就太迟了。因此，治理国家往往考虑的是千百年治国安邦的长远策略，为天下谋划长久。如果都只有到用的时候才想起，不用的时候又放到一边，眼光就太短浅了。

李拔劝民种树

李拔认为“官员为政一方，要深谋远虑”，他要求各县趁春天好时光，多劝民种树，每年夏天禁止砍伐大树。等到十年之后，佳木良材满山坡，取之不尽，用之不竭。

李拔在巡视过程中，见福建境内多山，山势嶙峋，道路崎岖，每逢夏日酷暑，烈日当空，行人无可庇荫。李拔怜悯往来行人之苦，命令各县，督率当地百姓在各处交通要道的两旁，分界种树，惠政于民，也算是推广种树的办法之一。

李拔起草《请饬各县种树以广利源议》，福建境内山多田少，过去被称为盛产良木之乡，树木由海路运往江苏、浙江一带销售，因此砍树之风盛行，境内材木渐少。树的枝干部分，被百姓拿去当柴烧，有的树甚至连根都被刨去卖掉。

《礼记》载：“春季第一个月，四时盛气在于树木，正是种树好时节；夏季第一个月，树木旺长之时，不允许砍伐大树。”又载：“进山巡察树木，不要砍伐。”古代人对山林树木这么重视，何况当代人。孟子宣讲国家政令，一定会说：“墙下树桑。”[1]

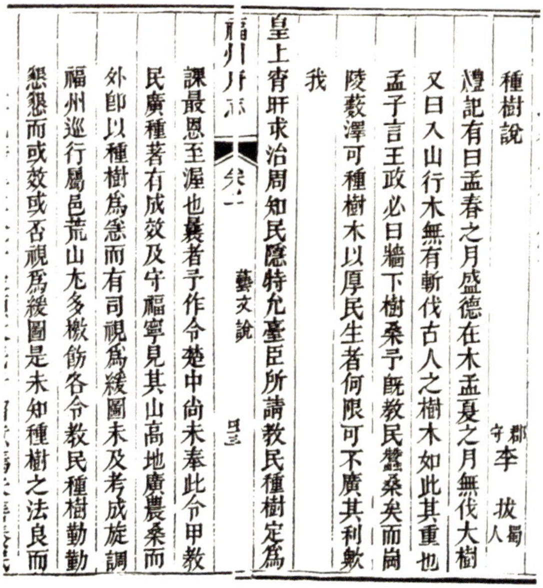

種樹說　郡守李拔蜀人
禮記有曰孟春之月盛德在木孟夏之月無伐大樹
又曰入山行木無有斬伐古人之樹木如此其重也
孟子言王政必曰牆下樹桑予既教民蠶桑矣而崗
陵藪澤可種樹木以厚民生者何限可不廣其利歟
我
皇上宵旰求治周知民隱特允臺臣所請教民種樹定爲
福州府志　卷之　藝文說
課最恩至渥也曩者予作令楚中尚未奉此令甲教
民廣種著有成效及守福寧見其山高地廣農桑而
外卽以種樹爲急而有司視爲緩圖未及考成旋調
福州巡行屬邑荒山尤多檄飭各令教民種樹勤勤
懇懇而或效或否視爲緩圖是未知種樹之法良而

李拔撰《种树说》

李拔在湖北为官时，教民大力种树，已取得成效。当时，朝廷还没将种树确定为赋税来源之一，现在朝廷非常重视教民种树。李拔要求辖下各县令，教民种树，各县执行不一，有的推行卓有成效，而有的成效不明显，主要是有些官员认为种树见效慢。李拔认为这是他们不知种树之法，他专门作《种树说》加以劝导，希望为官者用心教民种树。

关于树木的用处，李拔以为大的可以筑屋造室，小的可以用作柴火煮饭，人一天都离不开树木，米如珠、薪如桂，树木等同于粮食啊！另外，树木成长非常慢，短时间没办法取用。如果不早培养，等到了山空林木枯竭后，再想用树木，就太迟了，因此教民种树要早作谋划。

福州所属十县，土地肥沃，气候湿润，崇山峻岭，多产良材。李拔认为如果能够加以利用，广泛种植树木，一定会加倍获利。而海边的百姓只顾捕蟹、挖蛤，山里的百姓只顾砍柴，就连树根都挖得一干二净。山间剩下的只有榕树，没有多大用处。一座座深山任凭灌木疯长。

因此，李拔认为要教民种树，因地适宜，制定种法：第一，平原里阡，

① 李拔纂修：《福州府志·艺文志·请饬各县种树以广利源议》，有“古人树桑在墙下，五十衣帛无冻者”之句。

屋后宅前，适宜种桑，用以养蚕。第二，通衢曲径，道路两旁，适宜种杨柳，给往来的行人庇荫。第三，地角山头，斜坡陡岭，不适合种粮食的，有的可以种松、杉，作为建屋的栋梁，有的可以种植桐、茶，以备采摘。其余的地，可以种竹、木，任由民众自己安排。不出几年以后，境内林木茂密，森林状况大为改观。即便有砍伐，也很快长出来，取之不尽，用之不竭。李拔劝民广种树木，绿化山头，注重环境保护，这是相当有远见的。福建境内有今天的绿化覆盖率与成效，李拔居功至伟。[①]

除了教民种树绿化外，李拔在福州任知府期间，组织民众相间疏浚内河，防止河道堵塞。

福州城内运河开凿始于王审知，内支河开凿始于蔡襄。大概是福州城内地少人多，一些奸民贪利，往往侵占公共街道、公廨的土地，久而久之，大家都习以为常了。甚至，有人还把公共的井都填了，在上面建房子，城内根本找不到一块空地。有些百姓还在护城河两岸随意倾倒粪便、垃圾等，很快内河道淤塞，经常发生内涝，影响百姓日常生活。先前，群众公议，派船收集这些垃圾，运到大河大江丢弃，还制订管理办法，但是这些制度

福州城区内河流

① 李拔纂修：《福州府志·艺文志·种树说》。

随着时光流逝，执行越来越松弛，最终护城河依旧淤塞。

李拔认为，这是官府奉行不力的结果。李拔将此事责成闽清、侯官两县令监督，同典史协力稽查，禁止百姓再往内河道里肆意倾倒垃圾，并指定专业人员收集垃圾，累积一定量后，于每年冬末，由当地地保雇船装运处理，类似如今的垃圾集中填埋，并每年组织对内河疏浚一次，使福州城内环境得到明显改善。李拔认定的事一定要彻底解决，永绝后患，为确保好的办法能够执行下去，李拔专门制订规程管理起来，确保福州城区人居环境的持续向好。

李拔在福建为官期间，先后教民种桑、养蚕；又教民种树、种棉，组织整治环境等，取得初步成效。李拔离任之际，把蚕种分发给各县百姓，把纺丝用的器具移交给新任知府，其他的如种树、种棉、蚕桑等文书都存在府署内，希望继任者能继续执行这些好政策。①

平仓出粜，稳价安民

民以食为天，“手中有粮，心中不慌”，在农耕时代粮食对百姓而言至关重要。一旦能够平稳市场粮价，也就能稳定社会秩序。因此，稳定市面粮价，成为一方主政者急需做的事。

为稳定粮价，保证当地粮食安全，李拔向上司呈报《出易闽省常平仓议》。设常平仓，就是在市场粮价跌得很低时，官府以正常调节价出面收购，维持

① 李拔纂修：《福州府志·艺文志·行部纪略》。

粮价稳定，保护农民种粮的积极性；一旦市面粮价飞涨，官府以远低于市场价的平价，把常平仓储存的粮食卖给百姓，确保市场粮食供应稳定。[①]

李拔认为，国家现在实行休养政策，市场繁盛，各地官仓储粮十分充足，唯一担心常平仓粮食存储管理的问题。

> 乾隆二十五年春正月，福建按察使署布政使史奕昂奏："闽省各属仓斛，由司督制分给。第木质有刚柔之别，行用经年，每因时地潜为盈缩。且潮气熏蒸，易滋霉蛀。吊省校验，往返路遥。台湾远隔重洋，尤难查核。请照部颁斛式，铸造铁斛十二分，给福州等十二府、州。凡所属厅、县仓斛责令每年春秋就近较对，其辖道盘查府仓亦即就府吊验。藩司仍不时稽查。"报闻。[②]

福建背山面海，湿气很重，物品极易霉变。福州府下辖各县粮仓储存的稻谷，受天气影响，损耗一向比较严重。解决霉变的办法，过去全靠天气晴时取出来晒晾，每年仓储粮食拿出来交易，避免不了有霉变损失。自清乾隆二十年（1755 年）后，福州府各县粮食连年大获丰收，百姓无须向官府借粮。上级官员也慎重仓储，百姓多不肯交易，即便有动一两处粮，管粮小吏都是先拿出新粮再出旧粮，导致储粮仓内有二十年都没有拿出来交易的粮食，储存这么久的粮食就不能吃了。[③]

李拔想把以往的仓储陋规改一改，但实施过程中阻力很大。为什么这么难呢？这里面涉及的岂是一两人的事，福建各地仓储，多的十余万担，少的也有两三万担。仓储数量很大，又要按平价，贵了就很难销售出去，贱价又

---

① 李拔纂修：《福州府志·艺文志·出易闽省常平仓议》。

② 觉罗勒德洪等奉敕修纂：《大清高宗法天隆运至诚先觉体元立极敷文奋武孝慈神圣纯皇帝实录卷》之六百零五卷。

③ 李拔纂修：《福州府志·艺文志·重修常丰仓碑》。

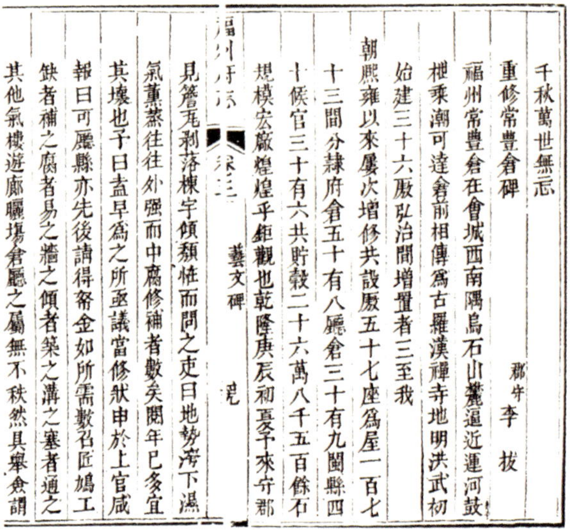
千秋萬世無忘
重修常豐倉碑　郡守　李拔
福州常豐倉在會城西南隅烏石山麓逼近運河鼓
枻乘潮可達倉前相傳爲古羅漢禪寺地明洪武初
始建三十六廒弘治間增置者三至我
朝熙雍以來屢次增修共設廒五十七座爲屋一百七
十三間分隸府倉五十有八廳倉三十有九閩縣四
十候官三十有六共貯穀二十六萬八千五百餘石
規模宏敞煌煌乎鉅觀也乾隆庚辰初夏予來守郡
福州府志　藝文碑
見簷甍剝落楝宇傾頹怪而問之吏曰地勢洿下濕
氣薰蒸往往外强而中腐修補者數矣閱年已多宜
其壞也予曰盍早爲之所亟議當修狀申於上官咸
報曰可麗縣亦先後請得帑金如所需數召匠鳩工
鈌者補之腐者易之牆之傾者築之溝之塞者通之
其他氣樓遊廊曬埸倉廳之屬無不秩然具舉僉謂

李拔撰《重修常丰仓碑》

不够出售。因此要抓住时机，因地制宜，想办法调剂解决，这事才能办好。

李拔为了维持市场粮价常平，亲自协调处理。福建省兵米一项，有运自台湾的，有运自延平府、建宁府的，有征自本县的；运米、运谷的，如果下令运米的一概改运稻谷，按数征收存贮仓库，就可以以陈谷碾成米销售，按照各仓出谷的多少，存储时间的长短，确定先后顺序，出仓交易。

如福州仓储米十二万余担，最陈的米不过两三万担，次陈的四五万担。台湾每年要运兵米七千八百担，士兵的家眷谷四千余担，改米为谷子，每年约可得新稻谷两万担。即使遇到青黄不接的时节，仍可分给各县，或借，或粜并行，三四年内，即可易陈为新，源源更换，就不担心仓储粮食朽蠹了。其余各县，并无征收兵米之处，尚有新收谷，责令实贮。如需平粜的时候，先把陈粮尽量碾成米，不能全部碾完的，有的令米铺或有能力的百姓家平价领卖，等秋收后用新粮还回仓，不许摊派多取。[①]

在解决常平仓管理的问题后，李拔又着手组织福州常丰仓的整修。福州

① 李拔纂修：《福州府志·艺文志·出易闽省常平仓议》。

常丰仓在省城西南隅乌石山麓，通运河，借潮水涨落，粮船可达常丰仓前。

福州常丰仓，明洪武初始建三十六廒，明弘治间增置三间。至清康熙、雍正以后，多次增修，共设廒五十七座，为屋一百七十三间。分隶福州府仓五十八处，厅仓三十九处，闽县四十处，侯官三十六处，共贮谷二十六万八千五百余担，规模宏大，十分壮观。

清乾隆二十六年（1761年）初夏，李拔巡视常丰仓时，发现这里檐瓦剥落，栋宇倾颓，就询问陪同人员："为什么不早组织修理呢？"

陪同吏员说："这里地势较低，平时湿气很重，木料表面看很干燥，里面往往都腐烂了，已经组织过多次修补。没过几年，又坏了。"

李拔要求县里立即拟请修缮呈文，向上级报告，很快就得到回复"同意修"。府、县都申请到维修资金。

为确保粮仓修理到位，李拔派福州府通判郎昭牵头，闽清县令李浚原、侯官县令宋应麟配合，召集工匠组织修理。烂掉的柱子换新，倒塌的墙重新筑起来，沟渠堵塞的疏通，其他气楼、游廊、晒场、仓厅等附属建筑，一一修复。工程于清乾隆二十六年（1761年）冬开始，乾隆二十七年夏完工，共花费白银二千八百多两。[①]

此外，李拔对福州辖境情况进行深入调查，针对当时民生艰难，粮荒严重的现状，向闽浙总督、福建巡抚呈报的《请种苞谷议》奏疏中，他极力主张扩大玉米的种植面积。李拔认为玉米"但得薄土，即可播种""乘青半熟，先采而食"，能接济青黄不接之需；"大米不耐饥，苞米能果腹"，与水稻、小麦相比，玉米"种植不难，收获容易"。玉米与甘薯相比，甘薯"易致腐烂，不堪收贮"，而玉米具有种植简便、容易贮藏的优点。在李拔的大力推行下，福州十县种玉米成效明显，大大缓解了当地粮食压力。[②]

---

① 李拔纂修：《福州府志·艺文志·重修常丰仓碑》。

② 李拔纂修：《福州府志·艺文志·请种苞谷议》。

海疆治策，防患未然

李拔在福州任上除了履行知府职责外，还兼理福建全省海防。在巡视全省各海疆后，李拔发现福建各地海防要塞守卫松弛，而历史上当地海疆战事频发。为此，李拔就如何加强福建海防建设进行深入思考。

福建地势西北靠大山，东南临大海，近海分布大小不一的岛屿。历史上曾多次海寇横行。比较难对付的海寇主要是倭寇。

福州台江古桥（档案资料）

明朝初年，日本与明朝政府通贡，不久就侵犯中国。日本船只往来中国，主要靠季风进出，起东风就侵犯浙江温州、台州等地，起东南风就入犯山东登州、蓬莱等地，起东北风就入侵福建、广东沿海，起南风就经常侵犯朝鲜。

李拔认为，福州是福建省会重地，譬如一家的大厅。福州外海岛屿大小不一，列举最要害处，当属闽安镇。闽安下临五虎，上接洋屿，又有罗星塔突起江中，正如门有键、喉有舌，险隘天成，实际算是福州的门户。明代嘉

福州罗星塔旧景（档案资料）

李拔题“砥柱回澜”（罗星塔公园内）

靖中期，御史王询以省城离海洋仅五十里，向朝廷请旨设参将，选精锐领哨船，互为应援。现在全省有总督、巡抚遥控指挥，闽安镇又设有参将，洋屿设有旗营，互成犄角，足够弹压。

清乾隆二十六年（1761年），李拔到罗星塔视察，遍观当地海防地形时说“若筑城设官防守，南北两岸亦设防兵，相为犄角，其所谓金城天堑，万夫莫踰者也”。经现场勘察后认为，罗星塔四面临江，位置极为重要，但驻兵只有几名，太少了，需要加强。视察期间，李拔题书“砥柱回澜”[①]四大字刻在石板上，立在山顶上，并做罗星塔碑铭。

其他，如闽侯县有石龙、南竿；长乐县有石下、梅花、仙岐、磁澳、猫的、集山、大祉、小祉、松下、垅下各寨；连江县有东岱、定海、

① “砥柱回澜”题刻，位于马尾罗星塔公园东南侧山腰。碑花岗石质，长2.40米，宽0.92米，厚0.14米，面朝南。碑文楷书直下三行“乾隆辛巳秋七月，砥柱回澜，郡守剑南李拔题”。

李拔题“龙江飞渡”（福州仓山）

李拔题“海阔天空”（连江琯头镇）

小煌、获庐、黄岐、北葵；罗源县有廉澳、虎尾、罗湖、西洋等关卡。不同看法的人认为，长乐以松下为要地，想在松下建城防。连江，以东岱为咽喉，定海为左臂，小煌为胫，胫断则臂折，而咽喉不通。明洪武初年，周德兴在定海建城。明嘉靖年间，有民众自发在小煌筑堡，李拔认为，这些地方在全省看来，并不是什么重要的地方，但对一个县而言，却非常重要。现各处都设有防卫，已经有防备了。福清外海各关卡，再没有比南日重要了，而江阴、

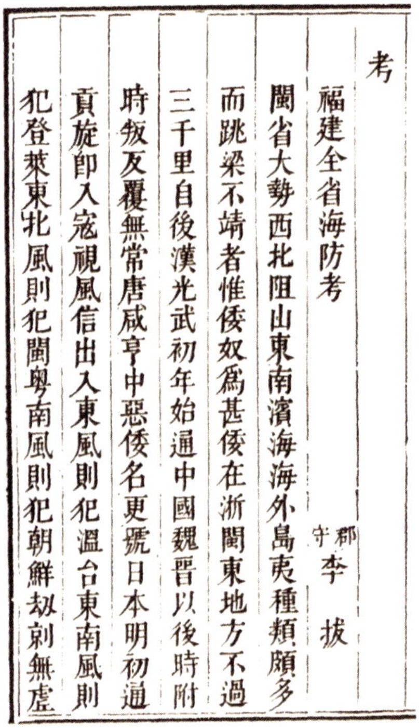
考

福建全省海防考　郡守李拔

閩省大勢西北阻山東南濱海海外島夷種類頗多而跳梁不靖者惟倭奴爲甚倭在浙閩東地方不過三千里自後漢光武初年始通中國魏晉以後時附時叛反覆無常唐咸亨中惡倭名更號日本明初通貢旋即入寇視風信出入東風則犯温台東南風則犯登萊東北風則犯閩粤南風則犯朝鮮刼剠無虛

李拔撰《福建全省海防考》

鼓屿，大、小练次之；内港各关卡，再没有比海口镇重要了，向东万安、三江、盐爆、观音溪尾次之。现在镇东、海口有城，南日、万安等处，都有设兵把守，作为省城外卫已足够了。

福宁历史上曾归福州管辖。李拔认为，福宁最重要的是霞浦的东冲口。由东冲口入，向西由金鳌口可达宁德县城，向北由白马门上岸可到达福安县城，向东由盐田登岸可达霞浦县城。东冲口设有员，其他的也有塘汛，只有内港白匏山未设关卡。白匏山位于三县交界处，四面环水，算比较重要。

李拔任福宁知府时，曾建议在白匏山设关卡，上级还没有批复，他就调任福州，此事便不了了之。三沙是福宁府的门户，便于船只海湾停泊，由三沙乘海潮而入，可达霞浦松山后墩，顺风扬帆，不到十里很快就可到达府城，这里再也没有什么险要关口可防守。

明代发生倭乱，福宁府受害最严重，当地为防倭寇筑有许多炮台、城堡、烟墩等。清代设有总兵，带兵防守，三沙已成霞浦重镇。烽火门水寨驻扎在福鼎秦屿，外有西山，耸峙如门，最为重要。明永乐年间，烽火门退守松山，而三沙、南镇、黄岐、罗浮等塘汛孤悬海外，不能互相支援，无法作为福宁外卫，李拔认为这是海防失策。这里现已设立水师参将，驻扎秦屿巡防，不仅可以为福宁声势联络，同时也可作为福州藩篱，省城海防无疑更加坚固了。福鼎作为福宁府东北防守的重要保障，船只由火焰山驶入，直达县城南门下。沙埕防守，应当与三沙并重。而虎头、流江等，都要小心防守，互相策应，作为保护。至于兴化府、漳州府、泉州府，李拔虽然没亲历巡视，但多少也了解一些。兴化府要冲，主要萧格与湄洲对峙，象城与平海相连，江阴、南日都与福清连接；其他万安、吉要、门拥，均属冲汛；三江为兴化府港口，最为紧要。

李拔分析认为，明代不守南日，而守吉要，是失策。如今这些地方都设有关卡，置兵驻守，还有副将驻扎，兴化府海防算是非常稳固了。泉州府海港重要关卡，主要有竿屿、峰尾海港可通惠安，臭涂、崇武海港可通洛阳，猴据、祥芝海港可通泉州，福全、围头海港可通安海。

李拔认为，只有厦门，外通番舶，内通同安、漳州各港口，最为关键。明景泰年间，增设小堤、铜山二水寨，又迁酒屿水寨在厦门。李拔分析，这是失其藩篱，今设有陆路提督驻扎泉州，又有水师提督驻扎厦门，将领带兵，分地防守，又有文员分头驻守，管理进出稽查，这里海防也很坚固。

漳州府在泉州府下游，港口自厦门入。府所属只有海澄、漳浦、诏安三县临海，海潮所入，如新港、南洋、东垅、渐林、镇海、铜山、陆鉴、古富、云霄、元钟、漳潮等处，都算是要地。明代嘉靖中期，分福宁、兴化为一路，设参将驻防福宁，自流江、烽火门、游山、小屋至南日都属其管辖。分漳州、泉州为一路，设参将驻防诏安，从南日到雷屿、铜山、元钟、走马等都属其管辖。只是塘汛很多，驻兵少了点，管理上未免鞭长莫及。

福宁设有镇，厦门设有提督，又设镇驻扎漳州，漳州之外又有诏安、漳浦、云霄、铜山等营分布防守，应该没有什么可担心了！只有几个孤悬海外的岛屿难以管控，如福州的海坛（今平潭岛）、泉州的金门、漳州的南澳、台湾的澎湖，四面临海，以前这几个岛屿长期被盗贼盘踞，最为险要。

李拔认为，海坛、澎湖、南澳为海中三山，守海坛则烽火、流江的防守将更加稳固，可增强浙江海防声势；守南澳则铜山、元钟之冲也更加坚固，可增强广东海防。现这些地方都分设镇，协同防守，就再也没什么可担心的。因此，称得上要冲，基本上是一个地方的门户，或是一府的藩篱。闽安是福州门户，而定海、镇东就是福州藩篱了；厦门是漳州、泉州的门户，而酒屿、元钟是漳州、泉州的藩篱；三沙、东冲算是福宁的门户，而烽火、桐山就是其藩篱。而如果说内地与外海论，要严格捍卫，长远考虑海防策略，台湾称得上福建全省门户。

台湾岛南北绵亘一千多里。北路、后城与兴化、南日对峙遥望，竹堑与海坛对峙，南嵌社与闽安对峙，淡水与北菱相望，鸡笼（今台湾基隆）与沙埕、烽火相望，为海船往来所必经之途。

李拔认为，如果日本到大陆沿岸劫掠，往往担心台湾出兵尾随，返程也担心台湾驻兵拦其归路。倭寇再飞扬跋扈、气焰嚣张，也会有所顾忌。

日本不敢轻视福建、浙江，也不敢小看山东登州、蓬莱、粤东等。所以台湾不仅仅是直隶、福建、浙江三省的门户，实际上是中国东南半壁的藩篱，地理位置极为重要。李拔认为守大陆，必守台湾。作为台湾府的地方官，一定要用心为政，守好国家的前沿阵地。[①]

整治陋习，沐化新风

明代大儒顾炎武曾经说：“转移人心，整顿风俗，则教化纪纲为不可缺矣。”清代学者梅曾亮亦指出：“天下之安危系于风俗，而正风俗者必兴教化。”把兴教化看成是正风俗的根本要务。

早在福宁任职期间，李拔就发现闽东地区有停棺不葬现象，严重影响地

① 李拔撰：《闽省海防考》《海赋》。

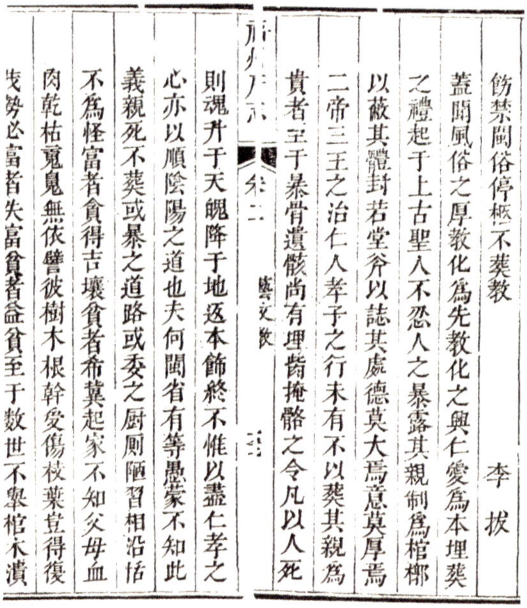

飭禁閩俗停柩不葬教　李拔

蓋聞風俗之厚教化爲先教化之興仁愛爲本埋葬之禮起于上古聖人不忍人之暴露其親制爲棺槨以蔽其體封若堂斧以誌其處德莫大焉意莫厚焉二帝三王之治仁人孝子之行未有不以葬其親爲貴者至于暴骨遺骸尚有埋胔掩骼之令凡以人死則魂升于天魄降于地返本歸終不惟以盡仁孝之心亦以順陰陽之道也夫何閩省有等愚蒙不知此義親死不葬或暴之道路或委之廚厠陋習相沿恬不爲怪富者貪得吉壤貧者希冀起家不知父母血肉乾枯魂魄無依譬彼樹木根幹受傷枝葉豈得復茂勢必富者失富貧者益貧至于數世不舉棺木潰

李拔撰《饬禁闽俗停柩不葬教》

方风气，便教化民众移风易俗。李拔制定《禁民停棺不葬教》，希望开明、有见识的士绅，或地方德高望重的长者，能够多方劝导民众，与官府一起努力移风易俗。而对于那些不听劝导、冥顽不化，仍然坚持停棺不葬的，将依法给予严厉惩治。[①] 清乾隆二十四年（1759 年），李拔在福宁府任职时带头捐银子，买山买地，那些因贫困无力埋葬而停棺不葬的，官府帮助其安葬。同时，他还组织人员清查辖内各县义冢的情况，丈尺广袤，勒石志之，以便安葬无主残骸。

李拔在福州继续倡导民众移风易“停棺不葬”之俗，又出台了《饬禁闽俗停柩不葬教》。经李拔悉心规劝，当地停棺不葬现象大为减少，地方风气为之一振。

为严禁停棺不葬弊俗，地方官府和乡绅也大力捐资设立义冢，以帮助那些穷困者及时下葬。李拔带头倡议捐俸，对因贫窘无力停棺不能葬的，买山共助

① 李拔纂修：《福州府志·艺文志·饬禁闽俗停柩不葬教》。

安葬。同时，对辖内各县义冢，进行清查，勒石记载，以便安葬无主残骸。

经清查，发现福州城内外共停棺三千多个，官府勒令家境富足的立即安葬，家境贫寒无力抬葬或无主棺材，由官府出资或官员捐发银两，置义冢埋葬。经集中整治，福州府县共收葬棺柩八百一十八口，骸罐一千三百六十四个，社会上久停之棺大为减少。自此，全省“停棺不葬”风气得到有效遏制。

此外，李拔还对当地百姓好鬼尚巫、闯神等陋俗进行了整治。过去每年正月，福建各地争迎闯神，经常发生斗殴事件。有时在神灵诞辰日，童男幼女戴着枷锁到寺庙还愿，或装扮成被斩、绞罪等形状，在城隍生日时最多了，百姓每天都在诵经祈祝。李拔严厉禁止后，陋俗渐少。

另有恶劣乞丐，成群结队，每每乘婚丧喜庆之机强索酒食红包，随便施舍一些不行，要吃饱方休。还有强行包揽墓山守护，不交租还霸占田地耕种等等，人们见多了，也渐渐习惯了，善良人就受欺凌。李拔一一整治后，这些不正之风的气焰才压制下去。

李拔认为，好的社会风气长期保持，要靠历任为官者共同努力。[①] 为巩固在福州任内移风易俗的成果，李拔明确兴废的二十四件事，刻石勒碑，明示后人。

课督诸生，道统探源

李拔每到一地任职，都很重视地方文教事业的发展。他到任福州后，十

① 李拔纂修：《福州府志·艺文志·收养孤贫毋混游惰教》。

罗源至宁德古官道

李拔题才翁石诗（罗宁古道）

分重视鳌峰书院的整修，还常到书院带领山长一起课训士子，并命福州府所辖十县令，增修学舍，作为当地培养人才的场所，各地如火如荼组织修葺工作。

在罗源县，前任知县蔡彬，在清康熙三十三年（1694年）创建凤鸣书院，之后很长时间再没整修，书院也就荒废了。从此，当地就很少有学子能脱颖而出，荣登科甲。后来，广东人梁翰任罗源县令后，重视地方文化建设，书院才得以重修，改凤鸣书院为罗川书院。

书院修复后，罗源县黄洪诗乡试中举，当地士绅倍受鼓舞。梁知县又倡议大家捐银子，拓宽水陆寺的旧地基，改为书院学子学舍，当地士绅踊跃捐钱捐田。用大家捐的钱建了几间房子，还剩五百多两银子。梁知县把余下的银子全部用于购买学田，收租生息，作为书院学生长期学习的灯油钱。梁知县还把这些事向李拔做了报告。

李拔认为，罗源知县做得很好。他说："懂得流水深意的人，才可以与他谈为政之道。从前孔子在河边曾说：消逝的时光就像这河水一样啊！而议论为政之道却无止境。孟子解释孔子的话说'源泉混混'，而为学贵在有思考。"

李拔还说："人何尝不是这样。小时候天真无瑕，像泉眼刚冒出来，涓涓滔滔，好像流不完流不尽的样子，倘若能保持这份清明，或许将来就能一泻千里，一通百通。如果不幸被外物蒙蔽，或被坏人陷害，以致天性被侵扰，如泉眼遇流泉搏激、搅扰，虽然还有一丝清澈，也终将浊流污染。又有几人能保持天性呢？”

因此，君子做学问，心欲其静，如水之沉；念欲其清，如水之淡；智欲其通，如水之照；力欲其勇，如水之流，孜孜不倦，深造自得，左右逢源。这大概是其沉潜道德，静深有本，这样蕴蓄做文章或干事业，犹如水流向沟壑，不行也能到达。做学问的人应当溯其源。

经李拔倡议重修，各县书院都修复了，只有闽清的钟山书院地处偏僻，前几任县令一直没办法组织修复。不久，新任闽清知县宋学源，毅然把整修书院作为自己的责任。倡议绅士捐银修书院，共募得资金一千多两银，筹划修理。宋学源拜见李拔时说：“闽清县可以集中在一地办义学。目前，选地在崇圣祠旁，土地又窄又长，不合适，怎么办？”

李拔因公务到闽清县城，与宋知县一起视察义学选址，他看到崇圣祠的殿庭后还有一块空地，可以容纳崇圣祠。李拔对宋知县说：“若移祠到殿后，用崇圣祠的土地增建学舍，不就可以了吗？”大家说这个办法好。①

清乾隆二十七年（1762年）五月，选董事，购砖瓦，削树木，至当年十月，建成前堂三楹，后室三楹，左右斋厨等，场所比之前大好几倍，共花费白银七百多两，剩余的银子交县库生息，作为书院师生的生活补贴。李拔作《重修钟山书院记》，并题“钟山书院”悬于门楣。

除了增修辖区书院，为保障各县义学经费，李拔作《饬兴十县义学膏火教》，解决各县义学的经费问题。

郡县各设义学，作为县学书院的补充，让更多人上学。而李拔巡察发现福州府属十县多无读书补贴费，无法帮助学生奋发学习，诸生中免不了有人

① 李拔纂修：《福州府志·艺文志·钟山书院记》。

要忍受饥寒，不能全身心投入学习。李拔与十县令约定，要求大家在公务之余，留心加意振兴书院。还没有设立义学的县，要想办法建立；没有助学经费的县，要多方筹划；如果实在没有办法办到的，可以通过公开募捐养廉银或俸禄，也要做成这件好事。至于书院的立教规则，为学秩序，李拔所作《孔颜乐处说》《道统渊源考》列为学校教规，用以启迪诸生。

为勉励十县学子努力为学，树立终身学习的理念，李拔撰《劝学箴》，作为各县学生读书示范。

遐稽襄编[①]，习闻前说。勤学有获，反是则窒。终日乾乾，学圣秘诀。寻途而往，昭然若揭。禹惜寸阴，孔编三绝。仲舒下帏，龟山立雪。岂不惮劳，吾才必竭。息虑澄思，径寸如结。景仰高山，志卑邱垤。立身道义，煌熄大节。轨范有违，较然勿屑。一动一静，毋近媟亵[②]。敬之一字，奉为圭臬。省察操存，左提右挈。克念网念，圣狂斯别。间不容发，出尧入桀。如守坚城，毋溃蚁穴。纷扰纠缠，自寻羁绁[③]。玩物丧志，窥陈盗窃。苟且因循，或作或辍。殚心并力，追踪往哲。精益求精，如磋如切。澡浴聪明，振起顽劣。厥修乃来，愤乐更迭。天理春融，人欲消灭。道岸诞登，名贤比烈。凡我同人，共矢皓洁。毋荒青阳，贻悔耄耋。

针对书院中学生读书拘泥于应科举事，不懂变通实用，甚至还认为读书无用，李拔亲自撰写《辨志论》，勉励学子在勤学深究之余，不可忽视经世致用。

孔孟肇兴，程朱继起。学道昌明，如日中天。异端曲术，其不足

① 遐稽襄编：指考察古事共同汇编。

② 媟亵：意思为轻薄、猥亵。

③ 羁绁：指控制、束缚。

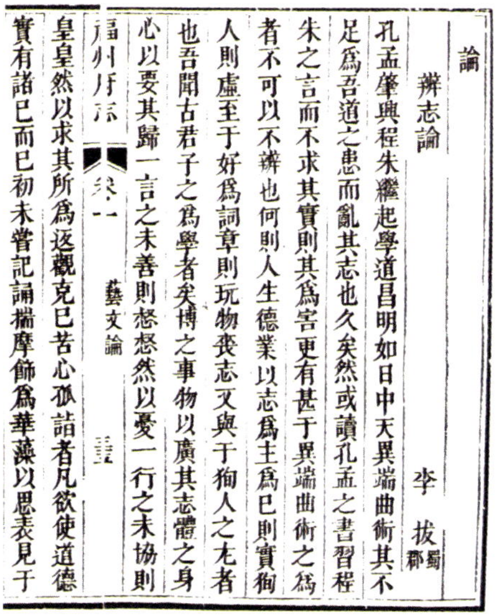
論
辨志論　　　　　　　李 拔蜀郡
孔孟肇興程朱繼起學道昌明如日中天異端曲術其不
足爲吾道之患而亂其志也久矣然或讀孔孟之書習程
朱之言而不求其實則其爲害更有甚于異端曲術之爲
者不可以不辨也何則人生德業以志爲主爲已則實徇
人則虛至于好爲詞章則玩物喪志又與于徇人之尤者
也吾聞古君子之爲學者矣博之事物以廣其志體之身
心以要其歸一言之未善則惄惄然以憂一行之未協則
福州府志　卷十一　藝文論　畫
皇皇然以求其所爲返觀克已苦心孤詣者凡欲使道德
實有諸已而已初未嘗記誦揣摩飾爲華藻以思表見于

李拔撰《辨志论》

为吾道之患，而乱其志也久矣。然或读孔孟之书，习程朱之言，而不求其实，则其为害更有甚于异端曲术之为者，不可以不辨也。何则？人生德业，以志为主。为已则实，徇人则虚。至于好为词章，则玩物丧志，又与于徇人之尤者也。吾闻古君子之为学者矣，博之事物，以广其志；体之身心，以要其归。一言之未善，则惄惄然以忧；一行之未协，则惶惶然以求。其所为返观克已、苦心孤诣者，凡欲使道德实有诸已而已。初，未尝记诵揣摩，饰为华藻，以思表见于当时也。然天地万物之理，既已熟悉其源流，身心性命之真，又已默定其根底。由是而笔之于书，则为文章；措之于世，则为经济。道德、文章、经济合而为一，此三代人才之盛，后世莫能及也。

今也不然，束发而授书，挟册而呻吟。问其呻吟何为也？曰："吾以求工于词章而已。"问其工于词章何为也？曰："吾以弋取科第而已。①"据摭②割裂，务为苟求速化，以自衒于外，而立本贵实之意，藐焉无存，则虽文采斐然，常苦于虚夸浮薄，而不可救，止其迂疏曲谨者流，又或拘泥无通，而不周于世用。使天下之人指而目之曰："此无用之学也。"岂古人不相及耶？由辨之不早辨也夫？居今之世，而责以古人之学，天下既苦其甚难，又或疑其迂远无成而不之信。然而诸生之所诵习者，犹

① 吾以弋取科第而已：意思是说我读书为文，目的就是为了应试科举罢了。

② 据摭：意思是采取、采集。

是古圣之遗言，儒先之义理也。其甘心剽黥苟且以卒业者，徒欲速得志于天下耳。然使实心为己，效古人之所为而为之，安知其得志也不更有甚速者乎？先民有言：虽使孔孟在今日也，免不得应举。程子亦言："举业不患妨功，惟患夺志。[1]"

学以致用，李拔认为并不是要求诸生不做文章、不应科举。而是说历代圣贤传下来的经典文章，都不是空话，勉励学子要早晚用功学习，务求实用。

李拔认为，读书不能有杂念，要存之于心，体之于身，把这些应用于实践，一定会有收获，这就叫功到自然成。

李拔阐述读书要懂得其间乐趣，平常读书人之所以不能获得其间乐趣，是因为受个人私心杂念影响，难以做到读书时心静如水。为此，李拔特撰《寻孔颜乐处说》，勉励学子。

过去周敦颐教育学生，要求学生找寻圣贤孔子、颜回读书的乐处。在儒家看来，快乐的根本并不是在于物质享受，而是在于人内心精神境界的追求。这样的精神追求，是一种安贫乐道的追求，是一种仁者不忧的境界，这是"孔颜乐处"的根本内涵所在。宋代理学家程颢、程颐兄弟和朱熹对记忆乐处，都心知肚明，只是没有点破而已。

李拔经学造诣很深，他五岁开始接受儒家教育，为官足迹遍及三省多地，融会巴蜀文化、湖湘文化、荆楚文化、闽都文化、海洋文化、长江文化，几十年手不离卷，熟读经典，并颇有心得。

首先，读书要找到快乐。这一点非常重要，否则为读书而读书是很痛苦的。李拔认为，学子如果承受不了读书的苦，有继续坚持的，有半途放弃的，有逃避不读的，这些人都是因为没能领悟读书的乐趣。大儒周敦颐，经常教

① 举业不患妨功，惟患夺志：大意是创业的时候不担心花时间在各种达成目的的办法和途径上，只担心在这努力奋斗的过程中被夺去了志向，迷失了方向。

李拔课读鳌峰书院

导学子从儒家经典中找寻乐趣，当然这个乐趣不是读书本身，而是通过读书这个过程领悟到无穷乐趣。

李拔撰《寻孔颜乐处说》挂在书院的亭子里，要求学子们细细领悟求索。文中引用孔子的话："饭疏食，饮水，曲肱而枕之，乐亦在其中矣。"又曰："发愤忘食，乐以忘忧。"这句话的意思是："饭吃得简单，水喝得清淡，弯曲手臂作枕头，也能感到快乐！"又说："勤奋起来就忘记了吃饭，快乐起来就忘记了忧愁。"

孔子称赞颜回"一箪食、一瓢饮，回也不改其乐"，这些快乐是寄物之外，建立在读书好学深思、心知其意的基础上。

李拔认为，孔、颜之乐，虽不可以言诠，但可以意会。程、朱有言"富贵不淫贫贱乐，时人不识予心乐，读书之乐乐无穷"，称此而求，不可胜数。可见对快乐的追求，大家的想法是一致的。只是常人受私欲蒙蔽了，真乐不存。唯独圣人心无杂念，大公无私，顺应自然，因此做什么都觉得其乐无穷。

怎么才能在学习中找到无穷的乐趣呢？李拔总结自己的学习经验，认为："博览群书，经常组织学习讨论，拓展知识面，并时常自察得失，暗暗积累，增加学问，从容深入领会，顺其自然，心中没有任何杂念，这就是读书做学问的快乐！但凡能做到这一点，问题也就基本解决了。”

其次，读书要学以致用。李拔以为，学道昌明，如日中天，异端曲术都不能乱其志，唯一要防患读书人读孔孟之书、习程朱之言而不求其实，这个害处就大了。他说：“人生的德行和事业，主要是以志向为核心。为自己而努力，就能实现实际的成果；为他人着想，就要避免虚浮的表现。”读书人过度苛求华丽辞章，则玩物丧志。

李拔认为文章与经济要合而为一，这是夏、商、周三代人才兴盛的缘由。李拔为文讲求实用，反对无病呻吟、文章言之无物。这样的文章即使文采再好，李拔也认为“此无用之学也”。为防学者读书无方，误入歧途，李拔专门写了《辨志论》一篇，以启示诸生。

李拔说：“夫居今之世，而责以古人之学，天下既苦其甚难，又或疑其迂远无成而不之信。”但是诸生们学习的主要典籍，还是古圣之遗言、先儒之义理。读书人为什么甘心读呢，无非想由此尽快中举而名扬天下罢了。

而让学子真真切切学习古人的所作所为，谁说不能得志更快呢？有人说，按现有的科举制度，“即使大儒孔子、孟子在今日，也免不得参加科举。”李拔说了这么多，目的是希望学者读书要讲求实用，“以圣经贤传，皆非空言，朝考夕稽，须求实用。诚反其务外之念，而会之于心，体之于身，则实践之余，必有心得。”

其三，读书要探究渊源。李拔不但在熟读儒家经典中有所得，还深入考据儒道渊源，阐述道统渊远传承，也是历经起伏。李拔在《道统渊源考》中，从尧、舜、禹儒家传道发端说起，他认为，道统传承起初发展比较快，到秦朝因“焚书坑儒”，汉初严禁儒道、独尊老子，传承就受到影响。至唐朝六经得到广泛提倡，又渐繁荣，至宋，道统得到极大的发展，这一时期大儒辈出，交相辉映，盛极一时。

可以说，春秋时期道统因有孔子集群圣而大成，南宋因有朱子集群儒而大成，明清以后，道学虽出处各不相同，但依然卓越一时。李拔以为，当下鼓励道学发展，一时海内名贤，云蒸霞蔚，道统源远流长，后续可期。

倘若李拔没有从政为官而专心做学问，以其勤学作风，必将成为一位博大精深的经学家，一代名儒。清代著名学者旷敏本评价李拔："人谓公为循吏、为廉吏，予谓公实圣代之真儒。"[①]这是对李拔经学造诣最贴切的评价。

情系鼓山，登高仰止

福州城东鼓山与旗山对峙，背山面海，登高望海极为方便，这里山石十分奇特。唐宋以来，名贤硕儒，接踵而来，流连题咏。

李拔生平最好登高望远，遇山必心动。他从湖北来福建福宁府任职，就听说福州鼓山很高，曾想登顶，看看鼓山周围境况，缘于每次来去匆匆，一直未能如愿。

李拔调任福州府后，鼓山近在眼前，举手投足间就可以到达。而福州为八闽首府，政务巨繁，李拔每天几乎都没有停歇过，他曾先后多次出发登鼓山，终因临时有紧急公务，只好作罢。李拔也曾感慨，鼓山就在自己的身旁，就在眼前，为什么去登一次就这么难呢？

直至清乾隆二十六年（1761年）四月，李拔奉旨劝农耕种，去了城郊水关，途经鼓山下。视察工作结束，李拔立即叫轿夫顺道登鼓山。

鼓山的石阶蜿蜒而上，李拔一行相互搀扶，行走了三四里见一座亭，往

① 旷敏本撰：《皇清诰授中宪大夫荆南观察峨峰李公墓志铭》。

李拔题“石鼓名山”（福州鼓山）

山下望去，周围百余里，历历在目。

李拔对陪同人员说：“这里是半山亭，大家暂时歇一肩。”

李拔往上望去，上山的路似乎更加险峻，担心其他人走不动，又半途而废，于是催促随从努力向前。他们一口气直达更衣亭，眼前土地稍平坦。山上寺院僧人闻讯出来迎接，其中有一僧侣在一旁引导解说，引李拔一行参观寺宇佛像、斋厨、经堂。

在鼓山上寺，李拔见有一方形池塘，大约二亩。池水清澄，放养放生鱼，鱼大的数尺，小的数寸。游览观赏的游客投以香饵，鱼争食跳跃，甚是欢快，这里的鱼儿，因为没有什么天敌，繁衍旺盛。

李拔说：“养民如养鱼，治理地方民情事务，可以此类推，为政之方，教民安居乐业，核心在于除暴安良。”

寺僧在前头引路，引导李拔一行游览鼓山灵源洞、喝水岩、白云洞、水云亭等景点，但见怪石林立，摩崖石刻，古字争奇，应接不暇。

李拔问做向导的寺僧：“参观结束了吗？”

李拔题“灵源洞”（福州鼓山）

寺僧回答：“还没呢，由此再往上，还有一座山峰，可以远视海外。就是太陡峭了，道路又十分狭小难行，轿子恐怕过不去？”

于是，李拔一行下轿徒步向前，他们又走了二里路，眼前道路变得更加狭窄，随从人员没办法跟在身边。李拔也有点累了，上到峰顶看见朱熹题“天风海涛”，往下俯视鼓山四周众山，小如弹丸，往东南方向远望，大海一望无际。

李拔徘徊四顾，心旷神怡，感叹道：“水之积也不厚，则其负舟也无力；人之凭也不尊，则其视下也不远。不观沧海，不知丘壑之微也；不登大山，不知天下之小也。吾今而乃悟为学之道矣。”为此，李拔在鼓山顶题“登峰造极”。

此行，李拔还在鼓山脚下题“声满天地”，途中题“云程发轫”“小憩”等，在半山题“毋息半途”等，并建了一座仰止亭，作《仰止亭铭》以勉励自己。铭曰：

于铄闽疆，古之瓯越。大海汪洋，奇峰突兀。代产真儒，文风理窟。

媲美鲁邹，蓬蓬勃勃。我登鼓山，中心仰止。仰止何人，曰惟朱子。羹墙犹见，梦寐犹起[①]。矧兹旧游，敢或忘矣。芳踪可溯，书法可尊。巧力何异，道艺何论。心正笔正，理为之根。穷源探本，入德之门。贤关聿启，大道斯张。循墙而走，入室升堂。孔颜乐处，油油未央。诞登彼岸，庶免望洋。闵予小子，孤陋寡闻。不识其径，焉陟其藩。孔卓曾唯，一望无垠。心游目想，呫哔斤斤。嗟我将伯，切磋是资。高山在望，怅怅何之。毋荒末路，毋悲练丝。登峰造极，昭示来兹。

这次登鼓山，适逢鼓山寺募修寺宇。寺僧捧募缘册，恳求知府李拔为募修鼓山寺作序，并题“石鼓名山”四字嵌于墙，募修鼓山寺碑立于山门右侧，至今尚存。

李拔说：“夫登山而不思追踪乎！前哲亦与未登山等。追踪前哲而不得前哲，所以独至之故，亦与未登山等。道若大路，不学面端，哲愚之分也。从善如登，从恶如崩，难易之势也。学山不至于山，学海终至于海，进止之明效也。知至至之，知终终之，不见易而迁，不见难而阻，此贤圣之所以独造其极，而后人莫与京也。”[②]

李拔在福州任职期间，还曾登鼓山祈雨。

清乾隆二十七年（1762年）夏秋之交，福州一个多月没有下雨，周边田野里的禾苗几乎都要枯萎了。李拔准备到鼓山夜宿，斋戒祷雨。他还没到达鼓山，而滂沱大雨倾盆而至，这一年福州府十县稻谷获得大丰收。

鼓山谷深幽静，堪称灵秀之地，往来游人不绝。李拔两次登临鼓山顶，他以此启示后学做学问的要义。

李拔认为，做学问前，要先消除内心的杂念，这样做学问才能合乎大道。

① 羹墙犹见，梦寐犹起：意思是怀念先贤，念兹在兹，即便在梦中也念念不忘。

② 李拔纂修：《福州府志·艺文志·游鼓山记》。

李拔题“声满天地”（福州鼓山下）

李拔题“云程发轫”（福州鼓山）

李拔题“毋息半途”（福州鼓山）

福州人黄任[①]重修《鼓山志》，呈请李拔作序。李拔欣然应允，他在《鼓山志序》中写道：有远大志向的人，所做的每件事都赋有志向，犹如书法每一笔体现书法家的书法水平一样。理想有多重要？取决于山岳有多秀美。山岳有多重要？取决于游人有多少。游人有多重要？取决于吸收多少山的灵气，领会多少山的精神。

李拔认为，首先，天地清和之气，凝结成山，孕育人类。能够吸引天地之秀气的人，就成为圣哲、贤豪，这些人的精神意趣、举止投足，都离不开山的灵气。何况游览胜景，如果景与目谋，理与心会，则游人激昂慷慨，徘徊舞蹈，高兴得无法用语言形容。其次，文人学士自命不凡，也要通过周游名山大川，以激发自己的志气。如司马迁游会稽、探两穴、窥九嶷等，从此学问突飞猛进。杜甫穿巫峡、下荆门、游白帝，由此“老去渐于诗律细”，博闻强识。况且登山的人，以山的高度，海的深度，必然能够陶冶情操，纵横志气。过往千百年，游人来来往往，难道没有探奇访胜？但为何鼓山还是没什么名气呢？鼓山在名贤朱熹题“天风海涛”之书后，名气才开始为世人所重。假设鼓山没有朱熹等名人登山观览题咏，增辉添彩，鼓山即使有奇峰胜迹，也将被湮没，根本原因在于人文缺失。

李拔颇为感慨地说：“故观于山之所由重，而人之重可知也。观于入之所由重，而志之重益可知也。”[②]

李拔登鼓山至朱熹所题“天风海涛”处，曾徘徊观览，恍然顿悟为学要义，作《鼓山游记》，后又在仰止亭作《仰止亭铭》；又心游目想，作《鼓山赋》。李拔在鼓山半山亭题留“欲罢不能”，再上题留“卓尔”；灵源洞题留“寻乐处”，鼓山顶题留“欲从未由”。

① 黄任（1683—1768年），字于莘，永福（今福州永泰县）人，清代著名诗人、藏砚家。清康熙四十一年（1702年）举人。工诗，以轻清流丽为时人所称，七绝尤负盛名，著有《秋江集》《香草笺》。

② 李拔纂修：《福州府志·艺文志·游鼓山记》《鼓山赋》。

李拔题“欲罢不能”（福州鼓山）

李拔题“卓尔”（福州鼓山）

李拔题“欲从未由”（福州鼓山）

李拔的诗文多关注社会时政和人民生活，学习前人诗文中有所为的方法，并不是一味地模仿。李拔认为，文章应该关注现实有感而发，不要无病呻吟，诗文如果只顾表达自己的感情，忽略诗歌的社会现实，是一种偏向唯心主义的文学观。如清乾隆二十七年（1762 年）夏，李拔登临福州乌山，极目南郊，只见阡陌纵横、田畴交错，无限风光尽收眼底，观赏之际，见农民躬耕田亩，挥汗成雨，自己却在游山玩水，顿生悯农之心，题下“望耕台”三字，并建亭以纪：“为念民劳登此台，公余坐啸且徘徊。平畴万亩青如许，尽载沾途血汗来。”

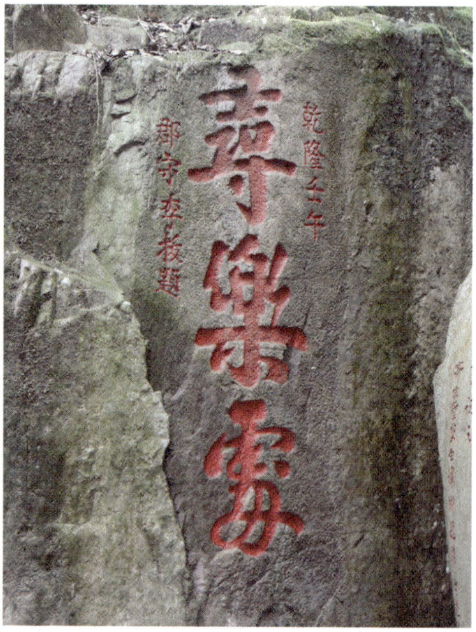

李拔题“寻乐处”（福州鼓山）

李拔撰《重修鼓山寺碑记》

李拔各处题书用词，都经过反复斟酌，以求妥帖、精准。如在宁德白鹤岭古道旁，李拔题有“鹤翥鸾飞”四字，而《福宁府志》中关于此处的题刻为“鹤翥鸾翔”，这不是编撰的错误，因李拔自己担任《福宁府志》的总纂，这是他斟酌再三的真实体现。当初题字刻石，李拔或许想到的就是“鹤翥鸾飞”，在编纂《福宁府志》时，经推敲再三，最终定为“鹤翥鸾翔”。“翔”与“飞”虽然只是一字

李拔题“望耕台”（福州乌山）

李拔题《望耕台诗》（福州乌山）

之差，表现情景却大不一样。“翔”的场景是白鹤在山谷间自由安详地翱翔，不受外界干扰；而“飞”的场景是白鹤在山野某处专心觅食，因外界干扰，或行人路过，被突然惊扰，惊而突腾展翅跃起。用“飞”字，还是用“翔”，只能根据当时的情景而定，哪个词更精准，这也只有作者自知。摩崖石刻与府志记载一字之差，侧面反映了李拔对诗文用词的讲究。

李拔留在各处的题刻，往往很有意境。他曾巡历福宁海防，在东冲口题有“闽海锁钥”。《福宁府志》载曰：“东冲口东则背山，西则面海，南出大海，北入内港，乃全宁出入之要冲也……四邑上流之水，停汇于此，潆洄涟漪，深不可测，入口即为官井。”

福州乌龙江畔的镇国宝塔

东冲口是宁德三都澳通往东海之咽喉，它纳闽东三溪五岳水，吐东海千层万重浪，起伏有度，吞吐有序。它把甜醇的泉流送进大海，使暴戾的东海狂涛化为涟漪荡漾的绿波，任千帆竞发，渔歌逐浪；它将豪放的海风裹挟入澳，使妩媚的三都澳骨骼硬朗，承载起重重山峦和沉沉岩礁。因为有了东冲口这把“锁钥”的护卫，三都澳展现出一派人与自然和谐相处的祥和景象。万顷碧波的蓝色水面，坦荡如湖；万家灯火的水上“浮城”，鱼欢人笑。李拔“闽海锁钥”，让人一眼了然，意会东冲口在福宁海防中的极端重要性。

在福州乌龙江古渡口对面有“龙江飞渡”四字题刻于距离地面两层楼高的山崖上，是李拔任福州知府时巡历至此应景题留的。

乌龙江在此出海，江门窄，水流湍急，一叶扁舟，在波涛汹涌中上下翻腾，凶险异常。这个“飞”字用得传神。短短四个字，从侧面体现李拔对民间疾苦的忧虑与同情。

福州府署后的于山，李拔题有“月朗风清”。或许是某个秋日晚间，李拔刚忙完一天公务，闲暇之余，不知不觉信步来到这里。此时，秋月格外明亮，透过依稀的树梢映射在林间小道，清风徐徐，李拔心静如水，此情此景，唯有“月朗风清”四字最能概括。

李拔的题留诗文没有刻意的雕饰，没有华丽的辞藻，无刻意工整的对仗，也不使用生僻的典故，他遣词造句，以自然为上，雄浑次之，秀丽又次之。李拔一些写景咏物的诗文，写得清新秀美、意韵绵长。

此外，李拔还善于写赋，洋洋洒洒，气势恢宏。他在福宁先后写下《海赋》《福宁郡赋》《太姥山赋》《中流砥柱赋》，合称“四赋”。其中，尤以波澜壮阔的《海赋》最为经典。

在《海赋》中，李拔登山观海，眺远览胜，笔力雄健，性情豪迈，其词句瑰丽，意境宏远。

李拔题“月朗风清”（福州于山）

李拔先是浓墨重彩地描绘了海岸壮观景象。长长的海岸曲折绵延，留下或雄奇，或柔缓，或诡丽的岬角地貌。海上岛屿星布，港湾汇集，海河浩浩荡荡。如赋中所绘“松山蜿蜒而南汇，洄环万岛；砚屿透迤而东折，吐纳三江”。蜿蜒的东南沿岸，百川到海，奔流不息。但见大浪排空，惊涛拍岸，卷起千堆雪，景象奇丽无比。站在海岸上，遥看海面，波涛澎湃，激起高昂的心怀。赋中所描绘的“冲开石壁，霓迅雷鸣；撼如珠宫，星摇月乱”的大海之景，是康乾盛世的写照，亦是知府气度不凡的写照。

《海赋》堪称李拔赋文中的巅峰之作，历几百年，今人读来依然神采飞扬、心潮澎湃、豪情万丈！

第四章

守制起复长沙

李拔在仕途最关键时期，连遭不幸，父母相继辞世，不得不先放手公务，匆匆返乡奔丧。他安葬父母后，又发动宗亲修宗祠、纂谱教家，扶弱济困，尽己所能，丕振家声。守丧期满，李拔起复出任湖南省长沙知府。在长沙，他恪尽职守，勤政爱民，取得卓异的政绩。李拔生性耿直，一身正气，对上不善逢迎，终开罪上司；对下管束严格，属员颇有微词，仕途陷于维谷。

返乡奔丧，力辞生祠

清乾隆二十六年（1761 年）十月，李拔接到家书，母亲染病在床，腹胀难忍，找了多个郎中医治，也吃了不少的药，却一直难以奏效。母亲的病牵动着李拔的心，他心急火燎，恨不得立即放下手中公务，回到母亲的病榻前照料。可是，他刚就任福州知府仅两年，各项施政举措正在推行，有的成效初显，每天要处理的政务繁多，实难抽身。

万般无奈之下，李拔安排妻子杨氏先行返乡，到母亲跟前代为尽孝。未曾想妻子杨氏返乡才几个月，他母亲于清乾隆二十七年（1762 年）六月十八日就病逝了。同年九月，李拔在福州府署听闻噩耗。[①]

过去读书出仕为官者，除了为朝廷效力，实现人生抱负，也有让父母分享子贵父母荣光之意。子女有成就，父母脸上自然有光，这是为人子女的最大乐事。母亲含辛茹苦抚养李拔，几十年省吃俭用，忍饥挨饿，没享多少福就逝去。李拔每每回想起这些往事，悲痛欲绝！

旧制，官员遭逢父母丧事，要在家丁忧守丧三年，不婚娶，不赴宴，不应考。丁忧期间，除奉特旨外，官员停止升转，中止俸禄，服满后才能起复算俸。

官员丁忧守制期限一般为二十七个月，从官员闻讣之日即开始计算。呈报程序：家属立文书，请邻族画押保证，并于五日内呈报本籍州县，该州县加盖印章保证，于五日内呈报督抚，督抚分别题咨，并即移咨任所，知照官

① 李元模撰：《峨峰府君行述》。

员本人，并令其离任。[1]

因服丧期间，朝廷不发俸禄，有的官员会百般恋职，不愿意回籍守孝，因此处罚甚重。官员瞒丧不报或短丧者，俱革职，不准援赦；即便是呈报迟缓，也要罚俸一年，若地方官员不为转报或迟延，也要罚俸。官员丁忧要及时起程回籍，起程迟延视时间长短，也要罚俸或降级任用；如果不起程，还逗留钻营差委、干预公事，将被革职查办。

李拔收到丧报，简单移交公务，原本马上办理离任手续，后因上级要求其处理仓储事务，得到朝廷的批准，延迟了一个月。[2]

清乾隆二十七年（1762 年）十一月十五日，李拔从福州动身返乡。此时，李拔回顾福州三年任职中，他为百姓平反讼狱，教民种桑、养蚕、种树、种棉、织布、兴修水利等事，虽然已经取得成效，但还没有全面推开。福州十县学校书院，虽然都已延聘老师讲学授课，但学校的义田不太多，学生晚间读书

李拔丁忧百姓惜别

① 欧磊：《清代官员丁忧制度论略》，《北方论丛》2012 年第 6 期；刘红力著：《清代官员致仕制度研究》。

② 赖金普整理：《李拔年谱》。原文："壬午九月，拔母丧丁忧。因仓储公务，至十一月十五始动身返乡奔丧。"

用的灯油钱难以为继，难以提振精气神。而闽清、侯官两县还没有书院，小孩读书还没有场所。孤寡无依的百姓，虽公捐生息，得到收养，而老弱病残的，不敢保证就没有遗漏。境内桥梁道路，虽已得到及时修理，但城区洪山、朝天两桥，想修还没修成，市民还在受涉水渡河之苦，这些他都不能忘怀。

李拔许多工作还没做好做完，就遭亲丧丁忧，他很自责，认为自己内不能对亲人尽孝，外不能为民办好事，内心日夜倍受煎熬，寄希望于继任者能够加强监督劝导。让好的政策继续发挥作用，这是他的最大心愿。

李拔离任时，当地士绅齐聚府学，百姓聚集田野，大小商贩在街市站立聚集，想挽留李拔，却又见不着面，大家无不叹息唏嘘。

福州十县士民感念李拔德政，造福百姓，公推乡人黄蕙撰《郡守李公去思碑》，刻碑勒石纪念。

去思碑高度赞扬李拔德政。[①] 大体是说，福州濒临海滨，百姓主要靠出海捕鱼、酿酒、晒盐为生，不懂种养蚕桑，境内百姓所用蚕丝等，都来自外省。李拔先前任福宁知府时，就曾于府署内空地上种棉养蚕，取得初步成效，李拔作《种棉说》《蚕桑说》二说，并令百姓学习种养。不久，李拔擢升福州府，又把《种棉说》《蚕桑说》印发辖下各县，由此向十县推广，百姓受益。福建自王审知开闽以来，从未种桑养蚕，种桑养蚕自李拔倡导开始的。李拔又劝民广种树，种苞谷，又刊《教民碑》及札发十县，以教养成效。其他，还有“禁告讦、捕宰割、止蒲博[②]”，仍允许触法者改过自新。

李拔返乡途经自己任职过的湖北钟祥、长阳、江夏等地，当地百姓获悉，不约而同地聚集过来，自发捐银捐物，护送李拔一行，并集了七百多两银子，想为他立一座生祠。

李拔深感不安，他认为自己何德何能有此福分，受百姓这么大的恩情，

① 黄蕙撰：《郡守李公去思碑》：“乃石有尽而公德无穷，其又不能以尔见缕罄也”。

② 蒲博：古代的一种博戏，亦泛指赌博。

李拔力辞百姓捐资建生祠

坚决推辞，极力制止为自己建生祠。但当地民众意志坚决，最后李拔恳请把这些银子拿去为当地书院购置学田，资助诸生学习，支持地方教育事业。[①]

守制祀亲，刻铭树碑

李拔在返乡途中又得到消息，他父亲上山割草，不小心摔了一跤，卧床不起，于清乾隆二十八年（1763年）三月十一日去世，短短几个月，父母双亡，怎能不悲痛至极。

① 赖金普整理：《李拔年谱》。原文："奔丧过楚，楚中黎庶，相与醵金七百余两，欲为立生祠。退然不安，力止之。众不可。曰：'请以此金为书院置田，俾诸生得资造就，是吾心也。'众乃从命。"

丁忧哭孝守灵图（李拔手绘）

清乾隆二十八年（1763年）春，李拔经四个多月的长途跋涉，于同年四月初七日抵家。李拔刚进文林街，远远望见家门白色幡旗招展，人皆素裹，家人远远出迎，他与二弟相见声泪俱下。李拔得知父亲也在月前寿终，他触棺投地，几乎晕厥，悲痛过度，得病卧床两个多月才能勉强起来。

悲痛之后，该是料理父母的身后事了。父母因子贵，李拔父母都有诰命在身，地方官、乡绅、社会名流及同僚俱上门吊唁。百姓围观如堵，热闹非凡，极尽哀荣。

随后，李拔兄弟在犍为县清溪仙人山择地造墓安葬父母，留铭立碑，光宗耀祖。李拔请好友彭端淑作墓志铭。彭端淑年长李拔十四岁，两人颇有交集。《皇清诰封中宪大夫福建福州府知府李公墓志铭》全文如下：

公讳汝璋，字广生，先世湖广麻城人。其迁蜀之犍为，则自明洪武，始祖敬缘公始也。代有传人，俱载《行述》中，八传而至春长公，生子杠。通守兖州，殉怀宗[1]之难。杠公生子士廉，士廉公生子公鼎公，隐居不仕，教授生徒于乡闾间，有子四人，公其次也。

公旧家子，孝友性成，力学不倦，少负大志，思以振其家声，乃数

① 怀宗：指明代第十六位皇帝朱由检。

李拔题“李峨峰墓庐处”（四川犍为）

奇不遇，流离播迁，几濒于死矣。当是时，伯叔昆季，食指甚繁[①]，日负一日，而老亲在堂，甘旨或缺，计无复之。喟然叹曰：“穷达有命，奈何坐守寒毡，以苦吾亲？[②]”不得已，改业贸迁。

夫人周，有贤德，闻而韪之，助以衣饰。适长君今太守拔在侧，指而言曰：“学，吾家事，吾自废之。是儿聪颖不群，复有兴者，其在此乎！不可因饥寒，令堕业也。[③]”因嘱诸夫人。夫人曰：“唯唯！”当是时，家无担石储[④]，贫不能就外傅。夫人日夕亲课之，纺绩[⑤]是给。公复以经营所赢者，上以养其翁，而下以为修脯计。

于是太守乃得远从名师，以广其学，遂列胶庠[⑥]，贡成均。乾隆甲子，获隽京兆[⑦]，教习内廷。辛未成进士。太守季弟遇春，亦食饩于庠，克成公志。呜呼！殆所谓不有于身，必有于子孙者欤！

---

① 食指甚繁：指家里吃饭的人很多。

② “穷达有命，奈何坐守寒毡，以苦吾亲？”的意思是说，虽然人的富贵有定数，怎么能不努力，而让一家人在贫苦中煎熬呢？

③ “不可因饥寒，令堕业也。”意思是说，人不能因为生活困难，而放弃学业进取。

④ 家无担石储：指家贫如洗，生活极其困难。

⑤ 纺绩：指纺织、纺线。

⑥ 胶庠：指学校。

⑦ 京兆：古代特指西安，这里指京城、首都。

太守之成进士，得入见也。上重其才，分发湖北，授长阳令，复调江夏。迎养公及夫人于署中。

两邑号繁，江邑尤剧。公至，诲之曰：“汝以一介儒生，抚兹大邑，宜冰兢自矢，勤以补拙，俭以养廉，守斯二者，乃可无患。然犹以靡费甚巨，恐亏国币也。[①]”为之持筹会计，丰约适中，至于他务，复提纲挈领，俾太守得以从容治事，案无遗牍。士民欢呼，声闻江汉间。上官称之，曰：“能！”擢汉阳司马[②]，旋升福建福宁守，再移福州，公之教也。公在汉阳，怀归念切。太守涕泣婉留不得，买舟西还，逍遥林下，以其奉养之余，散给亲友乡邻间，数年而公竟飘然长逝矣。呜呼！士遭困厄，往往一蹶不复振，或则溺于宴安，而忘远大。乌能承先继志，训子起家，显名当时，声施后世哉！如公者，可谓识其大者矣。

太守与余交最深，驰仆数百里，嘱余为文。子固有言“非蓄道德而能文章者不能”[③]，余甚愧之，而义不可辞，因为纪其大略焉。

公生于康熙三十年辛未五月二十二日，卒于乾隆二十八年三月十一日，享年七十有三岁。以长君拔贵，诰封中宪大夫福建福州府知府。以乾隆二十八年十二月二十四日与周恭人合葬仙山之阡，余表其墓，而为之铭。

铭曰：

陇西派远，蔚然仙根。公钟其秀，盛德温温。

教子义方，亢宗绳武[④]。出守海邦，为藩作辅。

鸿恩锡类，花诰重封。德门善庆，瓜瓞无穷。

---

① “然犹以靡费甚巨，恐亏国币也”的意思指日常生活奢侈花费多，担心亏空国家的钱。

② 司马：古代官名，古代中央政府中掌管军政和军赋的长官，明清称府同知曰司马。

③ “非蓄道德而能文章者不能”的意思是说“没有道德修养的做出来的文章也不行”。

④ 绳武：出自《诗·大雅·下武》，意思为沿袭武王之道。

愿公世世，拖紫纡青[①]。兰香桂馥，视此刻铭。

乾隆二十八年癸未十月，赐进士出身、中宪大夫、吏部稽勋司郎中兼理考功司郎中事、丁卯同考官、原任广东肇罗道、丹棱彭端淑顿首拜撰。

李氏坊表基石

清乾隆十年（1745年），彭端淑在京师升任吏部员外郎，旋迁文选司郎中，负责人事任免。同年，李拔赴京参加会试，会试落榜。在京期间，李拔与同为四川籍的彭淑端初识，彭淑端对李拔的才学很赏识，他勉励李拔勤力为学，必有所得。不久，李拔就返回四川了。

清乾隆十二年（1747年），彭端淑充任顺天府乡试同考官，在京师为官。这一年，李拔再上京师，参加会试。李拔又没有考中，返回四川，身上已经没有盘缠。他就在河北蓟县一边复习功课，一边设馆授徒，维持生计。偶有时间，他就到四川籍在京任职的同乡处走动，交流学问，增长见

① 拖紫纡青：古代官吏所佩印绶的颜色，比喻地位显贵。

识，拓宽视野，结交同道中人，日子虽然过得清苦，但很充实。这段时间，李拔常到彭端淑处，交流学问，诗文唱和，与彭端淑逐渐建立友谊。

清乾隆十四年（1749年），李拔在京郊幽州、蓟州一带授徒，受引见，聘为内廷南书房教习，时常与在京任职的彭端淑保持联系，交情日深。

清乾隆十六年（1751年），李拔参加辛未科会试，三月中第，四月参加殿试，赐进士出身。随后，李拔到湖北、福建任职。乾隆二十年，彭端淑署理广东肇罗道观察使。乾隆二十六年，彭端淑随船督粤西粮运，船行在南海中，不慎失足坠水，虽被搭救脱险，但他认为这是不祥的预兆。彭端淑感叹："人往往在仕途中不满意时，只会怪罪别人，是谁在排挤自已呢！今天幸运没有葬身鱼腹，这是老天的眷顾，我又能再期望什么。"此时的彭端淑已对官场的尔虞我诈有了充分认识，决意隐退，辞官归蜀，入锦江书院，为地方课士育贤。[①]

清乾隆二十八年（1763年），李拔返乡丁忧时，彭端淑正在成都锦江书院授学。根据制度，官员丁忧回籍后，谢客居家，履行孝礼。有丧事与人往来的情况例外，"如有亲赴省城、更易服色、干谒地方官，并送礼赴席者，指名题参，于补官日降三级调用。即使赴书院教授生徒之类事项，亦概予禁止。"李拔与好友虽然近在咫尺，却不能见面。为了请挚友为父母作墓志铭，李拔只好派得力僮仆飞驰代劳。

丁忧守丧期间，李拔还在犍为县文林街建"五马坊"，在父母墓前建"纪恩坊"，在宗厅"三锡堂"[②]前建"进士坊"等，重振家声，光宗耀祖。

① 李朝正、徐敦忠著：《彭端淑诗文注》。

② 三锡堂：指犍为李氏宗祠。

纂谱教家，泽被后昆

清乾隆二十八年（1763 年），李拔安葬父母后，组织族亲创立宗祠，以报祖德，购置祭田并举行隆重的祖宗祭祀活动，修谱牒联族姓，办家族学塾，聘请名师硕儒，教授族中子弟。他慷慨解囊，救济亲戚或乡邻中生活困难的人。

李拔很有宗族情怀，他常对族人说："从事农耕生产，栽桑养蚕，男耕女织是正经的出路，妇女勤俭持家，孩子勤奋劳作，这不仅仅是解决温饱，还可以免除走歪门邪道。但凡想成家立业的人，没有比这条路更适合了。"并作俚词[①]以训曰：

凡民生计八口，五亩宅种桑麻。
田地不拘多寡，分莳[②]五谷棉花。
墙边无留隙地，好植桑柘桐茶。
后园必有蔬菜，葱韭薤蒜壶瓜。
牛马但取足用，鸡鸭猪羊递加。
耒耜耕锄无缺，织机蚕具纺车。
男妇早起操作，孜孜不懈日斜。
切莫趁墟[③]饮酒，无端浪用欠赊。
更勿棋牌赌博，交结游手浮夸。
一朝立脚不定，眼看断送生涯。

① 俚词：指民间的、通俗的文辞。
② 分莳：移植栽种，如水稻等。
③ 趁墟：赶集。

唯有勤俭二字，终身取用无嗟。

儿孙听我言语，世世长享荣华。

李拔教诲族中晚辈时说：“善于谋生的人，田地不必很多，积财也不必丰厚，只要不误农时、不贪玩，就是最好的致富之路。但凡五口之家，有十亩田地，房子一座居住，墙边栽桑树，后院做菜园，韭菜、蒜苗、蔬菜都种点，喂两头猪、五只鸡、一头牛，田中种五谷、棉花，按季节植树。收成后，家里自己织布有衣穿，自己舂谷有饭吃，再攒点余钱，留存下来，作为小孩成人成家的储备。这样生活，就已经能感到美满、富足了。”

清乾隆二十九年（1764 年），李拔重修《贻清堂李氏族谱》，当时犍为李氏共有支派十一房，为防取名混乱，他亲自手定“元、宗、承、世、家、道、希、先、文、人、钟、秀、龙、廷、万、年”十六字辈，作为后世儿孙取名的依据。[①]

李拔身为封建时代的清官廉吏，除了一心为民，其内心深藏着振兴家族的愿望。在丁忧守制期间，李拔遍访宗亲各家，深入了解，他看宗族子弟安于现状的居多，有远大志向的人很少。李拔感慨时光流逝飞快，人生苦短，而宗族后辈的现状让他内心深感焦虑，不知如何是好。

李拔为家族长久计，不辞辛劳，致力于立家训，教化族人，倡兴家族，

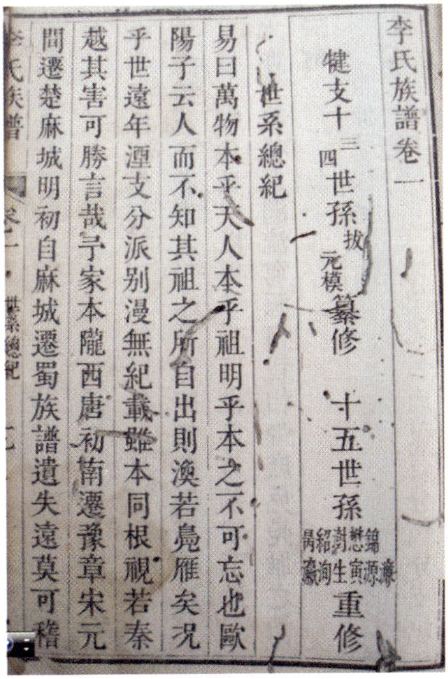
李氏族譜卷一
犍支十三四世孫拔 元模 纂修 十五世孫 重修
世系總紀
易曰萬物本乎天人本乎祖明乎本之不可忘也歐
陽子云人而不知其祖之所自出則澳若鳧雁矣况
乎世遠年湮支分派別漫無紀載雖本同根視若秦
越其害可勝言哉予家本隴西唐初南遷豫章宋元
間遷楚麻城明初自麻城遷蜀族譜遺失遠莫可稽
李氏族譜 卷一 世系總紀

李拔纂修族谱

① 李拔撰：《世系总纪》；李濂、李锦源著：《重修历代分支纪》。

分别撰写了《训子》《教家》《立志》《励业》等四篇家训，希望族中子弟不枉其殷殷期望，能有所感悟，严守祖训家风，身体力行，奋发作为，矢志进取，重振家声。

另外，李拔还作《家谱剩言》附在《李氏家谱》后，作为家训的补充，训诫子孙后代，以期对后辈有所启迪，有所感悟，有所收获。

李拔认为，每个人的寿命长短，不能估计，终归要死，但要死得其所，虽死犹荣。①

李拔父亲李汝璋常说："人生在世，如果一事无成，最终与山间草木一样腐烂了，这是最不幸的事。但只恨自己无所作为，没什么长处，唯有每天早晚努力追求干事创业，才不愧于人生，才能对得起死去的亲人。"《诗》云："夙兴夜寐，无忝尔所生。"说的就是这个意思。

"人如果不知爱亲敬长、不知礼义廉耻、不思承先启后、不思利人济物，这样的人，躯体虽在，与死了没有什么区别，这是最可悲的人生。"李拔认为。

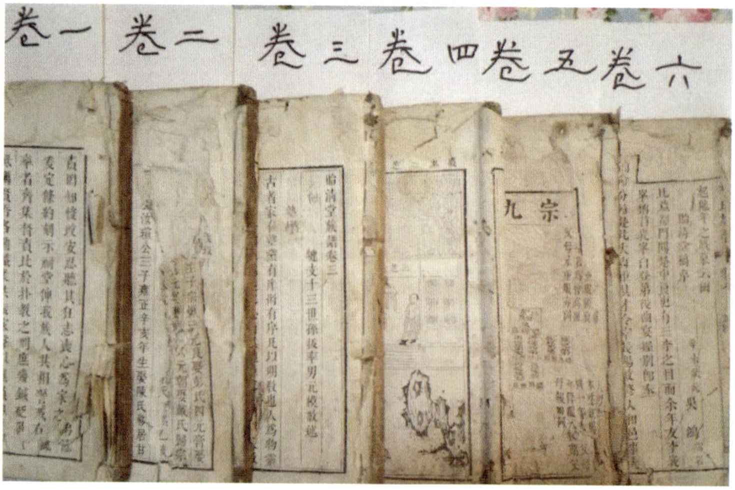

四川犍为县文林街李氏旧谱

① 李拔撰:《家谱剩言》载:"人莫不有一死，死得其所，虽没犹荣。寿命长短，非所计及。"

“人生百年，转瞬即逝。一日不学，此生可惜。”因此，孩子在年少时，作为父母必须对其订立规矩，教他如何用功，教他做什么样的人，并终生为之努力，至死不休。虽然，每个人的成就大小不同，因人而异，倘若已经尽最大努力了，即便没能成功，也没什么可后悔。

李拔说：“人的器量与胆识，举手投足之间就能看出来。”

李拔举他的几个族人为例。如族人李腾芳未发迹时，曾为藩吏。他通告鼓匠说：“一定要拉紧皮，密钉钉子，这样做出来的鼓，不论晴天、雨天，敲打发出的声音不会变音。”藩王对他所言非常惊奇，后被送入太学中式，官至藩府长吏，终成就一番事业。

读书刻苦，天不负人。李拔的族人李沐入赘陕西新店，往来灞上[①]，途中就作文一篇。后考中明成化庚子贤书[②]，任职教谕。

做学问的人有三多，即多读、多看、多作，而多作最关键。李拔年少时，终年勤苦，养猪放牛，背米砍柴，无所不做。但他依然每天坚持作文一篇，出去干活，时刻把书册带在身边。有一天，李拔采桑途中，回家读书迟了，母亲正要教训他，但他已握笔作文。母亲见他这样，十分感动，也就放弃了训话。

李拔小时候家贫，以苦为乐，白天则划粥而食，夜则燃膏自课[③]，困了就靠着案几休息一会儿，数年未尝解衣就枕。后来，李拔仕途发达了，依然保持从前的习惯。

李拔母亲周氏，德性聪敏，治家贤淑。虽贫家无斗粮，周氏依然把家里的事安排得井井有条。李拔认为自家生活能够做到储粮有备无患、教子起家，都是母亲的教诲之功。

祖辈田宅积累十分艰难，而不肖儿孙任意典当变卖，这是最令人痛心的

① 灞上：也作霸上。古地区名，因初灞水西高原得名。在今陕西省西安市东南，蓝田西。

② 贤书：指考试中式的名榜。

③ 燃膏自课：指夜以继日地勤读不怠。

事。李拔曾经见过一个人家里有田宅，父辈希望子孙后代不要把家产败掉，就在房子的大堂立石龛，塑起夫妇两人的像。夫妇过世后，甚至把尸骨都埋在房中，警示后代绝不能变卖田宅，可是父辈埋棺的土还未干，他后辈就出帖，召卖田宅了。

懂得谦让是好事，与人争讼是坏事。中证[①]播弄，胥役吓诈，诉讼虽胜，对自己也伤害不轻，何况不一定能胜诉呢？李拔的父亲曾说："与人争亲，不如另定；与人争田，不如另买。"这是至理的话。

富贵有命，不能强求，而勤耕苦读，应该努力争取。自己不努力，老是怪时运不济，怎么可以这样呢？李拔的母亲周氏曾经说过："大贵由天，小贵由勤。"又说："脚儿勤，不受贫。"这话讲得非常到位。

李拔母亲周氏经常说："志养千口，力养一身。"[②]说的是人一定要有志向，但努力也很重要。汉代的张安世、虞宗治家，他们家里的僮仆没有一个是游手好闲的。东汉邓禹有十三个孩子，每个除读书之外，都有各自的一技之长。虽然说各家富贵无常，如果孩子能够自食其力，就一定可保长久。现在贵族世家孩子，却把自食其力当成一件耻辱的事，真是太奇怪了。

李拔认为，为官发达，但卸任后，既无俸廉[③]收入，孩子沾染了骄奢习惯，家里的仆人也吃饱了玩耍不做事，这样家道败落指日可待。家里虽有田租收入，也不能全凭这些。因此，官员卸任后，最好带家人住在农村城郊，靠近田地，带领孩子和仆人耕地种菜，这样就可以自力更生、丰衣足食，一切菜蔬，可以自给。自己读书教子，没什么需要别人帮助的，这不失为周全的一条出路。

生养孩子不争气，等同于没孩子；组建的家庭不和睦，等同于没家庭。教育孩子光宗耀祖、创业兴家，要先从待人接物做起，这岂是容易的事。但只要能立定家规，兼治耕读，家人各司其职配合做好，就够确保家族不

① 中证：指买卖交易中的中人或证人。

② "志养千口，力养一身。"意思是指立志养活一千人，至少能养活自己。

③ 俸廉：指古代官吏每月的俸禄和每年的养廉银。

致败落。先辈留下来的遗物，后世要奉为至宝。如果先辈有著作或传下来的书籍、金石文字，这是先辈精神的精华，作为孝子贤孙应该要重刻，发扬光大，传几代云礽[①]，还能看到先祖精神风采，不至于遗失埋没。

李拔说："大丈夫要以四海为家，畏缩在故土，一定不能成就大事业。"他认为，蜀人孤陋寡闻，夜郎自大，怎么能成才呢。他希望后世子孙树立远大志向，并努力去实现。

李拔认为京师是国家的中心，这里聚集着最出类拔萃的人才，能够结识好老师，结交好朋友，容易使自己成才，这并不是为了成名。善恶、贤愚摆在一起，差距立马就显出来了。李拔认为，子孙能够恪守家训勤勉做事，就一定能有所成就。

服丧期满，起复长沙

清乾隆三十一年（1766 年）四月，李拔结束三年守丧，赴京起复。

丁忧返乡，官员由在职转为离岗休息状态，要及时移交手头未决之事。返乡时因家有丧事等着办理，对官员个人而言，心情比较焦虑，行程匆忙紧急；而起复之时，官员已经处理完家事，经过两年多时间的休养，对新的仕途充满期待，行程一般轻松愉悦，多半借机游览所经各地风光。

然而李拔在起复赴京路上，却依然牵挂族事。家族子侄多安于现状，不思进取，李拔为此颇为烦恼。他利用赴京途中空余时间，反复思虑，每晚在昏暗的灯光下著《家谱剩言》，以训诫子孙后世。

① 云礽：指八代之后的子孙，代指遥远的后代。

湖南长沙爱晚亭

经一个多月长途跋涉，李拔于五月抵京。在京期间，李拔除了办理起复手续，还为同在京城的长子李元模操办婚事。

李元模，时年二十岁，为县学廪生，妻子名中规，为时任军机周煌[①]之女。

过去官员丁忧起复，原则上新职位要与原职位相当。李拔起复时，福建暂时没有额缺，吏部考虑到他前有楚地任职经历，对湖南、湖北风土民情较为熟悉，而恰逢湖南首府长沙知府出缺。李拔于同年六月十四日接吏部咨文，补授湖南长沙知府。[②]

① 周煌（1714—1785 年），四川涪陵人，科途得意，二十二岁中举，二十三岁中二甲进士，选庶学士，旋任翰林院编修。乾隆二十一年（1756 年），奉诏以中王副使出使琉球，三年后归，升侍讲学士、内阁学士。后历任工部、兵部尚书，上书房总师傅，都察院左都御史等职，深得乾隆赏识。

② 赖金普整理：《李拔年谱》；李元模撰：《峨峰府君行述》。

岳麓书院博物馆

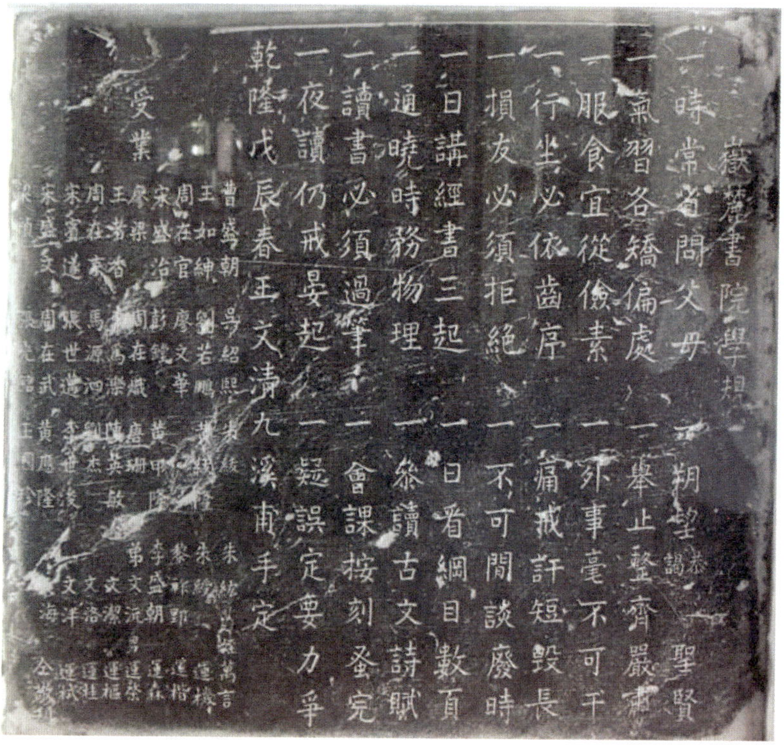

清代《岳麓书院学规》石刻

上谕：湖南长沙知府员缺，着李拔补授。钦此！[1]

清乾隆三十一年（1766年）六月十七日，李拔赴圆明园，具折谢恩。同年六月二十二日，依例李拔谒见乾隆皇帝辞行，并回答皇帝有关政事、经义等方面的问题，这是李拔平生第三次觐见乾隆皇帝。乾隆皇帝当面训谕：“知府一官，务在稽查属员，分别举劾，助督抚之所不及，不可稍有徇庇。”这次见面后，乾隆皇帝给李拔颁赐上谕四道、貂皮二张、香珠一串、紫金锭二十枚。

历史上，长沙府隶属湖南省，府治长沙城，长沙县、善化县同治。明洪武五年（1372年），将潭州府改名为长沙府，隶湖广布政使司，辖十一县一州。清承明制仍设长沙府，辖十二州县。清康熙三年（1664年），湖广设右布政使司、湖南按察使司于长沙，偏沅巡抚[2]移驻长沙。清雍正元年（1723年），改湖广右布政使司为湖南布政使司。雍正二年，改偏沅巡抚为湖南巡抚，隶属湖广。

长沙为湖南省会，巡抚治，布政、提学、提法三司，巡警、劝业、盐法、长宝四道同治，府隶之。管辖范围，东北至京师三千五百八十五里。广一千里，袤五百九十里。长沙府政务繁巨，在清代行政治理定性为：冲、繁、难。就任之初，李拔曾游览岳麓山，撰铭：“窃闻圣教，登高自卑。伦常日用，百姓与如。率由践履，变化固之，之墙何异，美富何奇。毋悲道远，毋泣路歧。

① 李拔纂修：《贻清堂族谱·敕命》。

② 明神宗万历二十七年（1599年），播州（今贵州遵义市）宣慰使杨应龙联合苗民起事，朝廷派佥都御史江铎在沅州（今芷江）始设偏沅巡抚，以镇压起事苗民。明熹宗天启二年（1622年），复设偏沅巡抚。其后或置或罢，至崇祯二年（1629年）定设。思宗崇祯二年，定设偏沅巡抚，驻沅州。又设辰沅兵备道以镇压起事苗民。清康熙三年三月十二日，湖广行省南北分治。长沙、衡州、永州、宝庆、辰州、常德、岳州七府，郴、靖二州归偏沅巡抚管辖。闰六月十一日，清廷命偏沅巡抚自沅州移驻长沙。

循循下学，人圣之基。”巧妙地将学问与人生置于一亭风物之内，让人们在幽思的同时，参悟人生。

古人建自卑亭是因为攀登岳麓山须从自卑亭始，古语云“登高必自卑”。李拔认为，人相对于巍峨的大自然来说何其渺小，由是自卑。但自卑不等于没有自信。这个亭子只不过提醒人们要正确认识自然、认知自我罢了。[①]

清代湖南长沙自卑亭旧照

奉调省垣，协审钦案

李拔从知县起步，历同知、知府一路走来，他廉洁奉公，勤勉尽责，尤其擅长审决讼案，在长沙知府任上，许多长年累积的疑难、繁杂案件经其手，一审而决。李拔明敏果决，善断讼狱，名扬荆楚大地。

① 李拔撰：《自卑亭铭》，时任长沙知府。

清乾隆三十一年（1766 年），湖南巡抚因一起钦定重大疑难案件，久审未决，急调李拔入省垣一同会审。[①]

该案源自一起故意伤人致死案，因主犯找人顶罪，而顶罪人一再说谎、串供，而主审官草率武断判决，事泄又怕承担责任，肆意包庇、隐瞒，导致案件扑朔迷离，一直悬而未决。

一起极为普通的堂兄弟之间打架出人命案件，居然惊动朝野，可见案情之复杂。

原来湖南省桂阳州嘉禾县境内有个叫侯家村的村庄，住着侯姓兄弟二人，两人成家后分别生有三个儿子。哥哥的三个儿子分别为侯学天、侯觉天、侯七郎，而弟弟的三个儿子分别为侯纪天、侯岳天、侯奉天。兄弟两家原本和睦相处，且为当地富户。

弟弟年过六十，与哥哥商量决定分家析产，想把各自那份财产分别分给自己的儿子。

李拔协审钦案

① 李元模撰：《峨峰府君行述》。

虽然分家了，但兄弟两人也担心自己辛苦攒下的家产被后人败掉，于是两人共同约定，分家后的田产大家只能自己耕耘，不得变卖。

多年后，两位老人都去世，长房的侯觉天决定出售自己的田产，并得到自家亲兄弟侯学天、侯七郎的支持。因为有父辈的约定在先，侯觉天的行为遭到二房堂兄弟侯纪天、侯岳天、侯奉天的极力反对。

因堂兄弟意见不合，经常拌嘴、吵架，久而久之，矛盾越来越升级，最终引发两家兄弟纠纷打斗。在一次打斗中，长房的老三侯七郎失手将二房的老二侯岳天打死了。

按《大清律》，堂弟打死堂兄将被判处死刑；倘若是堂兄打死堂弟，罪不当死，可以保一命。

侯七郎很害怕，就找到妻子的舅舅、时任嘉禾县的衙吏陈茂叔设法营救。陈茂叔就出主意，让侯七郎的二哥侯觉天顶罪。因为侯觉天不仅是事主，而且年龄比侯岳天大些，这样就可以不用被判死刑。

嘉禾知县高大成受理命案后，没有仔细审理，就判决侯觉天杖一百，流放三千里。但是死者侯岳天的弟弟侯奉天不服，上告到桂阳州。知州张宏燧正好外出，就将该案委托临武县知县万式署理。

万式草草翻看案卷就认定原审无误，维持原判上报到湖南按察使沈世枫处。

按察使沈世枫仔细审阅案宗后，发现重大悬疑，发回重审。而临武县知县万式不知出于何种考虑，竟然绕过沈世枫直接报给湖南巡抚李因培。谁知李因培一看案卷也发现疑点，要求桂阳知州张宏燧外出回来后亲自审理该案。

张宏燧回来后，对该案进行重审，也发现疑点，死者有二处伤。

眼看隐情就要败露了，陈茂叔只好再出主意，改让年纪更大的侯学天顶罪。张宏燧见有人主动认罪，也想尽快了结该案，以免节外生枝，把祸水引到自己身上，于是草草定侯学天为主凶，拟判为流刑，具文上报湖南按察使司。

湖南按察使沈世枫审核张宏燧的呈文后，发现案情细节不够严密，深感事情没那么简单，仍犹豫不决，没有轻易下结论，转请巡抚李因培核定。

李因培仔细阅读案卷后，认为案情复杂，暂时不能确定真凶，自己也没有十足把握，决定向乾隆皇帝奏报。

乾隆皇帝细览李因培的奏折，认为案情不清，凶手难以确定，严斥沈世枫办事没主见、李因培庇护下属，将李因培调往福建，任命常钧出任湖南巡抚，并命其到任后，首先查明此案，并将沈世枫撤职，由湖南粮道刘秉愉署理。

新任巡抚常钧到任后，急忙调阅案卷，面对堆成小山的案卷，一时也找不出问题，于是召见桂阳知州张宏燧了解有关情况。

张宏燧见新任巡抚也找不出问题，自己的底气陡然足了，更加坚信真凶就是侯学天，说得有根有据。常钧对张宏燧的说法深表信服，还觉得他很会办事，特上奏章举荐张宏燧署理常德知府。

死者侯岳天的哥哥侯纪天见湖南巡抚换人，湖南按察使被罢官，再次前往省城申诉，为弟弟侯岳天之死鸣冤。于是署理湖南按察使刘秉愉派益阳署理知府谢仲坑受理该案，但迟迟没有进展。

不久，乾隆皇帝委派宫兆麟出任湖南按察使。宫兆麟一到任便忙着复审该案，发现证据不足，疑点很多，于是命长沙知府李拔担任自己的助手，专职查办此案。李拔遂留省会协助办案。

在第一次复审时，侯学天抢先认罪。宫兆麟和李拔秘密讯问了死者的嫂嫂刘氏。

刘氏说他们堂兄弟斗殴时，她曾赶到现场，亲眼看到侯七郎用扁担打中侯岳天的脑袋，侯岳天应声倒地。刘氏气愤之极，跑上前去，在侯七郎的肩头狠咬了一口。

宫兆麟从狱中提出侯七郎验看，发现侯七郎肩部伤疤清晰可见。随即让刘氏当堂陈述咬伤侯七郎的经过。侯七郎低垂着头无话可说。

复审退堂以后，李拔与宫兆麟反复推敲此事，一致认定侯七郎是真凶无疑，决定前往巡抚衙门向常钧报告，请他一同会审定案。

哪知常钧早得到了消息。当宫兆麟、李拔说明来意以后，常钧却把脸一沉，反诘他们懂不懂办案？

宫兆麟、李拔不明原委，对巡抚的说辞非常诧异。

常钧认为，宫兆麟和李拔办案没有事实根据，完全凭个人的主观猜想办案。

宫兆麟听后有点生气，当面顶撞巡抚。

常钧说张宏燧费了很大的劲，搞到的证据很扎实，这是作案人内部提供的证据，是最有力的铁证，凭此证据定案是最合情合理的。他认为宫兆麟和李拔仅凭死者嫂嫂说的一句话就推翻原判，这是故意要给张宏燧制造麻烦。

听常钧这么一说，李拔赶紧解释说侯七郎肩上真有死者嫂嫂所说的伤疤，那是很扎实的证据。常钧不听解释，就把宫兆麟、李拔轰了出去。

宫兆麟很生气，连夜拟写了一道奏折，向乾隆皇帝报告审讯中新发现的情况，并极力说明巡抚并不采纳自己的意见。

常钧知道后，也赶紧递了一本奏折，说宫兆麟年轻气盛，担任臬司办事草率，不称职。两位大员互相揭短，使乾隆皇帝火冒三丈。

清乾隆三十一年（1766 年）十一月初，乾隆皇帝谕令委派刑部侍郎期成额[①]为钦差，带着刑部郎中吴坛[②]，赶赴武昌，与湖广总督定长一道审理此案。

---

① 期成额（生卒年不详），内务府镶黄旗人。清乾隆三十四年（1769 年）授叶尔羌参赞大臣，祖父为康熙朝著名学者完颜和素，父为荆州参领白衣保。历任员外郎、护军统领、副都统、叶尔羌办事大臣及侍郎等职。

② 吴坛（1724—1780 年），字紫庭，山东海丰人，清乾隆二十六年（1761 年）进士，曾任刑部郎中，乾隆三十七年（1772 年），内擢刑部侍郎。

朝廷震怒，使湖南政界一片震动。张宏燧私下打探到李拔等人审案的新发现，特别是侯七郎肩上的伤疤，让他深感此案没那么简单。现在朝廷派钦差来，张宏燧尤其惶恐不安，拿出黄金四百两，另修密信一封，命家人夏青赴长沙交给儿女亲家新任布政使赫升额[①]，请他转交钦差期成额，并代为说情。

夏青在长沙街上一家酒店门口遇上了在长沙知府衙门当差的好友富选。一顿好喝，夏青大醉。在富选关切的询问声中，夏青将自己来长沙的目的和盘托出。富选得悉，急忙向李拔禀报。

李拔将此事密告宫兆麟。宫兆麟决定将此事直接告诉钦差期成额，来个先发制人。期成额一文银子不曾到手，却已传出有人要行贿求自己枉法的风声，十分恼火，决心严查本案，以证清廉公正。

期成额会同总督定长、刑部郎中吴坛，将该案关键情节一一推敲，认为谢仲坃及宫兆麟查明的各点至关重要。

但是侯七郎为什么拒不认罪，期成额等人很不解，就通过秘密约见谢仲坃，再阅原案卷，了解其中关联人员，发现侯七郎与嘉禾县衙役陈茂叔有关联，于是立即下令拘提陈茂叔到武昌严加讯问。

陈茂叔一见三堂会审，心中早已胆怯，遂供出作弊情节。期成额获此供词后，马上提审侯觉天，劈头便问案发后与陈茂叔密议情况。侯觉天一阵惊讶，知道隐情败露，便如实供述了侯七郎是主凶等案情。

钦差期成额又提审侯学天和侯七郎，二人仍然坚持原供，拒不改口。总督定长便唤来侯觉天当庭对质，侯七郎见二哥已招供，不得已，只好当庭认罪，亲笔写下供词。大哥侯学天见事情已到这个地步，便也供述了实情。

至此，这起错综复杂的命案终于水落石出。期成额与总督定长审明此案

① 赫升额（生卒年不详），满洲人。清乾隆四十九年（1784 年）奉旨接替袁大鹤，担任台湾北路协副将。乾隆五十一年（1786 年），在林爽文事件期间，赫升额在彰化攻防战中阵亡殉职。

后，分别向乾隆皇帝递上两本奏折。

第一道奏折详细写明了所查清的本案事实，提出处理意见。乾隆皇帝批示由刑部办理。

最后侯七郎依照《大清律》被判处斩立决。侯觉天不仅殴打堂弟，而且代胞弟顶罪，被加重处罚，判处杖一百，流放三千里。大哥侯学天确实比死者年纪大，属堂兄，且只拿了扁担未动手，按《大清律》判处杖八十，戴枷示众两个月。陈茂叔身为衙役，串通案犯，隐瞒实情，因他是武秀才，照《大清律》罢去功名、官差。

第二道奏折详细开列了嘉禾县令高大成一审错定，张宏燧维护原判，顶撞省提刑按察使，串通赫升额企图行贿作弊，巡抚常钧从中包庇等情况，请求皇上圣裁。

乾隆迅速颁布谕旨：

> 令将湖南巡抚常钧、布政使赫升额、嘉禾县令高大成均予罢职；将常德署理知府张宏燧判处流刑，发往边远之地充军。其他凡参与审判这一案件，附和错判的各级官员统统罢职，而且视情节轻重，分别处以杖刑及徒刑。①

清乾隆三十一年（1766年）十一月，奉旨查审侯岳天被殴身死一案，因李拔密禀取得关键人证，终审确定侯七郎是该案主犯。在本案审理过程，不得力的张宏燧等人被革职解任。

乾隆皇帝认为常钧身为巡抚，把这么重要命案，放任属员偷梁换柱，蒙混过关，不能查究，实在太糊涂了。这样的人，怎能胜任封疆大吏？于是常

① 觉罗勒德洪等奉敕修纂：《大清高宗法天隆运至诚先觉体元立极敷文奋武孝慈神圣纯皇帝实录卷》之七百七十二卷。

钧被革职，并令鄂宁调补湖南巡抚。布政使赫升额也难逃罪责，受到应有的处理。[①]

丙戌。十一月。谕军机大臣等、据期成额等。查审侯岳天被殴身死。审明侯七郎确系此案正凶一折。已降旨将张宏燧等分别革职解任。交期成额等秉公质审。至常钧身为巡抚，乃于审理伦纪攸关命案，一任属员扶同弊混，不能查究。据实严参。似此糊涂无识，岂复堪胜封疆之任。当钧已令其来京陛见。湖南巡抚现令鄂宁调补矣。至另折所奏、宫兆麟呈出知府李拔密禀。张宏燧与赫升额营私行贿。请将赫升额革职审讯等语。殊可骇异。赫升额身任藩司，命案非其专责，何至偏执成见，始于回护若此。或赫升额与张宏燧别有结交袒庇情弊。定长等或另有访闻，是以径请革职。亦已照所请革职。着期成额会同定长将李拔禀内各情节，逐一研讯，务使水落石出。令事之处实轻重，毫无遁情，以成信谳。若常钧有所交涉，亦应审出实情，不可为之隐饰。可将此传谕知之。[②]

不拘循例，力陈己见

李拔在长沙知府任上体恤民情，治吏严格，明察秋毫。从他审理一起越

① 觉罗勒德洪等奉敕修纂：《大清高宗法天隆运至诚先觉体元立极敷文奋武孝慈神圣纯皇帝实录卷》之七百七十二卷。

② 觉罗勒德洪等奉敕修纂：《大清高宗法天隆运至诚先觉体元立极敷文奋武孝慈神圣纯皇帝实录》之七百七十三卷。

狱案，足见其耿直执事，严明审决。但也因不徇私情，引发同僚的不满。

清乾隆三十一年（1766 年）九月，湖南省攸县的监狱管理十分松散、稽查松懈，导致发生拐卖犯曾廷兰及偷盗犯等多人越狱事件，原署理攸县知县王煊、典史黄佐丞有失职嫌疑。案件发生后，当地官府蓄意隐瞒，报告不实，坊间舆论沸腾，流言四起。

此事越传越离谱，最后惊动了朝廷。乾隆皇帝命时任湖南省驿监长宝道（清代湖南省设四道，分别是岳常澧道、长宝道、辰沅永靖道、衡永郴桂道）道员熊学骥秘密查访，核实奏报。

为尽快查明该案，湖南巡抚常钧先将知县王煊等人撤回来，另行委派人员署理攸县，并调断案能吏、长沙府知府李拔前往调查，查明禀报。彼时，李拔还在协审侯岳天被殴致死案未结。

这是一起钦案、难案，审不好难逃责罚，审好了也不见得有什么好处。许多人唯恐躲之不及，或推托不受，但李拔没有半句怨言，迎难而上，欣然接受任务。

为了尽快查明该案，李拔星夜驰往攸县，立即调取相关文书档案资料，找相关人员逐一核实。

经李拔详细查核，他发现该案提到的拐卖犯曾廷兰，原名周老一，随同刘景成诱拐邹坤鲁的童养媳秋兰卖钱，当地官府本应拟徙罪。不知何缘故，知县王煊、黄佐丞却以该犯有病在身，仅以羁收外禁。攸县另一案件：有偷盗犯丁老六、周德安系听从吴老八行窃李殿和家的钱和衣服，本应拟杖刺[①]，也均收外禁，仅上脚镣，没有加扭锁。

从以上几名案犯管理看，李拔认为攸县的监狱管理十分松懈，给这些犯人提供越狱的可能，相关管理人员有失职之嫌。

事实正如李拔所判断，清乾隆三十一年（1766 年）九月二十七日夜，先是偷盗犯周德安起意越狱，正在撬门，不料被同狱犯丁老六、周老一觉察到。

① 杖刺：即刺配之刑，集刺面、杖刑、流配三种处罚于一身的重刑，仅次于死刑。

在丁老六、周老一等人的纠缠下，周德安只好将自己的越狱计划偷偷地告诉他们。于是，这伙人集体行动，偷偷从小巷逃到南边围墙下，周德安先将脚镣扭断，接着用扭断的铁圈撬挖墙洞。其他案犯一起挖穿围墙，一同爬出，各自扯破衣服包住头部，混在百姓中假扮乞丐混出城门。监狱管理人员发觉罪犯越狱后，立即展开围捕。至九月二十九日，周德安、丁老六、周老一等人被差役抓获，关回监所。随后，周德安因患重病，知县王煊同意将他发保调治。同年十一月十二日，周德安病故。但原署理攸县知县王煊在上报过程，谎称抓获逃犯后，以“丁老六患病沉重，因此没有及时审讯”为借口，隐瞒了越狱情节。

李拔暗中查明该案隐情，于是将王煊、黄佐丞揭发呈报，由署理按察使事熊学骥、布政使三宝转呈，详报湖南巡抚请参。湖南巡抚常钧认为查办监狱事务非常重要，攸县各官平时管理松懈，导致这些罪犯挖墙逃出，抓到逃犯后，又不据实详细报告，还想隐瞒，规避处分；在李拔侦得实情后，还想以罪犯病重掩饰，而且还让越狱逃犯保外病故，必须严惩这些玩忽职守者。

经常钧特疏请旨，王煊、黄佐丞一并被革职。

这件事，李拔办理并无不妥，朝廷给出的处理也合情合理。该案本不复杂，不该久拖不决，除了知县王煊、典史黄佐丞失职外，其他诸上司似乎也有办差不力之嫌。

在查明该案过程中，有人请托，想找李拔帮忙隐去部分情节，尽量大事化小。但李拔性情过于耿直，坚持己见，如实报告，开罪该案请托人及其背后的庞大关联群体。另外，李拔在平时公务往来中，与上级官员交往不善阿附，与同僚往来又不善逢迎，渐渐地与上司及同僚关系疏远了。

此事过后，有好心的同僚私下提醒李拔，要他学会顺时应变，懂得转弯，圆滑一些。李拔说自己天生硬骨头，即使想弯腰也做不到。虽然李拔深知这是官场大忌，也将无法回避。[①]李拔坚信为官者就要勤政为治，造福百姓，洁身自守，谨慎为官，报效朝廷。

封建时代的官员，身在公门，自有一套运行潜规则，下属没有上司的庇护根本无法立足，封疆大吏也必须有京官做后盾，京官也要有皇亲贵胄的支持，才能行得远，坐得稳，可谓“朝中有人好做官”。

而李拔作为湖南首府长沙的知府，督抚同城，关系十分复杂难处。时任湖广总督定长[②]与李拔先前任职没有交集，定长任福建巡抚时，李拔已离开福建。

李拔在长沙迎来送往平常事务，忙得不可开交，与福宁、长阳时不可同日而语。湖南历来为科举重地，而清代远胜于前朝，于是湖南仕宦者众，为京官者不少。李拔为官认事不认人，对待上司不免偶有怠慢，其仕途岂能顺畅。

封建时代官场生存法则，每位官员除了能做事，清正廉洁，还要有上司的认可、认同，否则一事都做不成、也做不好，甚至可能连官位都保不住，何况李拔开罪的是总督、巡抚等封疆大吏，肯定没什么好果子吃。

李拔在长沙知府任上，勤力工作，夜以继日，不知疲倦，取得一个又一个的佳绩，但不卖同僚及上司面子，终得罪上司于无形。但李拔清廉自守，勤政恤民，上司一时还挑不出明显毛病。

人与人之间交往是相互的，上司对李拔不好，体现在工作生活的点点滴

---

① 李元模撰：《峨峰府君行述》，原文：“拔曰：‘天不予我以脂韦之骨，即我亦无如我何也。虽知取忌，将焉避之。吾惟勤政治以宜民，慎官守以报上而已。其他，故不敢知也。’”

② 伊尔根觉罗·定长（？—1768 年），满洲正黄旗人。初授内阁中书，迁侍读。擢江南徐州知府。四迁至巡抚。乾隆二十二年（1757 年），上南巡，请入觐，命便道省喀尔吉善，赐诗褒宠。寻命与尚书刘统勋按云贵总督恒文贪婪状，即命署云贵总督。调山西巡抚，未之任，丁父忧。旋授副都统衔，往西路军营督屯田事。补兵部侍郎，授福建巡抚，迁湖广总督。

滴中，这些都为后来李拔得罪上司埋下祸端。

耿直无畏，刚正不阿

李拔起复长沙知府后，勤政为民，公而忘私。

长沙知府与湖广总督、湖南巡抚同城办公，每天迎来送往频繁，而长沙政务繁巨，李拔平日处理政务时间大受影响。李拔觉得没必要把大量时间花在应付这些繁文缛节上。自任长沙知府以来，李拔把应付官场的送往迎来，指派下属去做，自己尽量不参与。而光临长沙府最频繁的当然是顶头上司时任湖南巡抚方世俊[①]，长此以往，李拔与其渐渐产生矛盾。方世俊不认为李拔是公务缠身，而是故意怠慢，因而百般诋毁李拔。

李拔与上司关系不和，这种负面消息一旦四处蔓延是很可怕的。但作为下属的李拔，要经常向巡抚请示汇报工作。湖南巡抚方世俊平日或刁难李拔，或借故不予接见。某天午后，李拔到巡抚署汇报要事，方世俊借故不见。李拔却看见方世俊正在署内饮酒，而平日也知道方世俊爱好喝酒。李拔因公务得不到及时汇报，心里很着急。在李拔知悉方世俊故意刁难自己，指责他不宜首府云云，想让他赋闲候缺，他自然不能坐以待毙，终导致两人彻底翻脸。李拔上本为自己辩驳，并报告“方世俊在湖南任巡抚期间，成天饮酒，除办理折奏事件外，其他公务一概置之不问”等情况。

---

① 方世俊（？—1769年），安徽桐城人，乾隆四年进士，授户部主事，累迁太仆寺少卿，外授陕西布政使。乾隆二十九年（1764年），擢升贵州巡抚。乾隆三十二年（1767年），调任湖南巡抚，是李拔的顶头上司。

清乾隆三十二年（1767年）十月，乾隆皇帝接奏报，且他前些日子已得报，听说湖南巡抚方世俊在衙署内成天饮酒，每日醉在酒乡。除办理朝廷奏折事项外，其他公务一概置之不问。便下谕旨："方世俊身为巡抚，受贿成千上万。他罪责难逃。他整日饮酒，有无耽误公务，对他应得之罪，本来也没什么关系，也无须深究。但近日，又收到奏报说方世俊虽然生性喜嗜酒，但都是在晚间才开始喝，从未见其白日沉酣，也没有不接见属员之事。两个奏报大相径庭，真假难辨，要加以核实。"①

先前梁国治②、宫兆麟③两人曾任湖南臬司，与湖南巡抚方世俊同城办事，乾隆皇帝认为这事问他们，应该会比较可靠。

为查明情况，乾隆皇帝传谕梁国治、宫兆麟，命他们立即将方世俊在湖南日常饮酒情况，各自具文奏报所见，不得彼此事先串通，违者一经查实，严惩不贷。④

不久，乾隆收到梁国治奏报，他曾任湖南臬司，与方世俊同城办事一年。

① 觉罗勒德洪等奉敕修纂：《大清高宗法天隆运至诚先觉体元立极敷文奋武孝慈神圣纯皇帝实录卷》之八百七十卷。原文："又谕、前闻方世俊任湖南巡抚时。耽于曲蘖。日在醉乡。除办理折奏事件外。其余公务。概置不问。并有午后即不接见属员之语。方世俊身为巡抚。纳贿盈千。情罪实无可逭。其纵庑废事之有无。于其应得之罪。初无加损。原可毋庸深究。而近日又有言其性虽嗜酒。但系晚间始饮。从未见其白日沉酣。亦无不接见属员之事。与前次所闻。迥不相符。其孰真孰伪。不可不加核实。梁国治、宫兆麟，皆曾任湖南臬司，与方世俊同城办事。知之必真。"

② 梁国治（1723—1786年），字阶平，浙江会稽人。乾隆十三年进士，殿试头名状元。由修撰累官东阁大学士兼户部尚书。乾隆三十二年（1767年），升任湖南按察使，以经术勤吏治，清俭自守，好学爱才，治事敬慎缜密。曾充任《四库全书》副总裁。

③ 宫兆麟（？—1781年），字伯厚，江南怀远人，乾隆三十一年（1766年），授湖南按察使，贡生起家，授湖北安陆通判，累迁至山东粮道。

④ 觉罗勒德洪等奉敕修纂：《大清高宗法隆运至诚先觉体元立极敷文奋武孝慈神圣纯皇帝实录卷》之八百七十卷。"著传谕梁国治、宫兆麟。各就所见。即行据实覆奏。毋得彼此相商。稍有徇隐。"

说方世俊这个人生性好饮酒，但没有见他喝醉过。一切应该办理的案件，他与藩司各道，同往进见商议，方世俊对办理折奏也没有独断专行。言下之意，方世俊为官是不错的。[①]

乾隆收到宫兆麟奏报也说在任湖南臬司时，知道前任巡抚方世俊很能饮酒，但是他处理要紧的事，并没有置之不办，也没听说他午后不接见属员的风声。[②]方世俊是宫兆麟的同僚和原上司，李拔曾经是协助宫兆麟查案的得力助手。宫兆麟回奏乾隆皇帝时，奏报也基本属实，没有偏袒任何一方。

李拔报告方世俊工作作风问题，其实很难坐实。人都具多面性，方世俊在处理公事时对李拔或许推三阻四有之,故意刁难有之,但对其他人也许未必。因此，不同的人报告同类的事，各自所处身份位置与角度都不同，结果也就不一样了。

无论方世俊作风问题事实如何，李拔给同僚留下“不好”印象，难逃背后打上司小报告之嫌。

因此，李拔在接下来的长沙知府任职时间里，虽然用心处事，谨小慎微，但其与顶头上司湖南巡方世俊已“结下梁子”。不久，被方世俊逮了个机会，并报湖广总督定长裁定，以“长沙府知府李拔于省垣要郡不甚相宜，议调解任数月”上奏朝廷。在没有确凿的诬陷证据之下，依照官场惯例，朝廷肯定支持上级的意见，李拔就此丢了首府知府之职。

再回头看李拔参奏方世俊之举。正所谓官官相护，作为湖南巡抚方世俊曾经同僚的梁国治、宫兆麟在没有绝对定论前，或许更倾向于方世俊。因此，

---

①② 觉罗勒德洪等奉敕修纂：《大清高宗法隆运至诚先觉体元立极敷文奋武孝慈神圣纯皇帝实录卷》之八百七十卷。“寻梁国治奏、臣前往湖南臬司。与方世俊同城办事一年。伊性素好饮。但未见沉酣。凡办理案件。臣与藩司各道。同往进见商议，并无专办折奏，其余公务概置不问之事。报闻。宫兆麟奏、臣任湖南臬司时，知前抚方世俊颇能饮酒。其紧要事件仍无废弛，亦并无午后不接见属员之说。得旨，如此则李拔之言为虚矣。然方世俊之罪固在受赃，不在醉酒也。”

梁国治、宫兆麟的奏报情况与李拔的说法不甚吻合，也是寻常不过的事。乾隆看完梁国治、宫兆麟奏报后，已然洞察无遗，心中已有决断。而朝廷治方世俊的罪，与梁国治、宫兆麟奏报已不重要了，主要原因是方世俊受贿，而不在于平日醉酒，李拔参奏侧面引起朝廷关注到方世俊的贪腐问题。清乾隆三十三年 (1768 年)，湖南巡抚方世俊被下属揭发索贿，得银六千多两。乾隆下旨革职，逮送贵州，后发配新疆。

第五章
辗转荆楚大地

常言道：“直臣抵不过毁誉。”李拔不畏强权，刚正不阿，不惜顶撞上司，维护公道正义，却以“不甚相宜首府”，失去长沙知府之职。几经辗转，先后署理衡州、永州、岳州等地。清乾隆三十四年（1769年），李拔因功署湖南驿盐长宝道；清乾隆三十五年（1770年）四月，升任湖北分巡、上荆南道（即荆宜施道）观察使（即道员），主要职责以观察为事，廉访为职，兼管长江三峡航道的治理和水利事务。他任内亲力亲为，致力于三峡河道的清理整治，取得卓著成效。

初署衡州，实心为民

上级对李拔政绩以“不甚相宜”评价，即或许不合适，还好只是“与省垣要郡不甚相宜”，首府要郡知府当不成，到其他府还可以继续任用。

李拔丢了首府之职，这无疑是沉重的打击，极大地影响了他的仕途发展。

李拔初仕钟祥、长阳、江夏等地，乃至到福建福宁、福州等地，一向好评如潮。倘若在长沙首府顺利任职几年，李拔也许早就升道员、按察使、布政使，直至巡抚、总督，甚至到朝廷中枢任职也未必可知。

李拔终因品性耿直，经上司呈报吏部议调，停职待安排。彼时他儿女亲家周煌，奉命巡学江西回京复命，擢升刑部右侍郎，圣眷正隆。倘若李拔肯请其出面斡旋，或替自己说几句好话，断不至于被调离长沙。只要李拔自己愿意，一纸飞书，或许就能化解眼前的困境。但李拔一向刚毅果决，绝不请人说情。不久，湖广总督定长举荐了衡州知府王采珍[①]接替李拔署理长沙。

王采珍与李拔同榜进士。王采珍中进士时名次比李拔靠前一些，但与李拔命运一样，未能留京。但王采珍以知县即用，而李拔以知县用，仕途起步比李拔略显优势。

清乾隆十七年（1752 年），王采珍就任宜昌府南溪知县。这时期，李拔也在宜昌府辖下的钟祥县任职，平常肯定也有不少见面机会，缘于两人履历相似，同年进士出身，又在同一地方任职，自然会有对比。但从李拔的平生诗文及相关文书资料看，从没有提及他的这位同年。古代科举同年很重要，

① 王采珍（生卒年不详），字献廷，山东滨州人。历任四川南溪县、成都县知县，合州、邛州知州，湖南衡州府知府，湖北郧阳府知府。

又在同一区域任职，怎么可能没有交集呢？只有一种可能，李拔与王采珍不是一路人，关系很一般。

王采珍在南溪县一任就是九年，治下法令简约，社会风气好，也算政绩不错，中途虽有转任他县，但久困知县一级，未能升迁。而这时期，李拔的仕途顺达，历钟祥、长阳、江夏知县，汉阳府同知，辗转东南福建福宁、福州知府，两人已不可同日而语。李拔在福建首府福州知府任上，政绩卓著，屡获嘉奖，就在他仕途即将百尺竿头更进一步时，却突遭父母去世，丁忧去职，仕途好势头就此中断。

李拔返乡守制这几年，王采珍经历南溪九年知县的“修炼”，似乎顿悟官场规则，仕途终于有了转机。

王采珍历任四川南溪县、成都县知县后，擢升合州、邛州知州，官至湖南衡州府知府。李拔起复时任湖南首府长沙知府，见到往日仕途困顿的同年王采珍，早已不是昔日的“吴下阿蒙”。此时的王采珍虽然略不及李拔的长沙首府，但也已荣任从四品衔的衡州知府。

李拔全身心实干为民，却忽视了与上司的密切沟通。一不留神，失去首府长沙知府也就算了，湖广总督定长居然推荐了李拔的同年王采珍。作为李拔、王采珍的共同上级定长，当然知道他们两人之间的关系，或许有意让李拔难堪。

朝廷派王采珍接任长沙知府，李拔实难理解。当年的王采珍，转眼在新任上司眼中成了“老成质朴，才识优长”。

清乾隆三十三年（1768 年）二月，李拔无奈以长沙知府衔，暂署衡州府。

衡州府，其地古属三苗、扬越，战国属楚，秦属长沙郡。汉初属长沙国，又分属桂阳郡。后汉属长沙、桂阳郡地。明洪武二年（1369 年），改为衡州府。清乾隆二十二年（1757 年），析衡阳东南境，置清泉县。于是，衡州府下辖衡阳、清泉、衡山、耒阳、常宁、安仁、酃县等七县。

李拔在衡州府任职仅几个月，时间虽短，却做了不少事。李拔建育婴堂，禁游惰，教民种树，严丧礼，移风易俗，辖下七县士民倾心，当地社会风气大为改观。在衡州期间，李拔重视文化，尤其对衡州石鼓书院的整修倾注心血。①

石鼓书院创建于唐代中期，北宋朝廷两次颁赐敕额而名动天下。特别是南宋一代大儒朱熹的一篇《石鼓书院记》，而使石鼓与岳麓、白鹿洞书院合称“天下三书院”，成为中国古代书院的楷模，旋以“宋代四大书院”名扬天下。

李拔上任伊始，见石鼓书院虽已增修多次，但历年久远，许多古碑埋没，书院学舍破败不堪，已难复往日风采。

李拔认为衡州这么大，专心做学问的人不少，一定能培养出大儒。于是，他立即组织人手重修书院。时任衡阳县令、清泉县令系学道中人，也有心恢复书院，热心捐俸，并发动地方乡绅一起倡议捐俸，得银千余两投入重修。先修书院门墙，再修墙宇、亭阁、碑碣，整修后的书院焕然一新。走进书院的人都说重修得很好，这么盛大的重修工程，不能没有重修碑记，于是大家公推李拔作重修碑记。

李拔欣然接受，他在《重修石鼓书院记》中说，“宋儒讲明理学，以杜其弊，而书院始兴”，盛赞朱熹所作《石鼓书院记》，最后寄期望于衡州学子，要勤勉学习，奋发图强，努力振兴地方文化事业。②

重修期间，李拔把书院的学规训义、章程进行重刻，特别对朱熹手书的训义碑和谢良佐③语录进行翻刻，立在书院内，并在谢良佐语录碑上作跋，说：“此朱子手书也。语既警醒，可供针砭；字复遒古，如睹鼎彝。朱子尝讲学

① 郭建衡、郭幸著：《石鼓书院》。

② 李拔撰：《重修石鼓书院记》《倡修石鼓书院崩岸序》。

③ 谢良佐（1050—1103年），字显道，人称上蔡先生，今河南人。师从程颢、程颐，与游酢、吕大临、杨时号称程门四先生。谢良佐创立了上蔡学派，是心学的奠基人、湖湘学派的鼻祖，在程朱理学的发展史上起到桥梁作用，著有《论语说》。

石鼓书院

石鼓，殆当时训示诸生者。明嘉靖中李楯义泐石于学宫，兵火埋没。乾隆辛巳，掘地得之，稍有剥落而神采无恙。”[1]

李拔忧虑朱熹等人的珍贵手书碑刻经风雨侵蚀而消失，因此他亲自临摹重刻后，立在书院内，留给后人学习，作为学子的入门参考。

李拔还选取古训可法者如《博文》《约礼》《敏事》《慎言》等亲书刻碑，嵌于书院堂壁，有的立于讲堂外廊，供诸生观摩学习。李拔曾多次亲临书院讲学，考课诸生，寄希望为国家造就更多有用之才。

公务之余，李拔经常来书院督察，他见书院讲堂后有小块土地，荒废作为临时茅厕。李拔立即命人凿石成平台，在平台之上，建三间廊轩，并在廊轩周围种上花草树木，两侧增加回栏，并题其额“留待”二字，取名留待轩。

留待轩建成后，当地文人士绅常到此游览，为地方增添一处胜景。李拔还作《留待轩说》，他这样写道：留待轩的景色，江水与月色交相辉映时，

① 李拔撰：《重修石鼓书院记》《倡修石鼓书院崩岸序》。

景色最好。每遇上游溪水下泻，留待轩前，汪洋无际，波光灿烂，特别是每月十五日前后，景致最佳，眼前如万顷玻璃灯，让人心潮荡漾，瞬时忘却世间的繁杂，让心灵暂时得到安宁。

闲暇之时，李拔经常在留待轩驻足观景至深夜，周围万籁无声，月亮冉冉当轩而起，好像置身于月球上的广寒宫，一派清冷，顿时有了兴致，大快叫绝，正想邀人共赏，回顾左右却空无一人，恍然置身石鼓山上。[①]

石鼓书院突兀江心，经常受洪水冲击，堤岸多次受损。为确保书院安全，李拔还集众人力量，加固崩岸。乾隆三十四年（1769 年）五月，衡州蒸溪洪水暴发，冲垮石鼓书院堤岸，当时李拔已调任署理永州府知府了，时任石鼓书院山长旷敏本[②]命弟子送信，告知李拔灾情并求助。[③]

李拔阅后，心急如焚，立即交代旷敏本弟子带回他的倡议书，遍告当地乡绅，共同倡议修复崩岸，士民踊跃倡议捐俸。募得修复经费后，旷敏本与清泉县令共同召集工匠，筑土砌石，在长长的堤岸上，一层层加固，崩塌的堤岸又恢复原状。

清乾隆三十五年（1770 年）夏，护堤又被大水冲毁，经费缺口太大，修复之事难以实行。第二年，清泉县令来找已任湖北荆宜施道道员的李拔商讨修复事宜，李拔主动担起修复的责任。经李拔建议，多方募集经费，终于完成修复。清泉县令专门请李拔作《倡修石鼓书院崩岸序》。

除了石鼓书院，李拔对衡阳县学也十分关注。衡州西门外的衡阳县学，周围池水涟漪，相传一代大儒周敦颐曾读书于此，作《爱莲说》而名扬天下。李拔慕其名，在这里修建了一座亭子，题额“爱莲”。爱莲亭西向为元妙观，乡人刚刚修葺一座庙宇，庙里供奉三清，李拔还为此撰重修碑记，刻石立碑。

---

① 李拔撰：《续衡州艺文志·留待轩说》。

② 旷敏本（1699—1782 年），字鲁之，湖南衡山人，乾隆元年进士。乾隆三十四年，任石鼓书院山长，与李拔交往甚密。

③ 李拔撰：《重修石鼓书院记》《倡修石鼓书院崩岸序》《续衡州艺文志序》。

在衡州期间，李拔本想重修《衡州府志》，因前知府于乾隆二十八年（1763年）刚进行了重修，短时间内不宜再修。但李拔认为，衡州人文荟萃，过往文献，浩如烟海，旧志艺文收集过于狭隘。于是，李拔主持撰修了《续衡州艺文志》四卷，时任石鼓书院山长旷敏本为之作序。

旷敏本在序言中写道，石鼓文脉不绝，有李拔之功，他将这些濒临失传的重要文献，重新整理收集起来刊印，传之后世，让在石鼓书院学习的学子，能从这些留存下来的典籍中汲取精华，发扬光大。[①]

再署二州，士民倾心

在署理衡州府任内，李拔没有受调离首府影响，依然实心为政，造福百姓，任内禁游惰，教民种树，严丧礼，移风易俗，政简刑清，百姓服政，地方气象更新。

清乾隆三十三年（1768年）十一月，李拔在衡州准备大展宏图时，上谕命其署理永州府知府，只好匆匆离开衡州。

永州府，在湖南衡州南三百余里，境内高峰入云，二水环绕，崖壑幽异，景色清幽。永州隶属湖南省衡永郴桂道，统领一州七县，即道州、零陵县、祁阳县、东安县、永明县、江华县、新田县。当时永州有两城，零陵县城为永州府所在，城内设有两个衙门，即府衙和零陵县衙。

永州府署在永山的一个小山坳里，署后奇石万状，惟妙惟肖，如芝、如兰、

① 李拔撰：《重修石鼓书院记》《倡修石鼓书院崩岸序》《续衡州艺文志序》。

朝阳洞（湖南永州）

如菌、如盏、如樽，千姿百态，难以用言语来形容。

李拔在永州任内，注重振兴文教，曾安排人手在此多种植竹子、树木，在岩石上题刻“天产灵芝”，又在衍真西山，题诗刻于石。

永州府学宫建在永山的最高峰，这里风景秀丽，奇石耸秀，李拔刻“高山仰止”于其上。此外，在永州郡署东南有一个朝阳洞，这里景色奇绝，下临湘水，悬岩嵌空如一座房屋，洞中有唐宋时期的摩崖石刻，这些书字，笔力遒劲。李拔很喜欢，他曾多次到这里游览，流连忘返，并大书“朝阳胜景”刻其石上。

李拔对永州的书院振兴，颇费心思。郡署旁的永州濂溪书院，年久失修，墙体剥落，房舍坍塌。李拔带头捐俸并发动乡绅捐款重修书院，经过修葺，书院外观焕然一新，远近士民欢欣鼓舞。重修书院后，李拔时常亲临这里，与秀才讲学论道，并刻《道统渊源考》及各箴铭于壁，勉励诸生勤力为学，报效朝廷。[①]

除了倡兴文教，李拔还十分注重地方治理。因永州府捕快与贼私通，百

① 李拔撰：《道统渊源考》。

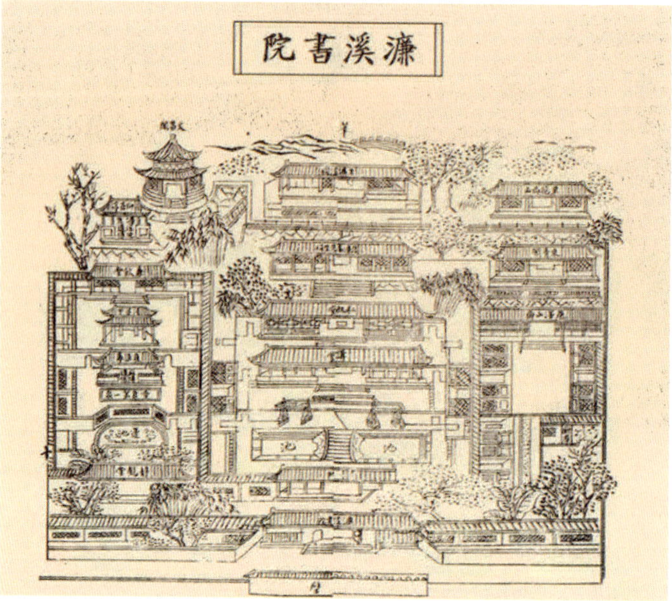

濂溪书院

姓被劫掠，报官从来一无所获。李拔到任后，订立规程，严缉重惩吃里扒外的捕快，发挥民间力量捕盗，联络编户，各村设号锣，每当有盗贼事发，一人敲锣，一呼百应，盗贼很快人赃俱获。从此，盗贼再也不敢来了。

永州当地民间贫困家庭，有溺女婴的恶俗。李拔知道后，带头捐银两千两，创修育婴堂，并订立《收养丢弃女婴章程》，确保好办法能够延续下去。

李拔署理永州府的时间很短，他除了课书院、移陋俗等，还不辞辛苦，徒步行走乡间，深入田间地头，遍访民间疾苦。李拔每到一地巡察，轻车简从，不要县衙摆酒设宴，吃住简单，不打扰地方官府，深得士民称赞。

清乾隆三十四年（1769 年）三月，李拔在署理永州期间，勤于政事，成绩卓著，经湖南巡抚宫兆麟以“才情明练，任事勤干”向上举荐。吏部依议移文保送，李拔未到京，又接上谕，命李拔署理岳州府。

岳州府，在三百六十里洞庭之滨，岳阳楼上俯视全湖，汪洋万顷，俨然一大景观。

李拔署理岳州时，主持武科童子试。武试结束后，李拔顺道登上岳阳楼游览。

古人常说："三百六十里洞庭湖，气象万千。"李拔自己亲临后，见眼前景致，不禁赞叹："果然名不虚传！"这次游览因时间紧，而且还有保障府试安全的重任在身，李拔不敢纵情游观，怕耽误正事，只能走马观花。游览过程中，李拔思范仲淹当年在此作名篇《岳阳楼记》，因此，取其中千古名句"先天下之忧而忧，后天下之乐而乐"，大书"先忧后乐"四字嵌于壁，以抒发其鸿鹄之志。

李拔无论在青年时期，还是中年游宦大江南北，其诗文多次提到范仲淹的名句"先天下之忧而忧，后天下之乐而乐"，这是他对治政实践和历史规律的深刻思考，也是一个为政者浩然正气的体现。

李拔立志为民，居官服政，树立正确的政绩观，时刻把百姓的利益放在首位，吃苦在前，享乐在后，努力做一个百姓爱戴、忧国忧民的清官、好官。

洞庭湖君山

李拔辗转衡州、永州、岳州三个地方，没有一处待足一年。但他从不抱怨、不气馁，不计较个人得失，时刻以年少时发下的初心"用我所学，造福众生"警醒自己，他心中唯有百姓，唯有天下苍生。他心系百姓，勤勉为政，又不失雅兴，历览东南山水，吟诗题咏如故。

洞庭湖景色秀丽，而以君山景色尤胜。君山在洞庭水中，突起嵯峨。每年夏、秋之交，四面俱浸，远望如青螺浮空，周围几里，田畴竹树，皆有可观。而崇胜为最，层峰峙起，前山中断如阙。李拔登君山之巅观览，眼前一望无际，千里汪洋，顿然灵悟，因书“鸢飞鱼跃”四字嵌于壁。[1]

值得一提的是，李拔辗转三个州府的同时，王采珍署理长沙府没多久，不知何故也丢了长沙知府之职，转任湖北郧阳府知府。甚至在郧阳知府任上，王采珍在审理属员典史用刀杀衙皂致死案时，指使他人篡改供词，改为衙皂自杀，后被人揭发，由湖北巡抚陈辉祖弹劾，王采珍因篡改供词、颠倒黑白，被革职拿办。最后，王采珍被发配边疆充军，先于李拔辞世。王采珍的仕途跌宕起伏，不禁令人嘘唏感叹。

功升道员，极尽恩荣

自清乾隆三十三年（1768 年）二月至乾隆三十五年间，李拔辗转于湖南衡州、永州、岳州等府，每到一地任职时间虽然不长，但他秉持初衷、实心办事，勤勉为政，报效朝廷。李拔在长沙知府任上，奉旨审理湖南嘉禾县“侯案”，在该案的审理、调查起到关键作用，终使久拖不决的疑难钦案迎刃而解。

乾隆皇帝下旨，给予勉励嘉奖，口谕“李拔处事干练，明达事理，甚得朕心”，并谕令吏部，着李拔升道员，遇有道员缺出题补。

因一时没有实缺空出来，着李拔暂时署理湖南驿盐长宝道。

---

① 郭建衡、郭幸著：《石鼓书院》。

清乾隆三十五年（1770年）三月有了实缺，朝廷特旨：

上谕：湖北荆宜施道员缺，着李拔补授，钦此！[①]

清乾隆三十五年（1770年）四月初，李拔奉旨从岳州府出发，赶赴北京觐见。四月初九日抵京，立即往吏部报到。

四月二十二日得内廷悉，诏李拔觐见。李拔即赴圆明园具折[②]谢恩。在圆明园，李拔与乾隆皇帝面对面，简要奏报个人履历。

乾隆皇帝问李拔："你办侯七郎一案，办得好。你一向精明能干，为什么湖北巡抚方世俊却要把你简选调用呢？"

李拔回奏："方世俊奏请调衡州，都属要缺，因部议以繁调繁，与例不符，始行调简。"

乾隆皇帝再问："方世俊在湖北，贪污受贿，劣迹斑斑，你不知道吗？"

李拔回奏："方世俊私下贪污受贿，我实不知道。"乾隆皇帝反复追问，李拔仍如前奏。

乾隆说："你不是不知道，是因为方世俊已经获罪了，不肯落井下石罢了！"于是，乾隆不再问此事，令内阁大学士等人调查李拔"调简"[③]原案。

几天后，李拔与直隶按察司裴同一同请训蒙旨。乾隆先召李拔入见，复问方世俊去年罪行没暴露前，社会上早就传得沸沸扬扬，怎能瞒得住你呢？

李拔回奏："外边有风闻，但我没有真凭实据，不能无凭无据参人。"乾隆皇帝又问李拔办理侯七郎一案详细经过。于是，李拔将该案审讯的细节，

① 李拔纂修：《贻清堂族谱·敕命》。

② 具折：备拟奏折。

③ 古代官员能力与职事繁简不相当者，于品内互调。这里指李拔从长沙知府调任衡州知府的事。

一一据实详奏。奏毕，李拔请乾隆皇帝圣训。

乾隆皇帝说："你不须朕训话，只要照你从前的方式去做就好了。"这是李拔第四次谒见皇帝。[①]

清乾隆三十五年（1770 年）四月二十四日，内廷侍官至李拔住处宣旨：着即赴荆宜施道新任。

奉旨当天，乾隆再次召见李拔。皇帝围绕李拔即将赴任的新岗位，询问到任后如何施政，有何想法、有什么困难等。针对新职具体事务处理，乾隆当面训话，面授机宜，这是李拔平生最后一次觐见乾隆皇帝。

李拔到任后，清乾隆三十五年（1770 年）闰五月初三日，他又接朝廷传敕：

敕湖广上荆南道，兹命尔管分巡上荆南道事务，驻荆。扎州府兼管荆州、宜昌、施南三府所属地方，南抵巴蜀，北连安德。

该道居荆，控制所属府州县，并施、洒等各卫所，及容美各土司，与抚奖裁并事务悉照原定经制事例管辖。其卫所经管钱粮，各官仍照旧听尔统辖。首在抚绥黎民，安辑土苗，劝宣德意，约束衙门官吏胥役，使之恪遵法纪，毋致作弊生事，扰害官民监司。本源既正，方可表率属员，用循职业，宜加意修城筑堤，积聚粮饷，捕缉盗贼，稽查逃人。仍诫谕有司简讼清刑，洁己爱民，生聚教训，共图保障。凡系流移人户，须设法招徕，各复本业，不许奸人借端诈害，严禁滥征调剂，兵民各相辑睦。如大兵征讨，经由地方督修道路、桥梁、粮草、舟车，皆当通融预备，以待临时支给，事竣报核，毋容有司朦胧横派，重困小民。所属各官，有贪残溺职者，转报该督抚参处。

尔仍听督抚节制，年终将行过事绩，开送该抚，咨部察考。尔受兹

① 李元模撰：《峨峰府君行述》。

委任，当持廉秉公，殚心竭力，使小民乐业，斯称厥职。如贪墨乖张，因循怠忽，贻误地方，责有所归，尔其慎之。故敕！[1]

从敕令看，乾隆皇帝从李拔任湖北分巡、上荆南道（即荆宜施道）的管辖区域，职权范围，如何为政，注意事项，协理事务等都做了详尽指示。最后，敕令李拔要廉洁奉公，尽心竭力做事，使一方百姓安居乐业，不要辜负了朝廷厚望。

李拔得到乾隆的充分肯定，官升一级，正是春风得意，前途可期。

孰知，湖北分巡、荆宜施道道员之职，却成为李拔一生仕途的巅峰。常言道“日中则昃，月盈则蚀”，此后，李拔的仕途再次受阻，长期羁于州府。

除鬼门关，化险为夷

长江三峡又名峡江，西起重庆奉节县白帝城，东至湖北宜昌南津关，全长近两百公里，沿途两岸奇峰陡立、峭壁对峙，自西向东依次为瞿塘峡、巫峡、西陵峡。

三峡航道的秭归段属西陵峡，自古滩多水急，灾害频发，给当地百姓和过往商旅带来诸多不便。对航道进行疏凿和整治是历代为官者不可推卸的责任，这段水道疏凿和整治最早始于北宋。

① 李拔纂修：《贻清堂族谱·敕命》。

秭归段的新滩河道在三峡一带名气很大，三峡航道整治绝对绕不开新滩。北宋时期对秭归段新滩一带航道的整治主要有两次。一次是北宋景祐年间（1034—1038 年），秭归县令陈起疏凿新滩航道；一次是北宋皇祐三年（1051 年），归州知州赵诚治理新滩航道。明代地方官府对三峡航道秭归段的整治规模较大的有四次，涉及地点有新滩、崆岭峡、吒滩等三处。

归州古城城垣图

清代对三峡航道秭归段的整治主要有两次。其中很重要的一次就发生在李拔的任内，他率众开凿三峡水路和纤道施工达二十余处，对后来影响深远。

清乾隆三十五年（1770 年），李拔任湖北分巡、上荆南道观察使兼管水利事，上任伊始，他即率属员历视临江各县，亲勘督修大堤小垸，严禁横征侵渔，避免属员包揽草率，务使工归实用，坚固完密，以卫民生。李拔先后督工修凿巴中、秭归以下险滩数十处，以方便往来船只航行。①

李拔治理河道，注重一线调查研究。清乾隆三十五年（1770 年）夏天，

① 啸海：《李拔治水西陵峡》，《中国三峡建设》，2000 年 6 月。

三峡古纤道（档案资料）

烈日炎炎，李拔率属员沿长江支流视察水运。主要目的是修缮航道，保证交通、繁荣商贸。李拔一路走来，目睹三峡航道上过往船只很少，一片萧条景象。他觉得很奇怪，就向当地百姓打听情况，原来是链子溪栈道年久失修，山货都出不去，盐船又进不来。这引起了李拔的高度重视，他决定到链子溪实地查看一下。

李拔来到链子溪悬崖栈道，抬头仰望，只见河道两岸全是万仞悬崖，令人头昏目眩；他低头俯视，只见绝壁直插谷底，河水吼声如雷。更要命的是，脚下栈道破损不堪，摇摇欲坠，存在重大安全隐患，严重影响商旅往来。行人一旦失足，抑或纤绳断裂后果不堪设想，没有安全的纤夫栈道，船只如何向上游行驶?

李拔找出三峡航线萧条的原因了，修复加固栈道成为当务之急。他回到驻地，连夜赶写报告，向湖广总督报告并请求拨款重修栈道，很快得到上级的批准。

为修这条栈道，李拔深入船工渔民中征求意见，遍访修栈道专家，召开“诸葛会”研究对策，四处筹措银两，精心设计方案，还亲自请来能工巧匠。

施工期间，李拔坚守在工地上，亲自检查督促工程质量安全。他的为民情怀，感动了附近民众，百姓纷纷到工地帮忙，商贾纷纷出钱支持。李拔率领劳工艰苦治理，经过两年施工，一条横直斜有3条铁链、7个石眼、99个铁环、33级石阶的纤夫栈道工程胜利竣工。[1]

虽然工程艰辛，但李拔颇具文人气质、不失洒脱与豪迈，他每整治一处艰险河道，都要亲笔题字，留下一幅幅石刻。从此，链子溪的水运重新恢复了繁忙的景象，满载货物的船只来来往往，纤夫的号子在山谷中激荡。

长江西陵峡归州城前的长江边，有多处古代石刻。鼎心门下有数道巨大怪石群组成的石梁，挡住从川东奔腾而下的长江，形成了归州城天然屏障。浩荡的江水冲击着这数道巨石，发出雷鸣般的吼叫。有九道巨大怪石群由西向东没入水中，如同九条巨龙呼啸着奔向长江，故称“九龙奔江”。其中有

李拔题“雷鸣洞”（归州叱滩）

① 王家德：《李拔与三峡石刻》，《四川文物》，1994年第2期。

李拔题“路别云泥”（归州莲花村碎石滩）

一石梁背上有人工开凿的石洞叫“雷鸣洞”。清乾隆三十六年（1771年），李拔于此成功治水后，题“雷鸣洞”三字刻于石。

三峡归州段两岸悬壁陡峻，无路可走，商旅经过此处只能冒险从黄魔滩闯滩而行——真可谓“难于上青天”。李拔率工在此凿通了悬崖，为行人开通了一条道路，与此前无路可行，形成天壤之别。通道完工后，李拔在此题刻“路别云泥”四字，并于陈家湾题七绝诗刻于石：“万石艅艎一线牵，同声欸乃韵攸然。溯流直上三千尺，箫鼓咚咚尽日填。”以示纪念。①

另外，破水峡西起巴东的黄岩，东至归州的王家嘴，此峡以险阔名，古来船只航行至此，船工无不心惊肉跳，江水翻腾，船只“十有九翻”，俗称“鬼门关”。千百年来，不知有多少人，命丧其间。在破水峡北的小溪边，建有一座七级宝塔，人称“义塔”，人们把从峡江中打捞起来的尸体放入塔内，塔的下三层已堆满白骨，故又称“白骨塔”，此溪得名“宝塔河”，足见这段河滩的凶险。

① 张青：《三峡治水人李拔三游洞壁刻》，《三峡晚报》，2013年8月4日。

为排除凶险，造福百姓，李拔下定决心破除这人间地狱之门，率领劳工打掉礁牙，掏开沙滩，几经艰苦施工，终于取得成功。

大功告成后，李拔颇为自豪地在峡北岩壁上分两行镌刻了“化险为夷”[①]四字，给后人提供了观测三峡河道安危的标志，又给人以排除万难的勇气。[②]

在西陵峡，民间至今留下许多李拔修河道的故事。西陵峡有民谣：“先人敢化险，我辈岂懦夫？”在秭归西陵峡段，李拔又率修江劳工整治三峡最险恶的拽滩、兵书宝剑峡、青滩、崆岭。

清朝初年，当地官府在拽滩已修有一条长八十三丈的纤道，后因多年失

李拔题“化险为夷”（巴东县东瀼）

① “化险为夷”摩崖石刻，现存三峡牛滩口绝壁之上。

② 王家德：《李拔与三峡石刻》，《四川文物》，1994年第2期。

修，纤夫难以通行。李拔率众江工对纤道崩塌地段重新砌石修补，并凿开崖上纤道，为往来拉纤的船工修复了一条“救命路”。

在距秭归县城数十里的大山中，有一个北风垭，垭上有一座屈原庙。在指挥劳工治水之余，李拔还曾登临此庙拜谒，为祭吊屈原题写了一通碑刻。碑刻字里行间，袒露出他不畏凶山恶水、敢与天地斗争、纵横山水间的精气神，并纵情讴歌屈原的高风亮节。

凿石平江，治水功成

黄牛峡是西陵峡中一段极为险恶的河道，这是三峡河道治理的关键环节，也是最难的一处，令无数治河官吏尽折腰。然而李拔豪情满怀、排除万难，在这里开创他的治水千秋伟业，并留下多处摩崖题刻。

黄陵庙（湖北省宜昌市）

清乾隆三十五年（1770年），李拔率属下及劳工亲赴长江三峡开凿水路，在西陵峡黄陵庙驻扎了一段时间。

黄陵庙，古称黄牛庙、黄牛祠，相传三国时期蜀汉丞相诸葛亮为叩拜禹王治水的功德而建，北宋欧阳修被贬为夷陵令时重修。在黄陵庙这段时间里，李拔目睹诸葛亮过庙题写的《黄牛庙记》，还亲见了历代文人名流的题咏，如唐代李白、杜甫、白居易；宋代陆游、苏轼、黄庭坚、欧阳修；明代陈禹漠、陈嵩极；清代张鹏翮等前人赞美大禹治水和西陵峡神奇风光的诗碑。黄陵庙现保存禹王殿、武侯祠及山门。

禹王殿（湖北省宜昌市）

唐代诗人李白曾跋涉此峡，以诗感叹：

三朝上黄牛，三暮行太迟。

三朝又三暮，不觉鬓成丝。

足见通过黄牛峡的艰难。李拔不为艰难险阻所困，勇啃硬骨头，他一反古人面对黄牛峡的惊恐情状，指挥劳工们不屈不挠地向凶滩恶水进击，先后整治了这段河滩中最难治理的“三珠石”“红石子”“渣波”等礁群、浅滩。同样，在黄陵庙治水成功后，李拔豪情万丈，纵情提笔，留下多方颇为豪迈的题刻与诗文。

如诗文《黄牛山》：

峭壁奇峰势插天，森森剑戟碧云连。

操舟上下常朝暮，怅望黄牛滴翠烟。

如诗文《黄陵庙》：

董工开导类传奇，绘象山形哪可知。

唯有平成功德远，千年庙貌枕江湄。

如诗文《诸葛祠》：

蜀相勋名伊吕才，遥临染翰亦雄哉。

石莲尚有遗踪在，妇孺悲歌绕绿苔。

又如诗文《三珠石》：

楚天到处有三珠，乱石横流不可图。

铸得秦鞭[①]驱海底，媚川好是影全无。

这些历经风雨、斑驳碑文道出李拔不相信董工治水的神话，不相信黄牛峡真有神牛“绘象显影”的神灵保佑苍生平安，他坚信只有通过自己脚踏实地，不懈地努力奋斗，才能够成功治理三峡的险滩、暗礁。李拔把无畏无惧治理三峡的豪情诗文和水文资料制成碑刻，安排人埋在黄陵庙前的地下。

李拔担心变化莫测的大洪水或许哪一天爆发，把这些地面上的水文记载冲走。于是，他预埋碑石于地下，为后人留存一份治水资料，造福后世。[②]

巴东归州至东湖一带航道，拽新滩、崆岭、三珠、鹿角、虎牙等处，每一处都是险滩，这里怪石嶙峋，波涛汹涌，船只一旦触及，将被撞得粉碎，岸上的人想挽救也毫无办法。

李拔主持疏凿航道“去危石，开官漕，除急漩，修纤路。共施工二十多处，群工雨集，万斧雷鸣”。历无数次失败，李拔督修意志弥坚，行动迅速果决，组织施工，历时两年，终于收到实效。

---

① 秦鞭：即秦皇鞭石。《初学记》卷七引《齐地记》曰：“秦始皇作石桥，欲渡海观日出处。旧说始皇以术召石，石自行，至今皆东首，隐轸似鞭挞瘢，势似驰逐。”

② 张青：《三峡治水人李拔三游洞壁刻》，《三峡晚报》，2013年8月4日。

三峡治水是困扰华夏民族的千年难题。清乾隆三十六年（1771年），李拔三峡治水大功告成后，他异常兴奋，大笔疾书《凿石平江记》，并令人镌刻于黄陵庙禹王殿前，与世人分享这一份来之不易的成功喜悦。千百年来，华夏民族在三峡治水中表现出了无与伦比的胆识和智慧，治水成功福泽万代，治水者由此名垂千古。

《凿石平江记》

大江发源岷山，汇西蜀百川之水尽入夔峡[1]以出汪洋，迅疾势如奔马。瞿塘滟滪之险，世所绝称，而入楚为龙，甚楚。自巴东归州以至东湖，拽新滩、空舲、三珠、鹿角、虎牙等处，寸节皆滩。巉岩怪石，急湍横流，舟行触之，无不立碎覆辙，相循接救无术。其为生民之患久矣！乾隆甲戌、乙亥之间，前道来公[2]始其开凿，旋遭去官，未及观成。予于庚寅丙戌，莅任荆南[3]，触目惊心，广搜博访，备得各处受患，应修原委上其状于制抚[4]。咸报可，乃率首

李拔撰《凿石平江碑记》

① 夔峡：瞿塘峡的别称。夔门位于长江三峡的西端入口处，扼守瞿塘峡之西门，两岸断崖壁立，高数百丈，宽不及百米，形同门户，故称其为夔门，瞿塘峡也因而得名夔峡。

② 前道来公：指李拔的前任、湖北荆宜施道台来谦鸣。

③ 荆南：即今湖北江陵、公安一带。

④ 制抚：即巡抚，治理安抚一方。

令各官，偕揄[①]从事，得若干金，于水涸之时，亲临履勘，设法筹划。去危石，开官漕[②]，除急漩，修纤路，凡施工二十余处，群工雨集，万斧雷鸣。两冬之间，颇有成效。咸谓不可无记。予惟程子有言：一命之士，苟存心于爱物，于人必有所济。况吾辈遭遇三[③]，明忝膺司牧[④]，倘坐视阽危而漠之省，徒忧痛患之谓何？毋乃实有所阙，以负夙心[⑤]。今不动帑[⑥]项，不役民夫，而险阻既平，民资利涉。殆春秋之法，书利而不书费者欤？虽然，非谓自兹以后，遂可无事也。长江积石，迤逦纵横，虽已去其太甚，而盘踞绵亘不可磨灭者，何可胜数。自今以后，倘能裒集众力，每届冬令，即凿去一分，则民受一分赐。历年既久，积石尽去。其有功于舟行，岂小补哉？因为之铭。铭曰：

滔滔江水，惟禹治之。
百川顺轨，趋赴若驰。
突波触石，巨舰离披。
夔门绝险，滟滪瞿塘。
江洋喷薄，沿及楚疆。
虎牙鹿角，狼戾鸱张。
昔也来公，心存继美。
凿石安澜，良规载起。
旋即左迁[⑦]，未完中止。

① 偕揄：齐心协力。
② 官漕：运输官粮的河道。
③ 吾辈遭遇三：指李拔在长沙知府任之后，连遭三次仕途不幸。
④ 司牧：指管理、统治。
⑤ 以负夙心：有负为官一任，造福一方的初心。
⑥ 帑：指贮藏钱财的府库。
⑦ 左迁：指降低官职，即降官。

予尸[1]其后，利济为怀。

畴咨既广，宏议斯开。

上官同指，荣励群才。

守牧咸与，令丞效职。

万斧雷鸣，不遑日昃[2]。

矶去浪平，如清返侧。

咸歌乐恺？予独欿然。

事难创始，功在及泉。

因循鲁莽，厥病相连。

所期来者，继长增高。

抽薪釜底，庶静洪涛[3]。

舟航永奠，毋负成劳。

赐进士出身中宪大夫，湖北分巡、上荆南道、统辖荆宜施等处地方，兼管水利事，随带加三级，纪录四次，剑南李拔氏撰并书。

“自今以后，倘能裒集众力，每届冬令，即凿去一分，则民受一分赐，历年既久，积石尽去。其有功于舟行，岂小补哉？”李拔立志要像愚公那样搬掉家门前的大山，除掉川郭咽喉的险礁；要像大禹率众治水，三过家门而不入，不把三峡暗礁险石排除疏通，让上下舟船安然畅通，他决不罢休。

李拔身为治水领导者，却事必躬亲，身体力行，凿石导航，亲临一线履勘，与江工一道探讨，设法筹划，破解难题。他深知三峡沿岸滩险礁石太多，要疏通、要排除的难点不可胜数。仅凭自己个人的力量是远远不够的。故此，他“所期来者，继长增高。抽薪釜底，庶静洪涛。舟航永奠，毋负成劳”。

① 尸：即尸位，空占职位，不尽职守。

② 日昃：指太阳西斜。

③ 庶静洪涛：治理滔天的洪水。

他实干苦干、言行如一，在亲临三峡两岸凿危石的同时，沿途刻石题记，咏物名志，激励来者。

李拔以“大功告成”总结自己治理三峡业绩，足见修河道之难，这是他历尽艰难险阻后，取得超凡成功的极度喜悦。[1]

李拔为什么肯花这么大力气治理三峡，并能够取得成效呢？

李拔是四川人，他从小生于长江上游的岷江附近，亲见长江上游及其支流岷江的水患滩害，壮年后又入湖北为官，有幸兼管长江的水利。他一生对川、鄂咽喉的水运情况十分熟悉。再加上“前道来公始基开凿，旋遭去官”，这就使他更加感到川东和鄂西的长江两岸人民“其为生民之患久矣！”这是家乡人民的夙愿，几代人想都不敢想的大事。

李拔以超凡的勇气，立志为家乡父老做成这件大事，这正是他“为官一任、造福一方”的真实写照。

三峡咏题，金石流韵

李拔是一位很有才气的封建时代的官吏，他热衷于山水感悟，吟诗为文，书词留刻。李拔在四川、湖北、福建、湖南、三峡等地，所作诗文洋洋洒洒数百篇，题刻满山。

李拔善诗赋、工书法。他每到一地任职，公务之余，喜山水而好吟哦，所到之处，皆有题留。目前所见他的留刻主要是摩崖、碑刻，还有部分的墨迹。

---

① 李拔撰：《凿石平江记》。

李拔题“丹井流香”（福州于山）

李拔的摩崖题字以榜书为主，以三四个字居多，往往刻于悬崖峭壁上，或溪江临流边，擘窠大字，壮观震撼。

较为集中的题刻，如在福州鼓山，有“声满天地”“云程发轫”“卓尔”“欲罢不能”“毋息半途”“登峰造极”等；在福州于山，有“月朗风清”“望耕台”“丹井流香”等；在宁德白鹤岭，有“沧海一粟”“鹤翥鸾飞”“二郡鸿沟”等。星散各地的题刻，如福州罗星塔“砥柱回澜”，闽清县“山清水秀”，连江县琯头“海阔天空”，仓山区峡北村“龙江飞渡”。福宁府治地，就有“宾阳门”“阜城门”“春满南天”“海国桃源”“郡域拱护”“龙首要津”“禅心寂静”等，字体雄浑圆润，笔力遒劲工整。

另一类是碑刻，以行楷书写自题诗，字体隽秀，点画灵动，掺以行草书写，有“二王”笔意。如霞浦县的《盐田待渡诗》、罗源的《才翁石诗》等。在衡州任职期间，李拔重修石鼓书院，题碑刻如“蹈和”二字，结构严谨，笔力遒劲雄健，“峨峰”二字，运笔雄浑圆润、豪放洒脱、遒劲工整，堪称李拔碑刻书法中的佳作。

而三峡题刻是李拔书法艺术的集中体现，在三峡石刻中占有重要的位置。凡唐、宋以来的文学家到过三峡的，峡江的风光激发着文学家创作出大

李拔题“造物同游”（西陵峡三游洞）

量的诗篇，令今人仍耳熟能详的名篇也不在少数，像李白的《早发白帝城》。现留存于三峡地区的历代文人墨客的题刻中，以李拔的题字最多。从重庆到宜昌之间长江沿岸的著名风景名胜中，几乎处处能看到李拔的题刻。他每治理一处险滩，巡视阅览三峡沿途的人文风光，都会留下诗文题刻，堪称三峡题刻第一人。

《宜昌府志》载：“李拔，字峨峰，四川犍为人，乾隆辛未进士，补长阳县。性明敏，善诉讼，补筑城墙，以能擢江夏令，历任至荆宜施道，为荆南观察使。从宜昌至重庆的江岸，均有其题刻。”①

李拔的诗文与他治理三峡水利、河道息息关联。而且每处可以说都是有感而发，触景生情，情景交融，给后人留下了不可多得的“石宝”文书。

清乾隆三十五年（1770 年）冬，李拔治水之余游览西陵峡外的三游洞，他题“造物同游”四字，赞美三游洞的山水石洞等自然风光，如天工造物，神奇无比，如仙境一般，置身三游洞中如同游入仙界。

① 《宜昌府志》，清同治三年（1864 年），宜昌知府聂光銮主持编修。

李拔题“香溪孕秀”（归州香溪镇）

在风景秀丽的香溪，李拔题“香溪孕秀”。香溪从昭君故乡宝坪流到归州香溪镇汇入长江。香溪之所以得名，是因为此河“水味甜美，两岸多香草，故名香溪”。另一种说法，王昭君的故里在香溪畔的兴山县宝坪村，因为“昭君临水而居，恒于溪中洗手，溪水尽香”，由此得名香溪。

李拔对昭君远嫁、乡愁难遂无比同情，他在香溪青山绿水间触景生情，作《吊明妃》诗：“明妃钟秀地，溪水尚流香。顿觉山花霭，遥怜青草香。琵琶怀恨远，青冢结愁长。更寿胡为尔，徒教姓字芳。”凭吊这位为国家和平做出不朽贡献的奇女子。

香溪在兵书宝剑峡的上游，古时水势极为凶险。李拔在这里指挥民工整治礁滩后，竟不顾脚下湍流、头顶悬崖的危险，在面对大江的陡崖上刻下四个大字“香溪孕秀”①。这副题刻作用很大，既提醒江上过往旅客这里是香溪，又可以作为“崖上水文站”，人们一旦望见三峡水淹到“秀”字下面的一个石嘴，就知道长江上游发洪水。

李拔在三峡治水过程中，还曾路过石门和十二背等地，分别题诗留刻。有《石门》诗云：“石门何崒律，刁斗更增雄。俯视千峰碧，高瞻万仞崇。

① “香溪孕秀”摩崖石刻，位于湖北省西部的香溪河。

烽烟占永息，智勇相俱空。在德非关险，含思止不穷。”《十二背》诗云：“巫山十二峰，荆门十二背。回环锁钥工，面面遥相对。”[1]

清乾隆三十六年（1771 年），李拔从四川入三峡顺江东下，船过巫峡，日星隐曜，波涛汹涌，这里是蜀楚交界处，为此题“楚蜀鸿沟”。顺江再往下行，山势低缓，波平浪静。李拔见巴东县城已到，因仰慕北宋名相寇准为政清廉，刚正不阿，便舍舟登岸，步行到当年寇准为廉明议政而建的秋风亭，向寇准叩首拜谒。李拔回望巫峡，想到一路闯滩走险历经风浪的历程，而到了巴东楚城，不仅水势变缓，且巴东代代传扬着寇准的清明政声，于是李拔在江边这处岩壁上挥毫题刻了四个大字“楚峡云开”。

李拔题“楚蜀鸿沟”（巴东县官渡口）

除此之外，在秭归县泄滩，李拔题“宏开利济”，并有诗文：“万石艅艎一线牵，同声欸乃韵悠然。泝流直上三千尺，箫鼓冬冬尽日填。”李拔在新滩题刻诗文：“危矶激灌浪排空，咫尺樯帆路不通。鞭石好随流水去，平成应许后先同。”

李拔三峡题刻书法自成一体，延续其雄浑圆润、遒劲工整的风格。有的

① 李拔撰：《宜昌府志·艺文·十二背》。

李拔题“楚峡云开”（巴东信陵镇）

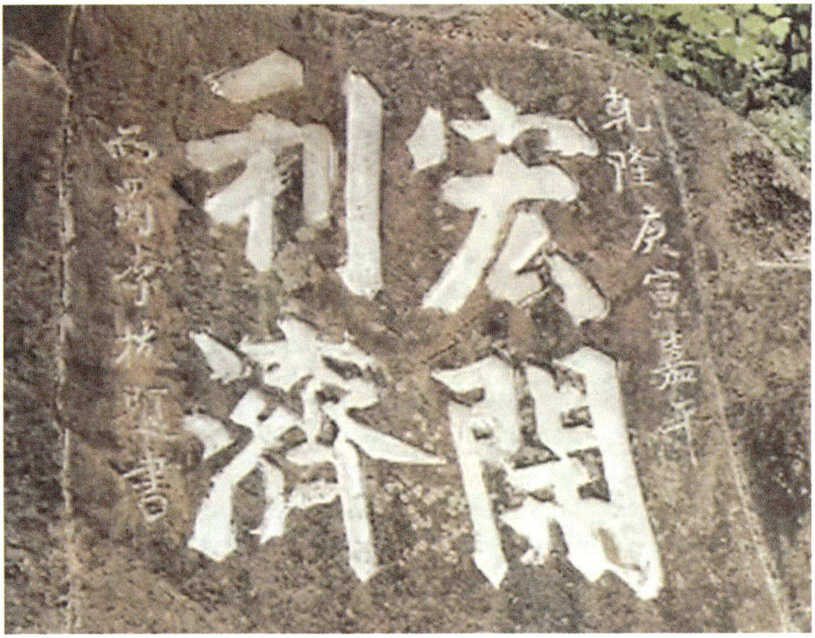

李拔题“宏开利济”（归州洩滩）

题刻因三峡工程建设而被人为保护起来，如香溪河口水府庙后的“香溪孕秀”等。现存于三峡沿岸较著名的李拔题刻有：在归州镇南岸的“路别云泥”、新滩黄岩的“安怀楚甸”、泄滩北岸的“宏开利济”、巴东县万流天子河对岸上游岩壁上的“楚蜀鸿沟”及信陵镇秋风亭以东的“楚峡云开”题刻等等。

可以说，李拔三峡治水、清滩平礁造福一方，彪炳史册，功在千秋，其三峡诗文豪迈大气，光耀九州。

纵观李拔平生在湖北、湖南、福建、三峡等地的题文词句，内涵深刻，散发出一种历史的厚度，其用笔浑圆厚重，气势磅礴，让人领略其不凡的书法风格。

李拔题“安怀楚甸”（归州新滩镇）

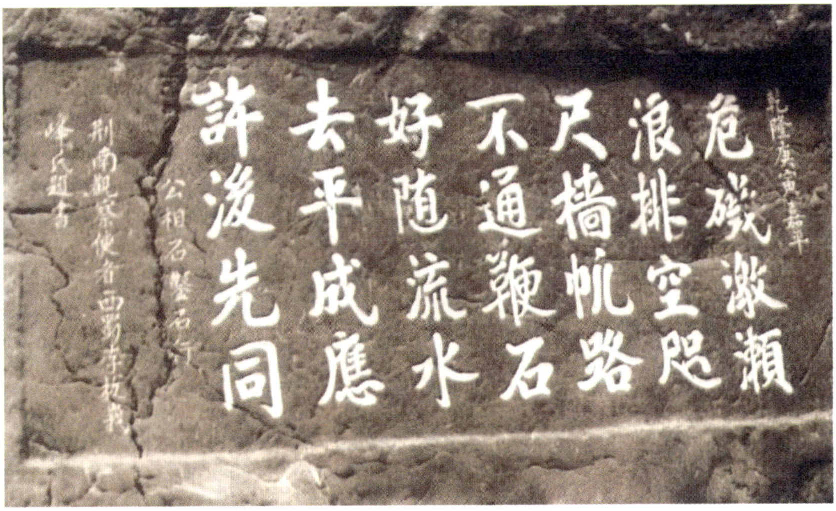

李拔题“峡江诗刻”（归州新滩镇）

第六章

矢志报国不渝

李拔一生为官不论顺境，还是逆境，秉持“在一邑则荫一邑，在一郡则荫一郡，在天下则荫天下”的为民理念，持之以恒，始终如一。他严守自己的官箴，克己奉公、勤政务实，身任湖北荆宜施道观察使，躬身致力三峡河道的治理，严格督巡辖区各府行政，维护一方治安，保障百姓安居乐业。即使身处逆境，为民初心不改，直至生命的最后一刻。

审断公明，督巡有章

李拔在湖北分巡、上荆南道观察使任上，除了率民工三峡治水外，还经常参与地方诉讼案件的审理，并深入辖区各府巡视督察工作。

清乾隆三十六年（1771 年）二月，新任湖北巡抚奏称，仓储粮食作为备灾之用，很有必要。像湖北省这么大的省份，又是鱼米之乡，所储粮食不过五十余万担，根本不算多，应该多存储些，其他各地更应当留意辖区内仓储积贮情况。

经奏请乾隆皇帝同意，崔纪要求各地组织清查通省各州县常平仓、社仓实际存谷数，以备不虞之用。

“洪范八政，食为政首。”解决粮食安全问题，始终是历代各级地方官治政的头等大事。仓谷储存情况，关系社会安定稳定，事关重大。为确保掌握各地仓谷储存实际情况，防止有人拆东墙补西墙，蒙混过关，动摇江山社稷根基，李拔严格执行朝廷谕旨，并建立“突击抽查法”，即对所统二十一州、县的仓库的巡查，事先不打招呼，不指定去向，身边仅带仆隶一二人，轻骑简从，行动迅速，不惊扰周边百姓，突击巡查仓库有无亏缺及各种情况，及时掌握实情。”

李拔巡查，事先不打招呼、不要陪同、不定线路、不听汇报，直奔一线、直插现场，一夜之间，公务已完毕。百姓晨起，才知道昨夜观察使夜巡州县，对其工作的方式方法，交口称赞。[①]

---

① 李元模撰：《峨峰府君行述》。原文：“岁晚，巡查所统二十一州县仓库有无亏缺及各种情况，仅带仆隶一二人，轻骑简从，莫不称便，以免扰民。”

有次巡查，李拔到了宜昌府长阳县，在离城几里地有一亭，一行路途劳累，下马打尖。李拔进亭小坐，但见亭内立一碑，上面记载前长阳知县李公峨峰勤政爱民、清正廉洁事迹。原来，这是近二十年前，李拔自己离开长阳后，当地百姓自发筑亭，以纪其德政。[①] 李拔内心不平静，亲自用布擦去灰尘，认真品读碑刻，时光仿佛回到近二十年前，在长阳任职的过往，一幕幕在李拔眼前浮现，仿佛就在昨天，这些怎能忘怀呢？

"政声人去后，民意闲谈中。"李拔阅后，心中无比感慨！这是一方百姓对自己政绩的最好褒奖，更加激发李拔为政热情和造福百姓的意志与决心。

清乾隆三十六年（1771 年）十月，李拔被上级临时抽到省城协助处理一起重大要案，当时主犯已经招供犯罪事实，证据确凿，不必再侦查，可以定罪了。李拔即行做出审理判决，准备呈文报刑部复核定案。但顶头上司不同意李拔意见，认为该案证据还不够扎实，有待补充，要求李拔再缉主犯。李拔说明该案主犯已抓获，并已招认犯罪事实，可以定罪结案了，不同意再抓捕其他人。

虽然李拔与上司做了沟通与解释，但上司坚持己见，不断催促李拔再抓捕其他人。李拔觉得上司不可理喻，一而再，再而三地与上司据理力争。

李拔说："证明犯罪事实的供词已经确凿，而舍去确定的证明，再另外缉拿主犯，则该案原告死去的人，将蒙冤得不到昭雪，倘若再平白无故另抓他人抵罪，抵罪的人就更无辜，这是一起案件，让两个人蒙冤啊。如果这样处理，那还要律法做什么？如果一定要另外再拿他人抵罪，另请他人办理，我干不了。"[②]

---

① 李元模撰：《峨峰府君行述》。原文："长阳离城里许有李公亭，乃昔年去邑后，里人所筑以志爱者。"

② 李元模撰：《峨峰府君行述》。原文："以谳决重狱赴省。时其犯已自招认。但上官不欲，将出之而另缉正凶。李拔力争再四，曰：'证明辞确，而舍此另缉，则前之死者，冤终不雪，而后之偿者，冤更无辜，是一狱而两冤也。其若，宪典何必？如所命另办，请勿列本道职衔。'"

李拔公开这样说话，很拂上司面子，在场参与审讯该案的其他官员听李拔这样对上司说话，都感到非常吃惊。

大家都认为李拔过于耿直了。[①]顶头上司知道李拔会坚持到底，于是就依了李拔审理意见，拟定判决意见，呈文报刑部核准。

李拔“固执”己见，上司表面上虽然没说什么，但已暗暗记恨在心。[②]这为李拔后来因一点小过错，遭人弹劾终致落职，埋下了祸端。

李拔自小磨砺坚韧不拔的品格，他不畏困难，有破解任何困难的勇气；他处处以百姓为中心，处困不惊，大公无私、堂堂正正、光明磊落，深得百姓爱戴。他本可以有一个更广阔的平台，施展平生抱负，但其耿直不屈的精气神就好像是从骨子里长出来的，挡也挡不住，在处理复杂人际关系时，缺乏圆润，终影响其仕途，间接限制了其人生抱负。

在湖北荆宜施道任职期间，恰逢湖北省壬辰科恩科乡试，年近花甲的李拔被选任内监试官，进京途经汉口，游览名胜黄鹤楼。

黄鹤楼与晴川阁隔江相望，晴川阁由于唐代诗人崔颢“晴川历历汉阳树”的著名诗句而定名，晴川阁内有禹碑亭，碑文共 77 字。相传大禹治水成功后在此刻石纪念，意为大禹治水，使百姓能安居乐业。时任荆南观察使李拔题“奇特难识”。

李拔集经语，题晴川阁联“沱潜既道，江汉朝宗”。期间，李拔还拜祭了禹稷行宫，他敬仰大禹治水的功绩，感佩荆楚民众与洪水搏斗的壮举，手书“荆楚雄风”[③]四个大字，并立碑石于行宫，至今题刻风采依旧。

“荆楚雄风”题刻，书法遒劲、雄厚，气势磅礴恢宏。“荆楚”是湖北大地的统称，湖北民众长期生活在长江两岸，每年长江洪水泛滥，给两岸人民生活带来极大的威胁。但当地百姓不畏艰难，在历任地方官员的领导下，

① 李元模撰：《峨峰府君行述》。原文：“座中会讯者莫不为之咋舌，以其过直也。”

② 李元模撰：《峨峰府君行述》。原文：“上官知不可夺，卒照原拟定谳，然而不能相忘矣。”

③ “荆楚雄风碑”现存湖北武汉，此碑刻于清乾隆三十五年（1770 年）。

不屈不挠地与大自然抗争。

李拔任职湖北时，亲历百姓前仆后继的抗洪事迹。“雄风”体现当地民众众志成城的决心与意志，必将取得抗灾的胜利，侧面体现洪灾的凶险，高度赞扬荆楚民众与洪灾水患顽强拼搏的精神。

李拔题“荆楚雄风”（武汉晴川阁）

李拔游览晴川阁后，不久以内监试官入闱，汉阳士民夹道欢迎。有认识李拔的百姓，纷纷指认说，这就是当年任职长阳县的“李青天”。[①]

汉阳名士彭湘怀[②]有诗赞曰：

折狱谁如仲氏贤，惟良齐颂李青天。

只今父老怀清处，能说当时解倒悬。

参与湖北省乡试监试后，李拔带头倡议地方士绅，踊跃捐银，组织整修汉阳府学文庙，共倡捐工费一万多两，以鼓励地方读书风气，为发展地方文化教育事业尽自己绵薄之力。[③]

逗留汉阳期间，李拔游览了位于衡阳城北的石鼓书院。

石鼓书院是湖湘文化重要发源地之一。李拔署理衡州期间，曾组织重修

---

① 赖金普整理：《李拔年谱》。原文：“入闱时，士民夹道。争相指识昔日‘李青天’。汉上彭湘怀有诗：折狱谁如仲氏贤，惟良齐颂李青天。”

② 彭湘怀（生卒年不详），字念堂，号栋塘，汉阳人。贡生，乾隆时著名诗人、画家。个性耿直、博闻多识，好四处游历，有《三山游草》《西湖纪游》《独持皋庑》等集。

③ 赖金普整理：《李拔年谱》。原文：“倡捐府学文庙工费万余两，以培士气。”

石鼓书院，并为当地文化方面做了大量有益工作。此次，故地重游，别有一番滋味在心头，李拔作《留别石鼓书院叠韵》诗。[①]

遭劾落职，初衷不改

清乾隆三十六年（1771 年），湖南长沙发生一起轰动朝野的钦案“姜正逃军”[②]案。为审明该案，乾隆皇帝于这一年九月至十二月间，接连下了三道谕旨。

按《大清律》“逃军罪”，将士不分出征、驻防，只要是“在营”逃亡的，一律加重为斩立决。在战争结束前自首的，发遣到各省驻防八旗为奴；战争结束后才自首的，斩立决。

姜正，区区一普通士兵，惊动当朝皇帝，而且还是接连下三道谕旨，足见此案非同小可。原来该案涉及京官要员户部左侍郎蒋赐棨[③]，使该案一时扑朔迷离。

因受京官要员势力干扰，致使姜正供词重要细节一直未能查明，使案件久拖未决。

“姜正逃军”一案，时间跨度十多年，牵涉京官要员，时过境迁，要对

① 郭建衡、郭幸君著：《石鼓书院》。

② 觉罗勒德洪等奉敕修纂：《大清高宗法天隆运至诚先觉体元立极敷文奋武孝慈神圣纯皇帝实录卷》之八百九十六卷

③ 蒋赐棨（1730—1802 年），字戟门，江苏常熟人。贡生出身，历任云南府知府、江安督粮道、户部左侍郎、顺天府府尹、光禄寺卿，官至户部侍郎、仓场总督。

原有供词加以核实，难度很大。鉴于案子棘手，湖广总督兼署湖南巡抚吴达善抽调办案能手、时任荆宜施道观察使李拔协助审理。在抓获逃军姜正后，李拔抓紧审讯，以求尽快审结。

据姜正供述，蒋赐棨任江西省饶九南道[①]道员时，姜正前往投靠。两人见面后，姜正自称为军籍，有职衔，现年纪大了，奉谕退役，求蒋赐棨推荐一个地方，设馆授徒，以谋生计，这事很私密，没有其他人知道。

这次见面结束后，蒋赐棨立即送他走，并没有留他住在署内，也不知道姜正已犯逃军罪。

李拔在审讯过程中得知姜正，原姓蒋，名允焄，祖籍江苏常熟，父辈将其过继给姜姓者为嗣，与蒋赐棨同乡。两人同姓，李拔确信其为亲族，因此认定蒋赐棨必定知晓姜正为逃军，在此过程蒋赐棨为姜正安排吃住，其间必有包庇情节。李拔具文呈报巡抚，转呈乾隆皇帝。据此，肯定要追究蒋赐棨包庇罪。

蒋赐棨获悉，不服李拔拟定罪行，并立即具文申诉。

乾隆皇帝御览案情后，也觉得“姜正逃军”罪无疑，但认定蒋赐棨有无隐瞒情节，尚需再核查确定。

乾隆皇帝令军机大臣传询蒋赐棨本人。当值军机大臣接谕，不敢怠慢，立即传询蒋赐棨。

蒋赐棨如实相告，并声明自己与姜正（即蒋允焄）虽系同姓同乡，但并非同一家族，平日从无书信来往等，根本不存在隐瞒事实。

清乾隆三十六年（1771 年）九月，谕旨传湖南巡抚吴达善。乾隆皇帝认为，姜正原先的供词说得很散碎，没有多少实际的东西，而且他又百般抵赖。因此，姜正的供词可信度不高，何况姜正还敢捏造皇帝的谕旨，这种人什么事情做不出来。乾隆皇帝认为姜正为人狡诈、胆大包天，其供词不可靠。

① 江西饶九南道辖饶州、九江、南康三府。

于是，乾隆皇帝命吴达善再调查清楚，及时上报，再行依法论罪，并要求查询蒋赐棨所有奏章，一并抄寄御览。

吴达善收到上谕，立即组织李拔等人再次提讯姜正。果然，在复审时，姜正翻供，说自己先前招供蒋赐棨给他写过荐书等情节，是他自己凭空捏造的供词。他想借此让审案官员以为自己与道员蒋赐棨关系不一般，而影响案件审理，争取对自己有利。

原来，早在几年前，姜正去蒋赐棨道署时，说明同乡同姓，遇困难寻帮助。两人见面后，出于对家乡人的友好亲切，蒋赐棨确实有送姜正住庙内等情节，还有证人扬州蒋寿子一同前往。李拔讯得新案情，自己心里清楚，这基本可以排除蒋赐棨包庇罪。李拔赶紧将案情新进展报巡抚吴达善，转呈乾隆皇帝。

但有人不放过李拔，借题发挥，主观臆断认为是李拔有意为之，弹劾其故意隐瞒案情，“捏饰禀词，涉于欺罔”。

居于第一次审讯情况，李拔判定蒋赐棨涉嫌包庇罪，也不是毫无道理，只是证据还不够充分。复审时，证人蒋寿子的出现，可以排除蒋赐棨涉及的包庇罪。但以复审新情况，推理第一次审讯结果是不是主观故意，着实难以排除，依照吏部议，不能排除就是有可能。在“莫须有”的罪名下，李拔蒙屈被革去现职。

为了把“姜正逃军”一案查个水落石出，清乾隆三十六年（1771 年）十二月，朝廷谕旨军机大臣，认为姜正本来就是逃军，敢于捏造谕旨，假冒职衔，其罪责确实无法逃避，现已交刑部审核拟票，并传谕吴达善。待刑部复文送达之日，即行正法。

乾隆认为，姜正与蒋赐棨是否早就认识，投奔蒋赐棨，求荐幕馆，送往庙内暂住等，这些情节与姜正犯“逃军罪”罪名轻重并无影响。但是否真有这样的事，或是姜正自己逞一面之词，关于这一点，即便是姜正抵赖，也应当查讯明确。

于是，乾隆传谕江苏巡抚萨载，让其就近提审姜正的雇员、扬州人蒋寿子，得笔录确认事实，据实奏报。同月，又谕吴达善再讯逃军姜正。据姜正供述，蒋赐棨给他写荐书这一环节是捏造的，其他供词属实。乾隆要求该案交江苏巡抚，提取该犯从前雇往江西的蒋寿子，当面对质，即可分辨供词真假。随后，交江苏巡抚萨载[①]查讯。同月，又谕：

> 本日吴达善奏、复讯逃军姜正。据供。蒋赐棨给与荐书一节，本系捏词，余属实情。请交江苏抚臣提取该犯从前雇往江西之蒋寿子，可质真伪，自无难立辨，已交萨载查讯矣。至姜正以军犯脱逃且敢捏造谕旨，假冒职衔本罪实无可逭。其所供与蒋赐棨认识款留之处有无虚实，于该犯罪名原属无关轻重。无庸更留质讯，致稽显戮。此案现交刑部核拟，计开印后即可覆奏。吴达善于接到部覆时，即将该犯正法。将此传谕知之。[②]

姜正以军犯脱逃都敢捏造谕旨，假冒职衔本罪该万死。与蒋赐棨认识与否无关轻重。该案提交刑部核拟，吴达善接到刑部复文后，即行将姜正正法。

该案牵扯高官要员，倍受朝野关注。李拔深知此案非同寻常，极为重视，用心尤力，审理仔细，但理想与现实往往相去甚远，他千辛万苦换来一纸革职书。

乾隆皇帝在上谕中批示：“李拔处分，实为自取。”[③]

---

① 萨载（？—1786 年），伊尔根觉罗氏，满洲正黄旗人，清朝大臣。父萨哈岱，官至满洲副都统。萨载，翻译举人，授理藩院笔帖式。累迁江苏苏松太道，管苏州织造，授江南河道总督。寻卒，赠太子太保，赐祭葬，谥诚恪，入祀贤良祠。

② 觉罗勒德洪等奉敕修纂：《大清高宗法天隆运至诚先觉体元立极敷文奋武孝慈神圣纯皇帝实录卷》之八百七十六卷。

③ 觉罗勒德洪等奉敕修纂：《大清高宗法天隆运至诚先觉体元立极敷文奋武孝慈神圣纯皇帝实录卷》之八百九十六卷。原文：昨逃军姜正一案，李拔捏饰禀词，涉于欺罔。因照部议革职。其处分实由自取。但其才尚属可用。

从李拔为官一贯表现以及在处理“姜正逃军”案过程中的辛劳，虽然他个人也有过失，但这个处分有点不公平。

经历“姜正逃军”案后，李拔对自己的仕途进行了深刻反思，他认为：“人贫穷与富裕，这是命运决定；失意与得意，这是时运决定；幸运与不幸，这是福气决定；罢官与去职，这是适宜决定。没什么好苦恼的！”[①]

奉旨缉匪，倾力办差

清乾隆三十六年（1771 年）十一月，湖北省京山县暴发以严金龙父子为首的聚众谋反事件。朝廷传谕军机大臣等捉拿首逆严金龙，谕令湖广总督等抓紧严加缉捕凶犯，并谕四川、贵州、广西三省，一体搜捕。[②]

审理捉拿匪犯，本来是地方官专责，当然不允许有任何的推诿。但考虑到地方官日常各有地方应办之事，朝廷担心没办法终日访查、抓捕。而李拔因“姜正逃军”一案“审理不力”，被革职后，一时赋闲长沙。

乾隆皇帝考虑到李拔刚被革职，平时办事还算得力，而且长期在湖南任职，对当地风土人情比较熟悉。乾隆认为查访缉拿要犯，正可以发挥他的

① 李元模撰：《峨峰府君行述》。原文：“乾隆辛卯，因逃军姜正事被劾落职。李拔曰：‘穷达，命也；屈伸，时也；遭遇，幸也；罢黜，宜也。于人乎何忧，惟是荷殊知。’”

② 觉罗勒德洪等奉敕修纂：《大清高宗法天隆运至诚先觉体元立极敷文奋武孝慈神圣纯皇帝实录卷》之八百七十六卷。原文：谕军机大臣等查拏逆犯严金龙等一事。现有旨谕令该督等、上紧严缉。并谕四川、贵州、广西三省。一体搜拏矣。

长处，谕旨起用李拔。[1]

李拔收到吏部咨文，百感交集，刚刚还陷于被革职的失意惆怅之中，却马上接到朝廷起用的消息，而且是乾隆皇帝钦点，怎能不激动万分。

李拔赶紧收拾停当，日夜兼程赴京，到吏部报到。这次乾隆没有召见李拔，口谕命其奉旨赴湖南查拿逆犯严金龙。

为了李拔在湖南查缉方便行事，乾隆皇帝还传谕湖广总督富明安[2]，等李拔到湖南后，立即给他执法凭证，听其前往各路访缉。乾隆皇帝并秘密传旨各州、县给予照应，不能干涉李拔专责办案，为他缉匪考虑极为周到，希望李拔这次能将功补过。从侧面可以看出，乾隆皇帝对李拔为人、能力的赏识。只要李拔用心办差，不出差错，复职只是时间问题。

这次办案，乾隆皇帝原本想赏李拔一个同知之类的职衔，但考虑到访缉匪徒最需要秘密行事，不给顶戴似乎更方便行事。

乾隆说："如果这次李拔果真能实力奋勉，擒获首犯严金龙，自然要升他的职，加恩录用。"

李拔这次办差，为钦点专责查案，皇帝翘首以待，静候佳音。他对这次查办逆案尤为重视，倾心竭力办差，正是"老牛自知夕阳晚，不待扬鞭自奋蹄"。

因为李拔不是在职官员，办案没有人手，需要派一些兵役协助他。乾隆皇帝即命富明安选派精干人员，配合李拔前往。

不久乾隆皇帝得富明安奏报。说李拔到达湖北后，立即选派捕役弁兵等

---

① 觉罗勒德洪等奉敕修纂：《大清高宗法天隆运至诚先觉体元立极敷文奋武孝慈神圣纯皇帝实录卷》之八百九十六卷。已令军机大臣谕知李拔、令其即速前赴楚省。专办此事。著传谕富明安，于李拔到后，即给以执照。听其前往各路访缉。李拔非现任之员。得需兵役帮助。即著富明安选派妥干数人。同其前往。并密谕所到州县照应。毋致掣肘。此时原不妨赏以同知等衔。令其自效。但访缉宜于隐秘。转不必亟予顶戴。俾得混迹平民。便于从事。设或李拔果能实力奋勉。擒获首犯。自当加恩录用。将此并谕陈辉祖。梁国治。知之。

② 富明安（？—1774年），满洲镶红旗人，初授笔帖式，累迁户部郎中。清乾隆三十六年（1771年），由闽浙总督调任湖广总督。

随行，深入湖南京山、随州一带，四处查访，寻找将要缉拿的匪徒踪迹。

乾隆皇帝在富明安等奏报李拔在湖南缉匪情况的折子上，批语“办得好”。同时谕旨：严金龙是首逆重犯，罪大恶极，绝不能放过，必须予以严惩。尽管已派李拔全力追捕，但此案原本由地方专责，为确保地方政务正常运行，故派遣李拔前来。如果未能捕获严金龙，地方官员也要追责。地方官府不能因为有李拔奉命追捕而放松对此案的努力，必须承担起专案追捕的责任。[①]

乾隆皇帝又传谕富明安等要严加整治下属各县官吏，务必想尽办法，迅速抓紧搜捕，不得懈怠观望，故意延误。要求各地迅速稽抓逆犯归案，明正典刑。要求湖广总督等另折奏，续获逆党审拟一折。

李拔及当地各级官员历经几个月地毯式搜捕，终于有结果了。

清乾隆三十七年（1772年）三月，官兵成功抓获京山县谋逆首犯严金龙父子，并将其凌迟处死，余犯分别定拟一折，交刑部核议。知情不伏罪，被株连的各犯，按照叛乱案件拟定。

所有捕获主犯及前后缉拿多犯的奋勉的文武官员等，着刑部查明，分别交部核议，奏请给予加级、记录等奖励。协助缉拿的各级官员等，均着加恩开复。而失察逆犯往来活动的枣阳县知县、专汛把总等，先行革职。

谕：据富明安等奏，拏获京山县谋逆首犯严金龙父子，业经寸磔斩枭。余犯分别定拟一折。已交部核议矣。所有弋获正凶及前后缉拏多犯之奋勉文武员弁着该部查明，分别议叙。至前经奏明协缉之降调知县刘治、陈玺书、知州张中煜、革职知县七十、奚寅、马乾怡等。均着加恩开复。其失察逆犯往来之枣阳县知县张合明、专汛把总方维先，着革职。至原任道员李拔虽未在事同获首逆，而购线躧缉，颇能实心，着即留于湖南。

① 觉罗勒德洪等奉敕修纂：《大清高宗法天隆运至诚先觉体元立极敷文奋武孝慈神圣纯皇帝实录卷》之八百九十六卷。

交该督抚，遇有同知缺出题补。[①]

朝廷认为，李拔虽未亲自抓获首逆严金龙父子，但他安排眼线，部署缉捕，颇为用心。着李拔即留于湖南，等有同知缺时，立即给他补实缺。

李拔奉旨查严金龙谋逆案后，于清乾隆三十八年（1773 年），以同知辅用，题补永顺同知，未赴任。不久，又奉命押解西北金川军饷，到达金川顺利交接后，李拔顺道归里探亲，在家乡住了一段时间。

因功候补，陡逝长沙

清乾隆三十九年（1774 年）三月，李拔从家乡返回长沙，仍留省参用数月，即赴湖南永顺府上任，以同知衔署理知府。

永顺府地处湖南苗疆，汉人与苗族人大杂居。这里五方杂陈，地方治安相当混乱，土匪、地痞流氓横行乡里，地主恶霸把持乡里，百姓有苦无处申诉，生活在水深火热之中。

李拔到任后，开展声势浩大的社会治安整顿，对土匪进行集中围剿，对地痞流氓逐村清理，雷厉风行，并施以严酷刑法，尽职尽责，不畏权贵，除霸安良。为百姓做善事，维护一方安定，再也没有比这更好的事了。[②]

① 觉罗勒德洪等奉敕修纂：《大清高宗法天隆运至诚先觉体元立极敷文奋武孝慈神圣纯皇帝实录卷》之九百零五卷。

② 赖金普整理：《李拔年谱》。原文：“乾隆甲午返长沙，仍留省参用数月，赴永顺任。永地苗疆杂处，匪痞横行，拔至严酷刑法，除霸安良，为善一方，善莫大焉。”

清乾隆三十九年（1774年）十月，李拔暗中布置眼线，整治黑恶势力团伙，发现当地苗民石老送等人长期为非作歹，激起民愤。他随即发布公告，鼓励受害者和知情者检举揭发，成功收集到十余起与石老送团伙相关的恶行案件。李拔更是亲自率队前往石老送家中搜查，竟搜出军用器械，这让他担忧可能涉及谋逆等重大罪行。于是，他立即向湖南巡抚陈祖辉禀告。

陈祖辉不敢轻视，亲自提审石老送等人，并进行严格审讯。据石老送供述，他的祖父曾是当地土司，遗有枪矛、叉枷等物品，其中盔甲等物仅作为当地苗民跳神仪式所用，并无其他图谋。然而，李拔等人对此说法持怀疑态度，并暗中深入调查。

经过细致的调查核实，证实石老送并未涉及重大不法问题。但民众对石老送家族的指控中，石老豹存在索要欠款时捆绑他人逼债的行为；购买他人女儿进行骗婚，诈骗钱财后还唆使陷害被骗之人。石老东则诬陷他人制作盔甲，导致多人无辜死于狱中。

陈祖辉根据旧例，拟定石老豹应判斩监候；石老送因知情不报、纵容窃贼并威逼他人自杀，被判发配至极边之地充军；石老东则被判绞监候。陈祖辉将此案呈报朝廷，得到旨意：由三司审议后拟定处理方案上奏。朝廷在奏折中强调，此案中失察的各级官员应分别接受调查审讯。

陈祖辉为李拔作了辩解，他认为李拔虽然在呈报的行文中叙述案情不够准确，但他在该案查办过程很用心，请求朝廷对李拔免予处分。

果然乾隆皇帝在陈祖辉的专折上批示："李拔这个人我最了解了。他很能干，但是想要表现自己的心思太急切。此案他既然没有冤枉人，那就对他网开一面吧！"①

经此小波折，李拔仍不气馁，继续开展声势浩大的社会治安整治行动，

① 觉罗勒德洪等奉敕修纂：《大清高宗法天隆运至诚先觉体元立极敷文奋武孝慈神圣纯皇帝实录卷》之九百七十一卷。

仅几个月时间，李拔就打掉一大批黑恶势力。但黑恶势力的背后往往都有“保护伞”，牵动着各方的利益，而且李拔为官刚正不阿，耿直坚毅，不徇私情，不畏权势，得罪了不少人。果不其然，上任刚满一年，清乾隆四十年（1775年）三月，李拔又卸任永顺同知。什么原因上头没有说，就这样不明不白，一纸公文让李拔暂时不要管永顺府的事了，另有重要任命，暂时“候用”。[①]

卸任了，身上没什么差事，李拔就先回长沙住着。

长子李元模得知父亲还在“候用”中，一时补实缺应该没有那么快。父子两人已经很长时间没见面了，李元模想来长沙探视父亲。

李拔墓（四川省犍为县舞雩镇康乐村）

李元模将口信带给父亲，但李拔认为眼下天气炎热，长途奔波劳苦，专门派人送信给李元模，叫他不要急着来，等到八月中旬天气转凉了，再来长沙探望不迟。[②]

李拔对孩子要求非常严格，早在多年前，他曾对李元模说过：“你如果没有中得进士，不必来衙署见我。”因为父亲有言在先，李元模接信后，心里迟疑不定，缓了几天。

清乾隆四十年（1775年）八月十一日，李元模思前虑后，决心还是起程去长沙。很遗憾，李拔已于八月初二逝世[③]，从此，父

①② 赖金普整理：《李拔年谱》。原文：“乾隆乙未三月，卸永顺同知，回长沙候用。专差回信与元模，俟八月水平，来省视未晚。”

③ 赖金普整理：《李拔年谱》。原文：“元模八月十一日起程，但李拔八月初二已逝世。”

子阴阳两隔。

李元模收到父亲病殁的消息，涕泪俱下，悲痛至极，懊悔自己不能早点启程，以致留下终身遗憾。

李拔身体一向很强健，辞世前也没生什么病。只是这年七月十一日，他大清早起床时，对随侍的家人说自己昨晚做了一个梦，梦见有一个人往海面丢了一个篮子化成舟，叫唤他的小名："观，何不随我去南海走走？"[①]

李拔醒来后就心神不宁，身体略显不适，当天他就得病了，病情来势凶猛，多方服药终无效，一代循吏溘然长逝于长沙。

朝廷得悉李拔病逝后，下旨授李拔为中宪大夫。[②]几年后，其子李元模考中四川省乡试亚元，联捷进士。[③]

清乾隆四十一年（1776年），李元模送父亲灵柩归葬家乡，墓葬犍为舞雩镇康乐村禄眷山[④]，并请父亲生前挚友旷敏本撰墓志。

《清诰授中宪大夫荆南观察峨峰李公墓志铭》：

> 峨峰李公既没之五月，令嗣某奉状嘱予为墓铭，状叙述详明，义法精核。予读而谌大贤之有后也，因谓之曰："记曰：'铭之义，称扬其美，而明著之后世者也！'子先公之美，不可胜称矣！"
>
> 公由邑尹跻观察，其所以为朝廷乂安元元者[⑤]，善政善教，虽累千万言而莫举其全，抑子之状具之矣？公荷今皇特达之知，五觐天颜，

---

① 李元模撰：《峨峰府君行述》。原文："先大夫素健无疾，于今七月十一日晨起，告家人曰：'吾夜来梦，一人掷篮成舟，呼予乳名曰：观，盍随我作南海游乎？予应之曰：昔张骞乘槎到天河，乃八月事也。'醒而疑之，殆不详梦也。是日，遂得疾。服药无效，亡于长沙。"

② 旷敏本撰：《清诰授中宪大夫荆南观察峨峰李公墓志铭》。

③ 赖金普整理：《李拔年谱》。原文："六年后，其子李元模中进士。"

④ 旷敏本撰：《清诰授中宪大夫荆南观察峨峰李公墓志铭》；李锦源、李濂著：《贻清堂族谱·墓葬》。

⑤ 元元者：指平民、老百姓。

叠奉温纶褒慰。公政绩之懋[①]，圣主洞之，海内荐绅知之，三楚八闽之士民能言之，下至老妪稚子解道之。兹故弗覼[②]也，而予有不能已于言者。公学而入政，予与公之相知，盖在学也。公于圣贤之学，悟之甚捷，持之甚坚，故言之甚祥且切今，夫言之有大者而非夸者。昔人之言曰："为往圣继绝学，为万世开太平。"此实公所拳拳于心胸者。公以为欲续薪传而巩国祚，端在明正学以培人才。公之帅星沙[③]也，念城南[④]、岳麓两书院，为先贤南轩[⑤]与晦庵讲学地，莅政暇，常提诸生耳而面命之。两院中石刻联额，字字皆正学圭臬，程之箴、周之图、张之铭，该括无遗义。往公摄衡郡，纂延予主石鼓讲席。石鼓亦南轩、晦庵讲学处也，公毕，揭孔孟以来先儒之道脉学统，舁贞石而大泐之，殆不下万言，直搜讨道绪之微茫，而切中学子之膏肓。闻公之帅福州也，其教育犹其在楚也，今日者哀些，惊传闽之鳌峰、鄂之江汉、湘中之城南、岳麓、石鼓，沐公教泽者，应无不貫数行之涕也。公尝与予论儒者讲学，须兼体用。宋大儒自濂溪、明道、晦庵诸子外，虽醇正渊博如伊川[⑥]，恐体有余而用或歉[⑦]。公盖有体有用者也。顷公因公室[⑧]吏议，由永顺返星沙，予迎谓公曰："闻公又镌[⑨]两阶，如公者，乃不晋阶而镌乎？"公曰："晋何加，镌又何损？"此虽一时绪论，而孟氏所谓"性分定者"，公裕之素矣。

---

① 懋：通"茂"，大，盛大。

② 弗覼：叙述。

③ 星沙：指湖南省长沙府。

④ 城南：指湖南长沙的城南书院。

⑤ 先贤南轩：即南宋学者张栻，字敬夫，后避讳改字钦夫，又字乐斋，号南轩，学者称南轩先生，谥曰宣，后世又称张宣公。

⑥ 伊川：指南宋理学家程颢，号伊川先生。

⑦ 恐体有余而用或歉：指担心体会深而付诸实施还不够。

⑧ 室：低洼。

⑨ 镌：指用凹线、凹面或点雕刻，如镌功，镌题，这里特指降职。

呜呼！城南夜话，依依目前，渠作千秋别耶！公行矣，楚之民，如婴儿之离慈母；楚之士，如弟子之失名师。自来理学之名人竟冒之而公践其实，后之论盛清人物者，名臣名儒，公固听其位置也云云。

铭曰：呜呼，公已矣！公之故人我在耳。我何人斯，而称公之知己。维公之学，予窃窥[①]其根柢。人谓公为循吏，为廉吏，予谓公实圣代之真儒[②]。存吾言以俟后之君子。

乾隆乙未年嘉平月谷旦。赐进士出身、翰林院编修、加三级、治年眷弟[③]旷敏本顿首拜撰。

李拔常说："酷吏不可为，姑息亦养奸；苟不勤，恶能治；苟不俭，恶能廉。"[④]李拔一生曾五次觐见乾隆皇帝，并被嘉许、赐物，恩宠有加，任职各地百姓为其立去思碑六方以纪其德政，这是为官者莫大的荣耀。

李拔自幼到老，每天早起，他对娱乐用具不感兴趣，只有每天练习射箭没有停止，每发必中。在福宁任知府期间，李拔甚至在署内筑射圃，公务之余，经常与总镇将士射箭比赛。除此之外，李拔平时但凡有空闲，即手执一卷，反复玩味，极尽勤学，堪称学习楷模。

古往今来，但凡把百姓摆在心中最高位置的官吏，自然不会对财富有什么想法。而且持俭守廉不仅能涵养自身的道德品质，更能上行下效，以良好官风带动民风的转变。纵观古今，但凡清官廉吏无不是节俭的典范。

李拔初任长阳令时，父母来长阳小住。李拔做了一桌丰盛的饭菜给父母接风洗尘。母亲周氏见满桌丰盛的饭菜，却只有他们一家四人在吃，便教育

---

① 窃窥：私自认为。

② 真儒：真正的儒者，犹大儒。

③ 治年眷弟：旧时风俗姻亲的互称。眷，本有姻亲、亲眷之意，尊长对卑幼自称"眷生"，卑幼对尊长自称"眷晚生"，平辈称为"眷弟"。

④ 李元模撰：《峨峰府君行述》。

四川犍为李拔墓残碑

李拔说："你刚为官，就忘了当初砍柴放牛的苦日子了吗？"这顿饭给李拔留下深刻教训，让其受益终生。

李拔返乡奔丧，途经湖北，当地百姓集了七百多两银子，想为李拔立一座生祠。李拔心里很清楚，虽然自己没有直接接受百姓送的钱，但这些钱用于建他的生祠，自己也就沾了名，等同受贿。李拔心如明镜，坚决推辞不受。

李拔辗转多地任职，秉持一心为民，多次捐出自己的养廉银建设地方公益事业，仅存的个人积蓄也分给兄弟。李拔自小树立崇高的为官标准，那就是"先天下之忧而忧，后天下之乐而乐"。

持俭清廉既是正确的价值取向和生活作风的体现，也是李拔自我约束的体现。古人云："居官之所恃者，在廉。其所以能廉者，在俭。"因此，追求奢华从某种意义上讲是人性的本能欲望，而节俭精神则是为官者抵御诱惑的一道闸。

李拔把他的一生都献给了百姓，实现"心忧天下"的初衷。可以说，李拔的清廉之名永垂不朽，流芳千古。惊闻李拔死讯，"楚之民，如婴儿之离慈母；楚之士，如弟子之失名师"。这是一代循吏的风范。

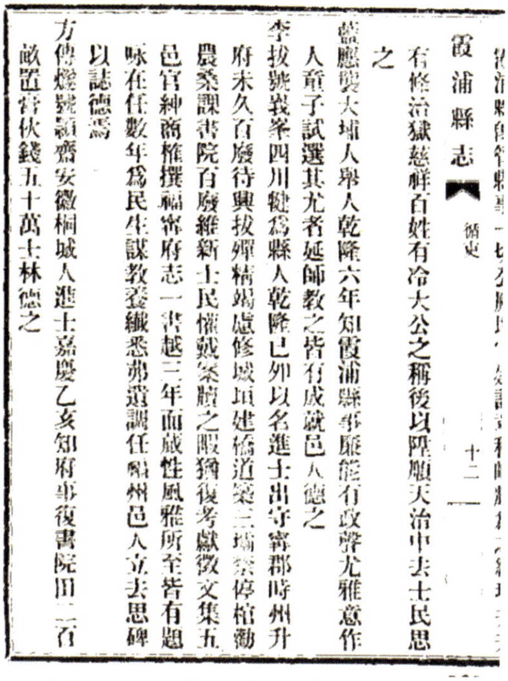
霞浦縣志 循吏 十二

有修治獄慈祥百姓有冷大公之稱後以陞順天治中去士民思之

藍應襲大埔人舉人乾隆六年知霞浦縣事雖能有政聲尤雅意作人童子試選其尤者延師教之皆有成就邑人德之

李拔號峩峯四川犍爲縣人乾隆己卯以名進士出守寧郡時州升府未久百廢待興拔殫精竭慮修城垣建橋道築二壩禁停棺勸農桑課書院百廢維新士民懽戴案牘之暇猶復考獻徵文集五邑官紳商榷撰福寧府志一書越二年而蒇性風雅所至皆有題咏在任數年爲民生謀教養織悉靡遺調任鄂州邑人立去思碑以誌德焉

方傳燧號穎齋安徽桐城人進士嘉慶乙亥知府事復書院田二百畝置背伙錢五十萬士林德之

李拔以"循吏"载入《霞浦县志》

秉持家训，兰桂腾芳

李拔生有三子：长子李元模，原配杨恭人所生；次子李元桴，妾杨氏所生；三子李元枢，侧室傅氏所生。李元模生有四个儿子，依次是李宗澍、李宗濂、李宗洵、李宗源；李元桴无后；李元枢生有四个儿子，依次是李炳瀛、李宗涛、李湘、李滋荣。

李拔生前对族中孩子不思进取深感忧虑，写下《示儿诗》《课儿随笔》《训子剩言》《教养迂说》等告诫激励儿孙，并强调"读书要以明白事理，树立志向，亲身实践为首要""读书，首先要明白它的乐趣是什么？它的乐趣就在于明白事理，确立志向，并努力在实践中去感受，去印证。当你感受了，印证了，就会很快乐……”“人生之初，仁义礼智，本所自有。教子当随其良知、良能而利导之……故为父师者，当冲幼时，教以日学数字……教令身体力行。”

李拔曾语重心长地对长子李元模说，如果读书没有明确的目的，只是为考试而读书，那是没有志向、没有目标。往往考试完了，也就丢了、忘了，最后一无所得。

“承家以子为重，养子以教为先”。在李拔的言传身教下，其长子李元模勤力为学，于清乾隆四十五年（1780年）乡试中亚元，乾隆四十六年联捷进士，与父李拔并称“父子进士李”；次子李元桴，字星槎，由邑庠生捐贡；三子李元枢，字一垣，府增生，例捐知县。

李元模承父遗志，参与《犍为县志》的编纂，出任印清书院的第一任山长，把毕生精力放在教书育人上。

李元模晚年迁出犍为文林街后，在本境伏龙乡丛林村卜筑浣绶山房。山房背倚美女山，前临浣花溪，山清水秀，一派田园风光。李元模的夫人周氏作有《爱莲轩》诗二首。

其一：

四面奇峰一草堂，弯弯溪水绕山庄。
晓风荷滴重台露，宿雨莲开并蒂房。
塘畔偶栖双翡翠，池边新得小鸳鸯。
回思已往无多日，七七年来空自忙。[①]

周氏（生卒年不详），为四川名宦周煌之女，翰林院庶吉士周名歧、翰林院编修周兴岱之胞妹；道光年间封文林郎孺人，工于诗文，著有《爱莲轩诗草》。

---

① 李宏川、毛希贤撰：《“浣绶山房”进士府》。

李元模一生清贫，桃李满天下，教子有方。长子李宗澍，字伯霖，以邑庠生报捐知县，选授山西解州府平陆县知县；次子李锦源，原名宗源，字仲岷，为道光癸未科进士；三子李宗洵，字叔泉，嘉庆已卯科举人，大挑一等，以知县用，掣签甘肃；四子李宗濂，字季莲，号友溪，为道光壬午恩科进士。诸子颇有祖父之风，皆勤政为民，清正廉洁，造福一方百姓。①

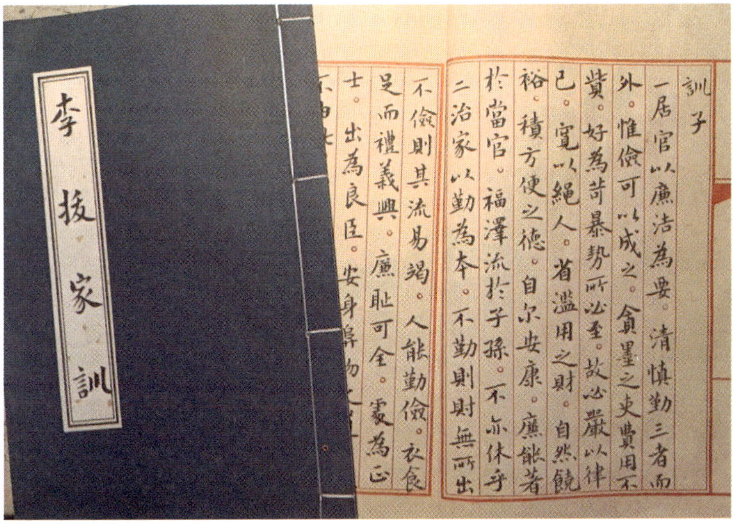

李拔家训（叶冲冲 摄）

李锦源历任湖北黄冈、竹溪、武昌等地知县。清道光五年（1825 年），李锦源在湖北竹溪知县任内，修筑南城墙、修西河堤，建水坪渡口、设义渡，捐资庙会；次年又修县志、建兴贤庄以助学，多所成就，享誉一方。李宗濂以知县起家，历任直隶南皮、武邑、满城等地知县；累官至道员，清贫自守，体恤民间疾苦，为后世传颂。

三子李元枢教子亦有方，数子皆成才。长子李炳瀛，字亚九，选贡；三子李湘，字云圃，邑庠生；四子李滋荣，字少华，嘉庆已卯科副榜，授绵州梓潼县教谕。

① 李拔、李元模纂修，李宗濂、李锦源重修：《贻清堂族谱·行状》。

“余家世传清白，浇漓恶习……孝悌立身之本，勤俭起家之本……耕读勤俭，非予一人私言。”在严谨的家风下，李氏后代人才辈出。

《犍为县志》载，仅清一代，犍为县共出了九个文进士，而李拔祖孙三代独占四席。还有一个堪称奇迹的是犍为县“县中有县”，那是因为李氏有八人同任知县，且个个都像李拔一样勤政清廉。八大知县分别在犍为县城内宅第门上，悬挂自己任职的知县牌匾，平陆县、清宛县、大通县、黄岗县、荥经县、竹溪县等，一时出现“九县并存”，在全国独树一帜。[①]

时至今日，李拔及其家风家训在四川犍为当地仍有着深远的影响，犍为文林街李氏后人散落各地，有的从政，有的经商，有的从教，有的务农……他们都有一个共同的祖先——李拔。无论身份如何，身在何方，他们都谨记传世家风：为官当勤政爱民，清正廉洁；教子当德才兼备，以德为先；传家当耕读勤俭，孝悌为本。

① 赖金普整理：《李拔后裔》。清嘉庆二年（1797年）冬月，因各房人丁不一，对祖产时有争执，商定分房。即长四房和小四房，共八大房。长四房是李元模的四个儿子或孙子在外地做官后回犍为修建的宅院，分别是平陆县、清宛县、大通县、黄岗县，也是人们乐道的县中县。小四房是李元枢的后裔，分别是李家祠、千字门、大夫第、荥经县、聚成公。

结 语

吏以循称，志其实也，实之所在曰政、曰教。古之称善政者，首推汉代循吏龚遂和黄霸；称善教者，莫不推崇北宋清官胡瑗。历代以降，循吏风范，昭昭史册，史不绝书，而如李拔一月之内能使“治化覃敷，循声懋着”实为罕见。李拔早年有范仲淹之志，为官以治天下如治家，他清正廉洁、革故鼎新，敢于担当、勤政为民，深受百姓爱戴，有“李清天”之美誉，堪称循吏楷模。李拔在多年仕途沉浮中形成的为官理念、政治品格、宦海感悟、道学心得等方面，不论放在过去还是当前都具有一定借鉴意义。

为民务实方面。李拔生长于社会底层，内心有着强烈愿望为百姓谋福祉。他关心民瘼，体察民情，每到一地任职，都扎根一线访察，大力发展经济，加强地方社会管理。如他初仕湖北长阳令，通过一段时间的巡察，发现长阳之地，商贾往来络绎不绝，但是所经道路都是崇山峻岭，羊肠小道，难以攀登。每逢炎夏酷暑爬坡时，行人但求一处荫凉处庇身、讨一碗茶水解渴都没办法。李拔认为地方官为政一方，不为民做主，任其劳苦，就是不作为，这是为政不德！他亲临一线，仔细查看这些路段后，对这些道路增修加宽，在经费困难的情况下，捐出自己的部分养廉银在四个陡坡顶，各修建一座亭子设茶摊，坡上多种竹子、树木，作为过往客商休息的落脚点。在福宁任知府时，针对当地人丁浩繁，而地方粮食不足问题。李拔教民种苞谷，通过广种副食，推广苞谷，解决百姓的温饱问题，以安民心。在福州时，面对当地百姓不懂种棉，亲自指导，劝民种棉，助农增收。李拔为官务实勤勉，爱民如子往往如此。

生态霍童溪（福建宁德）

水利建设方面。李拔纵横三省，每到一地，十分注重水利的基础设施建设，他说："古者治水，乡遂有掌，潴畜有法。天下皆治水之人，亦无不利之水，复乎尚已……苏轼浚西湖，范仲淹修太湖。莫不利在一时，泽流千载，厥功工茂哉！"在福宁，李拔曾率诸僚属亲赴一线调研，治水长溪河等。特别值得一提的是李拔治水三峡。三峡水患是困扰华夏民族的千年难题，清乾隆三十五年（1770 年），李拔身体力行，凿石导航，亲临一线履勘，与民工一道探讨，设法筹划，凿石平江，终于取得成功。李拔以"大功告成"总结自己治理三峡业绩，足见修河道之难，历经艰难险阻后取得超凡成功的极尽喜悦。

生态环保方面。福建过去因为人多地少，森林被滥伐，而且沿海百姓依靠讨海生活，不重视种树，生活烧柴，山上割草砍柴，长久以来山头光秃秃的，境内绿化相当落后，生态环境较为恶劣。时任福宁知府的李拔把自己任湖北长阳县令教民种树取得的成功经验传到福宁。

李拔在《种树说》中提道："予作令楚中，尚未奉此令甲，教民广种（树），著有成效。"李拔来福宁府任职时，见闽东条件很好，但遍览山野，树林凋零。李拔从本地树木不盛说起，点到种树的好处，以及解决好公共山用于种树，适合种树之地理环境。李拔深知种树如培养人才，没有十年之功，是不能见效的，他立足于长远，持续推行种树政策。在福宁教民种树取得成

霞浦长溪河入海口（何焱红 摄）

效后，李拔调任福州，他将福宁种树经验带到福州，推动十县百姓绿化山林。在李拔大力推行下，福宁、福州近十五个县坚持广种树，不出几年，闽地山地丘陵已树木茂盛，山川披绿。

除此之外，李拔在福州任知府期间，每年组织民众疏浚内河，防止河道堵塞。为确保好的办法能够执行下去，李拔专门制定规程将其规范起来，确保福州城区人居环境的改善。

倡导新风方面。福建停棺不葬的陋俗，自南宋流行以来，绵亘千年，盛行不衰。明清时期，愈演愈烈的停葬之风造成了严重的社会后果。为了移风易俗，整肃地方风气，李拔到福宁任知府期间，对整治当地停棺不葬俗尤为重视。他教化民众移风易俗，还制令《禁民停棺不葬教》，寄希望在他的劝导下，民众回心向化；对不听劝导、冥顽不化、仍然停棺不葬的，将依律令条文处理。

李拔调任福州后，继续倡导民众移风易“停棺不葬”俗，出台《饬禁闽俗停柩不葬教》。经李拔剀切晓谕，多方劝导，限期催促整改，当地停棺不葬现象大为减少，地方风气为之一振。

育才兴学方面。“十年树木，百年树人”，李拔深知培养人才并不是一件容易的事。他立足长远，脚踏实地，从地方教育抓起。在家乡为学生时，李拔就十分关注地方教育，曾与犍为知县共同倡议重修县文庙，并为之撰重修碑记。出仕为官后，在湖北、福建、湖南等地，李拔多次向上级建议修复书院，振兴地方文化。

李拔擢升福宁知府，下车[①]之初，遍访郡城书院，率僚属捐俸，延师普课，酌给赏需，以示鼓励。转任福州知府后，他即命辖下十县令，增修学舍，作为当地培养人才的场所，各地如火如荼组织修葺工作。除了增修辖区书院，为保障各县义学经费，李拔作《饬兴十县义学膏火教》，解决各县义学的经费问题。各县设义学，作为县学书院的补充，让更多人入学。李拔以为各地如若都按这个办法推行下去，全国将崇儒重教，文风兴起，九州人才济济。

李拔认为培养人才除了官学，还应当从乡里学校开始抓起。李拔要求县令公务之余，留心振兴学校。对没有设立义学的县，要想办法设建。没有助学经费的县，要多方筹划。至于学校的立教规则，为学秩序，经义治事，李拔亲自书写《白鹿洞学规》，并作《孔颜乐处说》《道统渊源考》，启迪学子，育才兴学。

存史资政方面。“治天下者以史为鉴，治郡国者以志为鉴”，这是阅读方志的金玉良言。地方志记载了一方的历史与现状，有成功的经验，也有失败的教训，体现出一定的规律，具有较高的实用性，这是任何文化典籍都不能替代的，其在资政决策、教育化人、传承历史方面发挥着极大的作用。

李拔擅长方志编修，先后主持编修《犍为县志》《长阳县志》《福宁府志》《福州府志·艺文志补》《衡州府志·艺文志补》等。特别在福宁时，他亲任总纂主持编修《福宁府志》。调任福州后，仍利用公务之余阅改，“一灯荧荧，常至丙夜弗休”。至清乾隆二十七年（1762年）总纂完成《福宁府志》。乾

① 下车：指官吏赴任。

隆版《福宁府志》是清雍正十二年（1734年）福宁升州为府后第一次修的全区性地方志，也是福宁府清代所修唯一一部府志。李拔多次编纂方志且形成自己的修志思想，因此是志较多地保留其个人风格，其体例较为完备并有一定创新。大量的史料引用在一定程度上保留了若干佚书的内容，具有一定的辑佚价值。该书较为全面地保留了福宁府的政治、经济、社会、文化诸多方面的资料，为后人留下难得的一份研究闽东的综合史料。

金石题留方面。李拔是一位很有才气的封建时代官吏，他热衷于山水感悟，吟诗为文，书词留刻。李拔在湖北、福建、湖南等地任内，所做美文洋洋洒洒数百篇，题刻满山石。李拔善诗赋，尤工书法。他每到一地任职，公务之余，喜山水而好吟哦，所到之处，皆有题留。目前所见他的留刻主要是摩崖、碑刻，还有部分的墨迹。他的摩崖题字以榜书为主，以三四个字居多，往往刻于悬崖峭壁上，或溪江临流边，擘窠大字，壮观震撼。较为集中的题刻，如在福州鼓山、乌山、于山，在宁德白鹤岭、霞浦龙首山、福鼎太姥山等，如福宁府治地，就有“海门关锁”“郡域拱护”“龙首要津”“禅心寂静”“海国桃源”“阜城门”等处，字体雄浑圆润，笔力遒劲工整。

李拔题刻在三峡石刻中占有重要的位置。唐宋以来有很多著名的文学家都到过三峡，峡江的风光激发着文学家创作出大量的诗，创作出令今人仍耳熟能详的名篇也不在少数，如李白的《早发白帝城》。现存于三峡地区的文人墨客的题刻很多，而李拔的题字最多。从重庆到宜昌之间长江沿岸的著名风景名胜中，几乎处处能看到李拔的题刻，为三峡山水增光添彩，流韵千古。

著述传道方面。李拔五岁开始接受儒家教育，宦迹三省多地，学识融汇巴蜀文化、湖湘文化、荆楚文化、闽都文化、海洋文化、长江文化等，几十年手不离卷，熟读儒家经典。李拔在学习这些经典中，颇有心得。

李拔认为，学子如果承受不了读书的苦，有勉强继续的，有中途放弃的，有逃避不读的，这些人都是因为没能领悟读书的乐趣。大儒周敦颐，经常

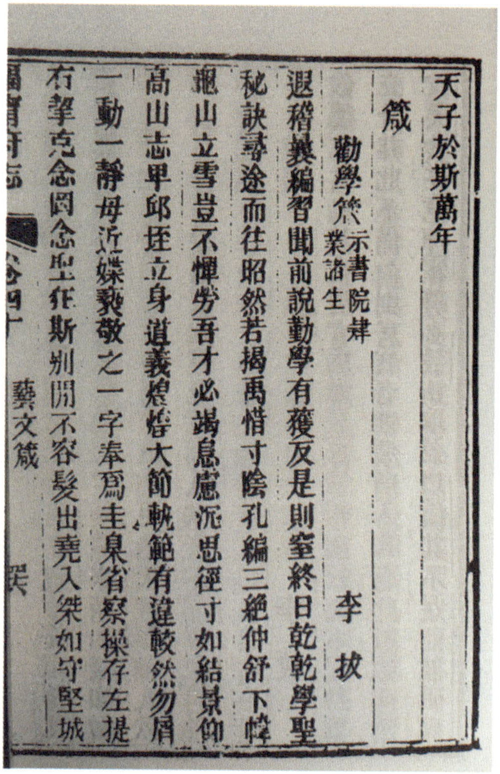
天子於斯萬年

箴

勸學箴 示書院肄業諸生　李拔

退稽義編習聞前說勤學有獲反是則窒終日乾乾學聖
秘訣尋途而往昭然若揭禹惜寸陰孔編三絕仲舒下帷
[illegible]山立雪豈不憚勞吾才必竭息慮沉思徑寸如結景仰
高山志卑邱垤立身道義煌煌大節軌範有遵較然勿屑
一動一靜毋近褻狎敬之一字奉爲圭臬省察操存左提
右挈克念罔念聖狂斯判間不容髮出堯入桀如守堅城

藝文箴

李拔撰《劝学箴》

教学生从儒家经典学习中找乐趣，当然这个乐趣不是读书本身，而是通过读书领悟到无穷乐趣。怎么才能在学习中找到无穷的乐趣呢？李拔总结出自己的理解：“博之讲习讨论，以广其学；密之存养省察，以既其实；从容涵泳，使此心浑然，天理无稍滞碍。则孔颜之乐，必有悠然而来会者，其于寻乐之义，思过半矣。”

李拔为文讲求实用，反对无病呻吟、文章言之无物。为防学者读书无方，避免误入歧途，李拔专门写了《辨志论》，以启示诸学生。李拔希望学者读书要讲求实用。

李拔不但在熟读儒家经典中有所得，还深入考据儒道渊源，阐述道统渊远传承。倘若李拔没有从政为官而专心做学问，以其勤勉学风，必将成为一位博大精深的经学家，成就一代大儒。清代著名学者旷敏本评价李拔：“人谓公为循吏，为廉吏，予谓公实圣代之真儒。”这是对李拔经学造诣最贴切的评价。

俭廉风骨方面。李拔认为做官，除做到清、慎、勤三点外，只有俭可以做得到完美。贪腐的人，为聚敛钱财，往往不择手段，横征暴敛，势所必然。所以做官的人必须对自己要求严格，对他人应宽宏，节省滥用的财物，生活自然就富裕有余了。积累仁政善行，自然身体安康。为官时能做到特别的廉洁能干，幸福与恩惠就会荫及子孙后代，不也是很美好的么？

李拔为官清廉，做人清正。如他从京城赴汉阳就任途中，有个善于钻营的人想花钱买官，派人带上书信和五百两银子在半路等候。问明来意后，李拔当众烧毁了书信，拒绝了行贿的银子，说："吾闻伐国不问仁人，此物何至于我哉！我费即缺，岂受此暮夜金。汝速持归，稍迟，且拿究矣。"听闻要追究他的行贿罪，此人落荒而逃、怏怏而归。又如，李拔从福州返乡奔丧过楚，楚地百姓自发集资七百余两，想给他立生祠。李拔竭力制止，并说："请以此金为书院置田，俾诸生得资造就，是吾心也。"

李拔自小树立崇高的为官标准，那就是"先天下之忧而忧，后天下之乐而乐"。持俭清廉既是正确的价值取向和生活作风的体现，也是李拔自我约束的体现。

官箴感悟方面。李拔在几十年的宦海生涯中，始终如一，高风亮节，淡泊名利，守正无私，勤于思考，勇于任事，尽责担当。李拔熟读经典，学知躬行，学以致用，为官实践感悟，不论放在过去还是当下，依然闪耀着光芒。

例如，李拔在《福州府志·榕荫堂跋》中写道："榕之为木，大而无用。然枝叶婆娑，犹荫十亩。况人为物灵，遭时得志，在一邑则荫一邑，在一郡则荫一郡，在天下则荫天下。"李拔以榕树能够遮挡酷日暴晒而给人带来荫凉，类比为官者要克己奉公、勤政务实，从而达到庇荫一邑、福荫百姓的目的。

再如，李拔在《福宁府志·福宁府属五县志叙》中写道："各县皆百里之寄。考之往昔，都城无过百雉，公侯乃封百里。今之令长，即古之列侯，任大责重。非徒被墨绶、佩铜章以相夸耀。必能立政善俗建不敝之业，乃足宣德意而昭来许。倘典章弗备、简陋因之，是自失其权舆，而向化从风亦无所为视效也。毋乃实有所阙，以速官谤。夫古之不能无待于今，犹今之不能无待于后。一人有千岁之智，而无百岁之身。况居官如传舍，为治若操舟。而悠忽从事，将后之视今，不犹今之视昔耶？"

阐述为官责任和为官作为时，李拔以古代百里封侯，说明县令职位之重，引经据典劝勉县令，要用心为政。不要以为县治小，而敷衍了事。百里之地，近乎古之诸侯，各县令要有诸侯一样的自豪与责任感。诸侯可称国，任大权重，不可小窥，容不得闪失。说到为官作为时，李拔说：“夫古之不能无待于今，犹今之不能无待于后。一人有千岁之智，而无百岁之身。”生命有限，智慧无穷，为官一任要以时不我待、只争朝夕的精神，为一方百姓办好事，办实事，办成事。

循吏李拔，一生践行又勤又廉的为官理念，不负所学，立志报国，廉洁奉公，务实为民，担当尽职、实干笃行，在一邑荫一邑，造福一方，堪称封建时代为官者的杰出代表，得到世人广泛好评与赞誉，以循吏美誉而名垂千古。但因其所处的时代和阶级的局限，虽然在践行勤廉方面取得不俗政绩，但思想认识方面仍然存在一些不足。如在福宁、福州兼理海防，没能采取积极有效举措，繁荣海上贸易，发展壮大地方经济，造福一方百姓；对民族宗教事务、民间自发游神民俗等，采取简单打压手段，没能加强引导，灵活应对。李拔工于志书，所编志书堪称善本，但其在相关志书中，个人诗文编入过多，有滥入之嫌；每到一地，诗文题刻满山石，至今褒贬不一。

2019年犍为李拔研究会成立

2021 年犍为县李拔馆开馆

“勤廉闽东24人”名单

（按出生时间排序）

黄　鞠	薛令之	陈　桷
黄　槐	林　湜	杨　楫
王伯大	谢　翱	张以宁
章　润	林　聪	郭文周
游　朴	戚继光	林时芳
崔世召	冯梦龙	刘中藻
徐　援	陈　琮	甘国宝
李　拔	陈珧坦	孙翼如

2023 年李拔入选“勤廉闽东 24 人”（陈夕婷 摄）

2024年李拔被列入“闽东勤廉榜样人物展陈馆”（叶冲冲 摄）

时光飞逝，李拔辞世已近250年，其品行操守、德业贡献、曲直长短由后人评说。

2016年完成初稿

2018年7月一修

2021年7月二修

2024年7月定稿

李拔年谱

清康熙五十二年（1713 年），1 岁

二月十九日申时，生于四川省犍为县城关文林街。

清康熙五十三年（1714 年），2 岁

二弟李坦出生。

清康熙五十七年（1718 年），5 岁

三弟李超出生，后更名李遇春。因家境贫困，上不起学，由母亲周氏在家亲自教书识字。

清康熙五十九年（1720 年），7 岁

跟随祖父李公鼎，在犍为县清溪、紫云一带乡间教私塾学习。

清雍正四年（1726 年），13 岁

常带领弟弟到岷江边黄旗坝，放牛打柴以贴补家用。由于家贫无钱买书，只能借别人的书来抄录学习。劳作之余，依然勤学不辍。

清雍正六年（1728 年），15 岁

母亲周氏认为，“无师当取益友”。挑选街坊中在学的优秀学生，与儿子李拔会课，用陪嫁时的银簪典当，来招待儿子的学友。

清雍正九年（1731 年），18 岁

考中秀才，自书联语“立志不在温饱，读书岂为科名”于书斋。

清雍正十年（1732年），19岁

与犍为本地塾师杨开泰长女完婚。

清雍正十一年（1733年），20岁

因学业优秀，选贡成均，旧例应赴京朝考。而苦贫无资，不能涉远。

清雍正十二年（1734年），21岁

游学成都，入锦江书院求学，师从洛阳李学裕、汾阳刘而位。

清乾隆六年（1741年），28岁

勤奋好学，在同辈中出类拔萃，被犍为县令宋锦所赏识，辛酉科荐为恩贡。因家贫不能赴京候选，转赴成都锦江书院，同时教授生徒。

清乾隆九年（1744年），31岁

数年集攒，得百金，是年暮春，买匹马，辞家就道，独行抵京。朝考后劄监肄业。

秋，应顺天乡试中式。中举人后，犍为知县宋锦延请主笔增修县志。

清乾隆十年（1745年），32岁

撰写《重修犍为县学记》，并立碑纪存；同年复赴京会试不第。

清乾隆十一年（1746年），33岁

春始抵家，负责编纂的《犍为县志》刻本问世。

九月，长子李元模出生。

清乾隆十二年（1747年），34岁

复走京师，准备会试。

清乾隆十三年（1748年），35岁

会试下第，归养无资，在河北蓟县一带授徒自给。

清乾隆十四年（1749年），36岁

授徒幽蓟，同时教习内廷。

清乾隆十六年（1751年），38岁

三月，会试中式。

四月殿试，中第三甲四十一名进士。以知县用，分发湖北。以不得京秩为怅。

五月，新科进士于圆明园觐见乾隆皇帝。

八月十五日，到了湖北署钟祥县令，到任后即振兴学校，清厘保甲，断结词讼，修理堤工。

清乾隆十七年（1752年），39岁

补长阳县令，上任接手一册未结要案，定以限期，而如期皆结。

清乾隆十八年（1753年），40岁

长阳知县任上三年，凡利于民，次第兴举，有不便者，悉除之。

七月，奉调充乡试同考官，分校诗二房。乘暇修辑《长阳县志》。

清乾隆十九年（1754年），41岁

四月调任江夏知县，长阳县民为之作《去思碑》以志纪念。

清乾隆二十年（1755年），42岁

江夏为湖北首邑，督抚同城，水陆交冲，冠盖倥偬无虚日。到任后，自定课程，每日以午前期会，以午后审办，以五案为率，不使案有留牍。

清乾隆二十一年（1756年），43岁

江夏年余，完结凡一千七百余案，讼狱渐少。三年之间，囹圄为之一空，邑中无斗杀者。

清乾隆二十二年（1757年），44岁

在任日久，循声大著，凡外县有疑难案件，上宪悉以委之。起死回生者

众多，有“李青天”之号。

十月赴部，二十四日在瀛台引见，授汉阳府同知。赴任途中，有欲以私事干者，使人候于半途，持书献路费五百金，焚其书还其物而拒之。

清乾隆二十三年（1758 年），45 岁

汉阳府同知任上，奉委解西征军饷五十万，往返万余里，夙夜不少懈。

十月，因赈济灾民有功，奉旨擢升福建省福宁知府，汉阳百姓为之立《去思碑》。

清乾隆二十四年（1759 年），46 岁

二月抵福宁。到任后，按行各邑，随地制宜、兴修水利，又教之树桑饲蚕。郡城多圮坏，顾之怵然曰："滨海重地，恃城垣为保障，可任废弛至此乎。"乃倡属捐赀修补，为之一新。饬各县葺学校，延明师以造士。纂修《福宁府志》、亲定条目，采访补辑。

清乾隆二十五年（1760 年），47 岁

甫周年，政通人和，百废俱兴。

三月奉旨，调补福州知府，福宁百姓为之立《去思碑》；四月十九日到任福州知府。

清乾隆二十六年（1761 年），48 岁

福州知府任上，兼管海防。统率属县修缮城垣、清理案牍、兴修水利、教养蚕桑、惩治奸猾、整饬风俗、振兴书院、纂修志乘，俱卓有成效。纂修《福州府志·艺文志续编》。

十月，因母病腹胀，遣妻杨氏归里养亲。

清乾隆二十七年（1762 年），49 岁

对福州府辖境情况深入调查，针对当时民生维艰、粮荒严重的现状，竭力主张扩大玉米种植面积，百姓受益，称之为“李公麦”。

九月，李拔母丧丁忧。因仓储公务延迟时日。

十一月十五日，动身返乡奔丧。

清乾隆二十八年（1763 年），50 岁

奔丧过楚，楚中黎庶，相与醵金七百余两，欲为立生祠。力止之。

四月初七日，抵家，其父李汝璋于三月十一日去世。葬其父母于清水溪仙人山，丹棱彭端淑撰墓志铭。

清乾隆二十九年（1764 年），51 岁

丁忧期间：立宗祠以报祖德；购祭田以隆祭祀；修谱牒以联族姓；作家训以匡子侄。建塾学延师儒，以教族人之能学者。并纂修《贻清堂族谱》。

清乾隆三十一年（1766 年），53 岁

四月，赴京起复，长子李元模在京城与军机涪陵周煌女儿中规完婚。

六月，启任湖南长沙府知府。

奉命调入省垣会审侯岳天被殴身死一案。

九月，奉命查湖南省攸县越狱案。

清乾隆三十二年（1767 年），54 岁

一月，查攸县越狱案，所禀虽不尽实。乾隆谕旨：并非捏词诬控，不必以此加罪。

十月，参奏湖南巡抚方世俊成天饮酒，除办理折奏外，其他公务一概置之不问。

清乾隆三十三年（1768 年），55 岁

二月，湖南巡抚方世俊以李拔不宜首府，暂署衡州。

衡州知府任仅三月，访石鼓书院，关注民苦，建育婴堂，纂修《衡州府志・艺文志续编》。值去，士民作《去思碑》存念。

七月，次子元桴出生。

十一月，署永州知府。

清乾隆三十四年（1769 年），56 岁

二月，三子元枢出生。

三月，经湖南巡抚宫兆麟审明，查李拔才情明练，任事勤干，给咨送部。

六月，署理岳州知府。

清乾隆三十五年（1770 年），57 岁

四月，奉上谕，特旨擢升湖北荆宜施道道员，观察为事，廉访为职。

九月，任恩科内监试官，过汉口，于晴川阁内题写“荆楚雄风”石碑。

修凿长江三峡巴东、秭归以下险滩数十处、以利舟行。

清乾隆三十六年（1771 年），58 岁

在湖北黄陵庙禹王殿前左侧，竖立一座六棱石幢，撰著并题书《凿石平江记》。

荆宜施道观察使任上，岁晚，巡查所统二十一州县仓库有无亏缺及各种情况，仅带仆隶一二人，轻骑简从，莫不称便，以免扰民。

十月，在查办逃军姜正一案中，因捏饰禀词，涉于欺罔。因照部议革职，赋闲长沙。

十一月，抵京请旨垂训，奉旨赴湖南，专办查拿逆犯严金龙一事。

清乾隆三十七年（1772 年），59 岁

三月，捕获京山县谋逆首犯严金龙父子。上谕：李拔虽未在事同获首逆。而购线躧缉，颇能实心。着即留于湖南。交该督抚、遇有同知缺出题补。

清乾隆三十八年（1773 年），60 岁

以同知辅用，题补永顺同知，未赴任，奉委解金川军饷。交卸毕，顺道归里探亲。

清乾隆三十九年（1774 年），61 岁

返长沙，仍留省参用数月，赴永顺署理知府。

十一月，查办苗民石老送等行凶肆恶案，涉嫌失察。乾隆皇帝批语：“此人朕最知之。颇能事。而欲见长之心切。此案既未屈人。可宽耳！”

清乾隆四十年（1775 年），62 岁

三月，卸永顺同知，回长沙候用。

七月，偶感身体不适，遂得疾，服药无效。

八月，病殁于湖南长沙。

清乾隆四十一年（1776 年）

归葬犍为舞雩镇禄卷山，诰授中宪大夫。岳麓书院山长旷敏本为之作《墓志铭》，并题写墓联：泽傅东南深得民情爱戴；学宗濂洛直探道统渊源。

清乾隆四十六年（1781 年）

长子李元模科甲联捷，清乾隆庚子中乡试亚元，辛丑殿试中第二甲二十七名进士。

清道光七年 (1827 年）

霞浦知县秦尔馨率士绅撰《福宁前郡守秦、李二公合祀记》，记载李拔在福宁政绩，并刻石立碑纪念。

清同治五年（1866 年）

以“名宦”列传，载入《宜昌府志》。

1929 年

以“循吏”列传，载入《霞浦县志》。

1989 年

8 月 12 日，宁德地委书记习近平在全区地方志工作会上说：“李拔任福宁知府的时候，州升府不久，百废待兴，工作很忙，‘修城垣、建桥道、筑三坝、

禁停棺、劝农桑、课书院’。可是他‘案牍之暇，犹复考献征文，集五邑官绅商榷《福宁府志》一书’，他调任福州，把《福宁府志》初稿资料带到福州编纂完成。”

1990 年

10 月，福州市委书记习近平在召开的全市造林绿化工作会议上说：“清乾隆福州知府李拔曾把做官与榕树作对比，他说，‘榕为大木，犹荫十亩’，为官者‘在一邑则荫一邑，在一郡则荫一郡，在天下则荫天下’。也就是我们经常所说的‘为官一任，造福一方’。封建官吏尚且能这样，作为我们共产党的领导干部，更应如此。”

1998 年

11 月，以人物传记，载入《宁德地区志》。

2014 年

6 月，李拔勤廉事迹编入《闽东历史清廉人物》一书。

11 月，习近平总书记在福建调研指导党的群众路线教育实践活动时赞誉李拔以“榕为大木，犹荫十亩”类比做官与榕树精神。

2017 年

4 月，列入宁德市重点宣传五位历史人物之一。

5 月，四川省电视台莅宁拍摄《一代循吏李拔》专题片，同年该片在四川省电视台播出。

2019 年

9 月，四川省犍为李拔研究会成立。

2020 年

李拔研究会相续整理出版《李拔家训选注》《李拔诗选》《李拔文选》等。

2021 年

8 月，李拔事迹编入由中国方正出版社发行、宁德市纪委监委编写的《滴水清风——宁德孝廉故事》一书。

10 月，四川省犍为县李拔馆开馆接受群众参观。

2023 年

10 月，由宁德市纪委监委、市委宣传部、市委党史和地方志研究室、市文化和旅游局联合开展“勤廉闽东人物”选树活动，经推荐申报、联合会审、网络投票、市直单位投票等环节，李拔入选“勤廉闽东 24 人”名单。

2024 年

2 月，由宁德市纪委监委策划，霞浦县纪委监委摄制的短视频《李拔：在一邑荫一邑》，在中央纪委、国家监委网站《清廉中国 · 清官史话》栏目播出。

6 月，事迹列入“四要馆”——闽东勤廉榜样人物展陈馆。

参考文献

1. 参考书目

习近平：《摆脱贫困》，福建人民出版社，1992 年 7 月。

中央党校采访实录编辑室：《习近平在福建》，中共中央党校出版社，2020 年。

中央党校采访实录编辑室：《习近平在福州》，中共中央党校出版社，2020 年。

中央党校采访实录编辑室：《习近平在宁德》，中共中央党校出版社，2020 年。

李拔:《外纪》《祥异》《福宁郡赋》《海赋》《中流砥柱赋》《铁斛赋》《劝农》《神石入梦》《俭箴》《晓谕福安民人崇奉天主教自首免罪教》《劝书箴》《福宁府属五县志叙》《徵五县会同学博采访修志序》《征修福宁及五县志事实序》《檄召郡县谋生会文序》《重修福鼎护城堤记》《修理福宁郡西三坝记》《福宁兴文楼记》《福宁郡守题名记》《种树说》《种棉说》《蚕桑说》《寻孔颜乐处说》《辨志论》《福宁五县水利考》《道统渊源考》《宁郡五县书院廷师课士议》《合祀忠孝祠记》《道里图记》《请立白匏山塘汛议略》《请修长溪河源议》《增修三坝记》《请修东湖议》《请修水利以重农功议》《增修郡城记》《保固城墙议》《修理府署记》《清畏堂跋》《澹远堂跋》《观德亭记》《请将寺租酌充书院膏火议》《太姥山游记》《请劝民出谷平粜议》《禁民停棺不葬教》，清乾隆二十七年《福宁府志》。

李拔：《补福州艺文志序三》《补福州艺文志序二》《出易闽省常平仓

议》《请行农桑水利考成议》《请饬各县种树 以广利源议》《福建全省海防考》《福州城内水利考》《福州十县水利考》《道统渊源考》《辨志论》《蚕桑说》《种树说》《种棉说》《寻孔颜乐处说》《长乐县志序》《鼓山志序》《募修鼓山寺序》《福州丛桂轩记》《福州蚕桑亭记》《榕亭记》《游鼓山记》《祷雨祠记》《贤义桥记》《重修西湖庙寺并新造二桥记》《罗川书院记》《钟山书院记》《永福县修城记》《饬兴十县义学膏火教》《饬禁闽俗停柩不葬教》《收养孤贫毋混游惰教》《续教民碑》《重修常丰仓碑》《罗星塔铭》《福州神桑铭》《仰止亭铭》《勤箴》《俭箴》《福州西湖亭榭图跋》《福州府衙署图跋》《榕荫堂跋》《冰监堂跋》《清照池跋》《中流砥柱赋》《鼓山赋》《杂著》，清乾隆二十七年《福州府志·艺文志续编》。

李拔：《斑娱堂记》《后乐亭记》《方山记》《建修四路茶亭记》《捐修长阳诸废序》《寅畏堂跋》《忠益堂跋》《详覆塘房应仍归州县修理议》《详覆设五堡长议》《详覆会旗兑建议》《劝学箴》《甲戌春后乐亭池畔观鱼》《鳌渚渔歌》《泉水春耕》《杨溪在读》《劝民楼》《县伊李峨峰兴禁告谕》，清乾隆十九年《长阳县志》。

李拔：《公余抒怀》《十二背》《石门》《吊明妃》，清同治三年《宜昌府志》。

李拔：《重修石鼓书院记》《留待轩说》《倡修石鼓书院崩岸序》，《续衡州艺文志》。

李拔：《家谱剩言》《世系总纪》《训子》《教家》《励业》《立志》，清乾隆二十九年《贻清堂族谱》。

李拔：《兴文楼记》，清乾隆十一年《犍为县志》。

李元模、李濂、李锦源：《峨峰府君行述》《重修历代分支纪》，清乾隆二十九年《贻清堂族谱》。

觉罗勒德洪等奉敕修纂：《大清高宗法天隆运至诚先觉体元立极敷文奋武孝慈神圣纯皇帝实录》。

旷敏本：《皇清诰授中宪大夫荆南观察峨峰李公墓志铭》，清乾隆二十九年《贻清堂族谱》。

旷敏本：《名宦·李拔传》，清同治三年《宜昌府志》。

胡师清：《峨峰李邑侯倡修尊经阁序》，清乾隆十九年《长阳县志》。

田思远：《修长阳县志序》，清乾隆十九年《长阳县志》。

宋锦：《李元模传》《重修犍为县志序》，清乾隆十一年《犍为县志》。

曹绳柱：《福宁府志序一》，清乾隆二十七年《福宁府志》。

朱珪：《福宁府志序二》，清乾隆二十七年《福宁府志》。

额尔金泰：《福宁府志序三》，清乾隆二十七年《福宁府志》。

吴嗣富：《福宁府志序四》，清乾隆二十七年《福宁府志》。

林从直：《郡守峨峰李公去思碑记》，清乾隆版《福州府志·艺文志续编》。

黄蕙：《郡守李公去思碑》，清乾隆版《福州府志·艺文志续编》。

庆桂、董诰等：《大清高宗纯皇帝实录》，第38至122卷。

赵尔巽：《清史稿》，1914年编。

彭端淑：《李公墓志铭》，清乾隆二十九年《贻清堂族谱》。

聂光銮：清同治三年《宜昌府志》。

王鹤龄：《李郡伯重修郡志赋呈》，清乾隆二十七年《福宁府志》。

陈善臣：清宣统二年《重修佳垱陈氏族谱》。

金敏：《闽东历史清廉人物》，福建美术出版社，2014年6月。

郭建衡、郭幸君：《石鼓书院》，湖南人民出版社，2014年12月。

冯文喜：《劝儒花》，中国文联出版社，2017年。

赖金普、李佳：《李拔家训选注》，团结出版社，2020年。

2. 参考报刊、论文等

习近平：《深刻认识修志意义，认真做好修志工作》，1989年8月。

啸海：《李拔治水西陵峡》，《中国三峡建设》，2000年6月。

王家德：《李拔与三峡石刻》，《四川文物》，1994 年第 2 期。

张青：《三峡治水人李拔三游洞壁刻》，《三峡晚报》，2013 年 8 月 4 日。

李扬颖：《论清代养廉银制度的嬗变》，《佳木斯大学社会科学学报》，第 25 卷第 5 期。

欧磊：《清代官员丁忧制度论略》，《北方论丛》，2012 年第 6 期。

陈启西：《为官一任 造福一方》，《法制今报》，2011 年 11 月 4 日。

陈启西：《一代循吏李拔在福建》，《炎黄纵横》，2011 年第 9 期。

陈启西：《解读李拔在福宁政绩》，《三都澳论丛》，2010 年。

陈启西：《李拔在福宁政绩 · 上篇》《李拔在福宁政绩 · 中篇》《李拔在福宁政绩 · 下篇》，《宁德史志》（季刊），2021 年第 1–3 期。

陈雁章：《李拔生平和几点考辨》，福建文明网，2011 年 5 月。

李佳：《李母当簪为子择友》，《中国纪检监察报》，2017 年 6 月 9 日。

后　记

一个人无论从事何种工作，懂得历史是基本素质，从中借鉴一些有益的东西，把握历史发展的规律，是为现实工作服务的最有效途径。新时期党员领导干部做工作，以古为鉴，可达到“知己境地”，做出科学的决策。

习近平总书记在宁德工作期间曾提出用文化建设的方式，传播“闽东之光”，改变贫穷现状，增强闽东人的自信心和外界对闽东的信心。[①] 李拔为官以民为本、勤政爱民、务实办事的实干精神，堪为封建时代能臣廉吏的典范，挖掘和弘扬李拔的勤廉事迹，就是弘扬“闽东之光”，更进一步激发闽东人昂扬向上的斗志，促进闽东的对外开放和社会发展。

宁德作为循吏李拔勤廉事迹的重要发生地，挖掘出版这样的勤廉榜样很有价值，对弘扬清风正气、涵养清明政风、助力一体推进“三不腐”具有重要的意义。为充分发挥廉洁文化作品的综合效应，本书由宁德市纪委监委、宁德市委党史方志室联合编印，谨此向中华人民共和国成立75周年献礼！

本书资料收集过程中，得到四川省犍为县李拔后裔李佳、赖金普等人的大力支持；本书承厦门大学历史与文化遗产学院副院长、

① 习近平著：《摆脱贫困》，福建人民出版社，1992年7月。

历史学博士、博士生导师王日根教授百忙之中，拨冗作序；本书插图除署名外，均为犍为县李拔馆提供或作者拍摄；本书在编写过程中得到省、市有关领导的持续关心、鼓励与支持，在此一并致谢。

因时间仓促及个人能力所限，本书难免有错漏之处，敬请有关专家学者批评指正。

编者

2024年8月